Michael Dahl

Geschichte der LZ und ihrer Vorgängerblätter

Herausgegeben
von Joachim Eberhardt

Digitale Edition LLB
Band 3

Lippische Landesbibliothek
Detmold 2024

Abbildung auf dem Buchdeckel unter Verwendung
eines Fotos »Motivwagen der Lippischen Landes-Zeitung beim Festzug zur 125-Jahrfeier des Hermannsdenkmals 1950«, Lippische Landesbibliothek (Bandel-Album 5) Ba 5, Nr. 63.

(Fassung 11.9.2024)

Gesetzt aus der Gentium Plus https://software.sil.org/gentium/ *und der* **Letter Gothic**.

Druck: Libri Plureos GmbH, Friedensallee 273, 22763 Hamburg
ISBN 978-3-9806297-9-9

Impressum:
Lippische Landesbibliothek
Hornsche Str. 41
32756 Detmold

Inhaltsverzeichnis

Vorwort des Herausgebers

Was hier nun als Buch vorliegt – Michael Dahls Zusammenfassung seiner Recherche zur Geschichte der LZ – ist seit 2017 in einer Rohfassung im Bestand der Landesbibliothek verfügbar gewesen: als gebundener Ausdruck, in zwei Exemplaren, davon eines ausleihbar. Natürlich sind Teile davon in die bereits von Dahl veröffentlichten Texte eingeflossen. Wieviel jedoch nur hier nachzulesen ist, wurde mir jüngst wieder deutlich, da ich vermehrt Anlass hatte, mich mit der lippischen Pressegeschichte zu beschäftigen – für das Zeitungsportal des Landes »Zeitpunkt.NRW«. (Das sei allen Interessierten ohnehin ans Herz gelegt: Neben der LZ bis 1936 sind dort auch, unter anderen, aus unserer Region die *Lippische Tageszeitung* sowie die *Lippische Staatszeitung* vollständig digitalisiert und können sogar großenteils mit einer gut funktionierenden Volltextsuche durchforstet werden.) Ich habe daher Michael Dahl überredet, das Werk auf diese Weise zugänglich zu machen. Er hat sich dankenswerterweise der Mühe unterzogen, es noch einmal daraufhin durchzusehen.

Dahl hatte 2017 seiner Materialsammlung auch schon die beiden hier im Anhang beigegebenen Texte beigefügt: meinen Vortrag »Der lange Weg zur Tageszeitung« und Jürgen Hartmanns Übersicht zur lippischen Presse in Weimarer und NS-Zeit. Ich habe außerdem noch ein Personenregister hinzugefügt.

J. Eberhardt

Vorwort

Der folgende Text ist nicht als Buchmanuskript konzipiert worden, sondern als Materialsammlung. Diese entstand aus der zum Teil erstmaligen Auswertung zahlreicher Quellen in öffentlichen und privaten Archiven, aus der Sichtung mehr oder weniger zufällig noch vorhandener Akten aus der Nachkriegszeit im Firmenarchiv des Lippischen Zeitungsverlages, dem intensiven Studium von Sekundärliteratur und Zeitungsartikeln sowie Gesprächen mit Zeitzeugen. Dabei konnten zahlreiche neue Erkenntnisse gewonnen und einige in der Vergangenheit veröffentlichte Angaben korrigiert bzw. konkretisiert werden. Dennoch bleibt die Überlieferung, über die gesamten 250 Jahre gesehen, lückenhaft – nicht zuletzt wegen zahlreicher Eigentümerwechsel, erzwungener oder freiwilliger Umzüge, aber auch auf Grund von Kriegseinwirkungen oder mangelndem Interesse an der Bewahrung des historischen Erbes.

Es war ursprünglich das Hauptmotiv der Arbeit, Erkenntnisse über die Umstände des Wiedererscheinens der *Lippischen Landes-Zeitung* im November 1949 und die Entwicklung des Verlages und des Blattes in den folgenden Jahrzehnten zu gewinnen. Schnell stellte sich dann aber heraus, dass es nicht möglich ist, diesen Zeitraum zu beschreiben, ohne auf Entwicklungen im Kaiserreich, in der Weimarer Republik, im Nationalsozialismus und in der britischen Besatzungszeit zurückzugreifen. Einmal, weil viele unternehmerische Entscheidungen der Nachkriegsjahre nur unter dieser Prämisse zu verstehen sind, zum anderen, weil es – etwa in der Person des

Vorkriegsverlegers Max Staercke – Kontinuitäten gibt, die sich von der vorvergangenen Jahrhundertwende bis zum Ende der 1950er Jahre erstrecken.

Die Ergebnisse der Nachforschungen rechtfertigen trotz mancher Einschränkungen den Versuch, erstmals die Geschichte der LZ, ihrer Druckerei und ihrer anderen Schwesterfirmen über rund fünf Nachkriegsjahrzehnte kontinuierlich zu beschreiben. Für die Zeit davor gibt es immerhin ein paar Veröffentlichungen, die Teilaspekte abdecken. Diesbezüglich ist an erster Stelle die Monographie über die *Lippischen Intelligenzblätter* von Friedrich Huneke zu nennen. Hinzu kommt die 1932 erschienene Dissertation von Arno Schröder über die »Geschichte des Zeitungswesens in Lippe«, dessen Verfasser, ein überzeugter Nationalsozialist und späterer Gaupresseamtsleiter, unter anderem Einblick in die verloren gegangenen Archive von LZ und SPD-*Volksblatt* nehmen konnte.

Von Nutzen waren außerdem die Doktorarbeit des 1933 geschassten LZ-Redakteurs Wilhelm Schmiedeskamp über den lippischen »Thronstreit und die Presse«, das Standardwerk »Lippe 1933« (1987) des Lemgoers Reinhard Wulfmeyer sowie ein Aufsatz von Monika Staercke (Bösing) über die Gleichschaltung der Presse in Lippe. Aus neuerer Zeit stammen die Studie von Gerd Meier über die Tageszeitungen in Ostwestfalen zwischen 1920 und 1970 sowie Aufsätze von Andreas Ruppert und Jürgen Hartmann über die Ex-LZ-Verleger Max Staercke und Adolf Neumann-Hofer. Zur Einordnung der Ereignisse in den Gesamtzusammenhang ist Erich Kittels »Heimatchronik des Kreises Lippe« (1978) nach wie vor unverzichtbar.

Wertvolle Quellen stellten unter anderem die im Bundesarchiv Koblenz verwahrten Akten des Allgemeinen Organisations-Ausschusses (AOA) Celle (Z 36) und des Presserates in der britischen Besatzungszone (Z 23) dar. In der Bundesarchiv-Nebenstelle Berlin-Lichterfelde ist eine ursprünglich im Ministerium für Volksaufklärung und Propaganda geführte Akte über den ehemaligen LZ-Verlagsleiter Kurt Gasper (R 55) zu finden, im Landesarchiv NRW in Duisburg eine weitere aus der Düsseldorfer Staatskanzlei, die in Zusammenhang mit einer geplanten, aber nie zustande gekommenen Ordensverleihung erstellt wurde (NWO 23360). Weitere wertvolle Erkenntnisse ergaben sich vor allem aus den Nachlässen Staercke, Neumann-Hofer und Lückermann im Landesarchiv OWL in Detmold (D 72), ebenso aus dem dort aufbewahrten »Schriftgut von NSDAP und NS-Organisationen in Lippe« (L 113) und Gerichtsakten über Gesellschafterstreitigkeiten im Zeitungsverlag (D 28).

Interessante Hinweise über die Verflechtungen zwischen Gasper und der FDP finden sich im Nachlass des Politikers, Botschafters und Wissenschaftlers Dr. Heinz Krekeler im Institut für Zeitgeschichte in München (ED 135). Dr. Armin Prinz zur Lippe ist zu danken für die Bereitstellung von Unterlagen aus dem Fürstlichen Geheimen Zivilkabinett, die ein besonderes Schlaglicht auf den Lebenswandel des ehemaligen LZ-Verlegers Max Quentin werfen. Das Bild abgerundet haben Dokumente aus dem Bestand »Freie Presse« im Stadtarchiv Bielefeld. Allen Institutionen sei gedankt für die hervorragende Unterstützung und auch für die problemlose Bereitstellung gesperrter Akten.

Dieses Manuskript ist gleichzeitig eine Art »Steinbruch« für Menschen mit historisch-wissenschaftlichem Interesse an der regionalen Pressegeschichte. Zahlreiche Fragestellungen, die sich bei der Lektüre aufdrängen, sind einer Vertiefung wert. Fundierte inhaltliche Analysen zur Berichterstattung vor allem über lokale Themen fehlen etwa ebenso wie eine genauere Betrachtung des lebenslang angespannten Verhältnisses zwischen Heinrich Drake und Staercke. Eine digitale Biographie von Hans-Joachim Keil über Dr. Adolf Neumann-Hofer, dessen Bedeutung für Lippe in Lippe und darüber hinaus immer noch stark unterschätzt wird, ist inzwischen erschienen.

Große Teile dieses Berichtes wurden im Jahr 2017 genutzt für die Jubiläums-Berichterstattung in der LZ und ihren elektronischen Diensten. Dabei durfte dankenswerterweise auch auf Bildmaterial zurückgegriffen werden, das im Landesarchiv, in der Lippischen Landesbibliothek und im Stadtarchiv Detmold aufbewahrt wird.

Das Manuskript endet mit den 1990er Jahren. Die Geschichte der darauffolgenden Jahrzehnte entzieht sich auch deshalb der Darstellung, weil der Autor sie wesentlich mitgestaltet hat und sie deshalb nur mit einer gewissen Befangenheit erzählen und bewerten kann. Das Weiterführen dieser Arbeit bleibt deshalb künftigen Generationen überlassen.

Grundsätzlich bei der Nutzung dieses Berichtes ist zu bedenken, dass darin getroffene Einschätzungen und Bewertungen nach dem Kenntnisstand von 2017 getroffen worden sind. Digitalisierung und stark verändertes Nutzerverhalten haben seitdem zu massiven Veränderungen im Zeitungsgewerbe geführt, die nicht nur die Redaktion, sondern alle Abteilungen sowie insbesondere auch das Druckgewerbe betreffen. So wird beispielsweise die *Lippische Landes-Zeitung* schon längst nicht mehr auf einer eigenen Rotationsmaschine hergestellt.

Im Rahmen der Digitalisierung dieses Textes wurde die Originalfassung von 2017 an einigen wenigen Abschnitten präzisiert, aktualisiert und textlich geglättet.

Detmold, Frühjahr 2024 Michael Dahl

1. Die Anfänge

Kurz, bevor die *Lippischen Intelligenzblätter* am 7. Februar 1767 erstmalig erscheinen, wackeln in vielen Häusern der Grafschaft die Wände – große Teile des Landes erleben im Januar eine für die Region ungewöhnlich heftige Erdbebenserie, die nicht nur das dick gefrorene Eis des Detmolder Schlossgrabens »mit großem Krachen« zerspringen lässt,[1] sondern auch massiven Gebäuden, darunter dem aus dem 13. Jahrhundert stammenden Kirchturm in Heiligenkirchen, erhebliche Schäden zufügt.[2]

Erst in ihrer zweiten Ausgabe vom 14. Februar, also knapp einen Monat nach dem Aufsehen erregenden Ereignis vom 19. Januar, widmet sich die neue, jeweils samstags veröffentlichte Publikation aus der »Meyerschen Hofbuchdruckerei« in Lemgo dieser Naturkatastrophe. Und dies nicht etwa aus der Sicht der Betroffenen, indem Ausmaß und Folgen des Erdbebens für Land und Leute geschildert werden, sondern aus wissenschaftlichem Blickwinkel: Der Detmolder Land- und Stadtphysikus Dr. Johann Erhard Trampel veröffentlicht in der Rubrik »Gelehrte Sachen« ein ziemlich langes Traktat über mögliche Ursachen der Erschütterungen.

---

1 *Lippische Intelligenzblätter*, 28. Februar 1767.

2 Zum Erdbeben Springhorn (1995). – Zu Heiligenkirchen Kleinmanns (2015).

Die *Intelligenzblätter*, das zeigt nicht nur dieses Beispiel, sind also noch ein ganzes Stück von dem entfernt, was wir heute unter einer klassischen Tages- oder Wochenzeitung verstehen. Aber sie verfügen bereits über etliche Elemente, die in den folgenden Jahrhunderten Bestandteil jeder Zeitung werden sollten und es zum Teil bis zum heutigen Tage sind. Die »Staats-Sachen«, also die Verlautbarungen des Landesherrn, Landesverordnungen oder Ähnliches, haben sich rudimentär in den so genannten »Amtlichen Bekanntmachungen« erhalten. Die Berichterstattung über »Gerichtliche Sachen«, unter die beispielsweise von Beginn an auch Konkurse fallen, ist heute, wenn auch längst nicht mehr obrigkeitsgeprägt, intensiver denn je. Und die »Vermischten Nachrichten«, unter denen das gräfliche Gestüt Lopshorn Pferde, der Lemgoer Kaufmann Kracht holländische »Chocolade« und der Apotheker Krohn Gartenland zum Pachten anbietet, nennen sich seit längerem Anzeigenteil. Die bereits erwähnten »Gelehrten Sachen«, vierter Bestandteil der *Intelligenzblätter*, könnte man in die heutigen Kategorien Hintergrundberichterstattung, Service, Wissenschaftsthemen oder auch Feuilleton einordnen. So findet sich in einer der ersten Ausgaben auch ein kleines Kapitel aus dem Buch »Leben und Ansichten von Tristram Shandy, Gentleman« des Briten Laurence Sterne, das die britische Tageszeitung *Guardian* zu den 100 besten jemals in Englisch geschriebenen Romanen zählt.

Die Gründung des neuen Periodikums macht zu jener Zeit nur einen verschwindend kleinen Teil der Aktivitäten der »Meyerschen Hofbuchdruckerei« aus. Das renommierte Familienunternehmen, zu dem eine gleichermaßen bedeutende Buchhandlung samt Verlag gehört, residiert in zwei beeindruckenden Häusern[3] an prominentester Stelle der alten Hansestadt – mit

[3] Es handelt sich um das Gebäude Mittelstraße 56 (»Haus Wehrmann«), wo die Buchhandlung beheimatet war, und das später hinzuerworbene Nachbarhaus Mittelstraße 54, das alte Lemgoer vor allem mit der Gastwirtschaft »Zum Stadtwappen« verbinden. Daneben besaß die Familie eine Reihe anderer Immobilien in Lemgo und darüber hinaus, unter anderem die Papiermühle in Berlebeck, die Universitätsbuchhandlung in Duisburg und eine weitere in Hannover, die noch bis 1955 als Helwing'sche Verlagsbuchhandlung weiterbesteht. 1776 kauft Helwing ein Grundstück am Meinberger Kurpark und errichtet

direktem Blick auf den Marktplatz, den Einheimische bis heute »Steinerner Saal« nennen, und damit in unmittelbarer Nachbarschaft zum historischen Rathaus. Chef der Firma – und damit erster Verleger in der Geschichte der Lippischen Landes-Zeitung bzw. ihrer Vorgängerblätter – ist Christian Friedrich Helwing, wie so viele seiner Nachfolger kein gebürtiger Lipper und außerdem ein Quereinsteiger. Geboren 1725 in Köslin, wird Helwing 1749 zum Rektor des Lemgoer Gymnasiums berufen, heiratet 1755 nach dem frühen Tod des Inhabers Johann Heinrich Meyer dessen Erbtochter Margarete Elisabeth und wechselt 1757, nach erfolgreichem Abschluss einer zweijährigen Druckerlehre, endgültig in das Verlagswesen.

Da sich Helwing als zweiter Bürgermeister Lemgos (seit 1758) vor allem während des Siebenjährigen Krieges (1756-1763) bewährt hat, politisch bestens vernetzt ist, exzellente Kontakte zu Landesherr Graf Simon August, dem Begründer der Landes-Brandversicherungsanstalt, pflegt und außerdem seit 1676 über ein Druckereiprivileg verfügt, liegt es gewissermaßen auf der Hand, dass er auch die Initiative für die Herausgabe eines Intelligenzblattes ergreift. Ein solches ist zu jener Zeit in vielen benachbarten Territorien bereits eingeführt, so in Minden, Hannover oder Münster. Zudem hatte es im Vorfeld im lippischen Landtag immer wieder Klagen über die unzureichende Bekanntmachung – und demzufolge die ebenso unzureichende Befolgung – von Verordnungen gegeben.

Die Vorteile einer derartigen Publikation – das Wort »Intelligenz« ist diesbezüglich mit Begriffen wie »Einsicht nehmen« (lat.: intellegere) bzw. »Nachrichten« oder »Informationen« gleichzusetzen – im Vergleich zu der bis dahin üblichen und schon seit längerem hinsichtlich ihrer Effektivität kritisierten Kanzelverkündung in den Kirchen liegen auf der Hand und hatten sich im Laufe der Jahre auch in Lippe herumgesprochen: Potentiell jedermann erhält relativ leicht und unproblematisch Zugang zu öffentlichen Bekanntmachungen sowie zu privaten oder amtlichen Anzeigen, die über

---

dort ein Badehaus, das seine Erben nach seinem Tod im Jahre 1800 aber schnell wieder verkaufen. Eine ausführliche Darstellung dazu findet sich bei Brenker (1996).

Angebote verschiedener Art informieren und dadurch die Wirtschaft beleben. Schließlich spielt unter den »Gelehrten Sachen« auch noch die Volksbildung eine Rolle – wir befinden uns schließlich im Zeitalter des aufgeklärten Absolutismus. In der ersten Ausgabe heißt es dazu:

> Was für ein bequemeres Mittel könte erdacht werden, allen Untertahnen eines Landes auf eine so leichte Art und mit so wenigen Kosten alle landesherrlichen Verordnungen, alle merkwürdigen Staatsveränderungen, gerichtlichen Bekanntmachungen, ja alle Angelegenheiten einzelner Personen zur Wissenschaft zu bringen, als durch ein Intelligenzblat? Wie vorteilhaft ist es nicht nur für den Kaufman, alle Wochen dem Publico seine Waaren; für den Reichen, seine Capitalien; für den Müßigen, seine Dienste anpreisen zu können? Wie leicht und wie geschwind gelangen nicht Diebstäle, Entweichungen der Gefangenen, öffentliche Feierlichkeiten, Auctionen, Subhastationen [öffentliche Zwangsversteigerungen, d. Verf.] und tausend andere gemeinnützige Dinge zu jedermans Ohren? Ja was noch mehr ist, wie unvermerkt wird nicht durch die gewöhnlichen und löblichen Einrichtungen der Intelligenzblätter unter dem gemeinen Haufen ein guter Geschmak, eine Kentnis der nützlichen Warheiten, ein Trieb zu neuen Entdeckungen und Untersuchungen eingeführet?

Dass sich beide Seiten, der Besitzer der sich in ihrer Blütezeit befindenden Druckerei und der um Reformen bemühte Landesherr, schnell einig werden – vom Gründungsentwurf bis zur Herausgabe der ersten Ausgabe vergehen nur ein paar Wochen – heißt nicht, dass sie auch deckungsgleiche Interessen verfolgen. Plant Helwing, der sich für dieses Vorhaben mit dem Lemgoer Stadtsyndikus und Freizeitlyriker [4] Johann Albrecht Hermann Heldmann (J.A.H.H.) zusammengetan hatte, »ein Periodikum zur Verbreitung

[4] Johann Albrecht Hermann Heldmann: Gedichte. – Lemgo : Meyer, 1769.

aufklärerischer Ideen unter möglichst günstigen wirtschaftlichen Rahmenbedingungen, so erwartete die Regierung ein allgemeines Medium, das nicht nur ihre Rechtsakte schnell im Lande bekannt gab, sondern auch ihrer reformerischen Zielsetzungen [...] den lesekundigen Untertanen beizeiten begreiflich machen konnte«.[5] Bei dieser Konstellation sitzt der Landesherr natürlich am längeren Hebel, da ihm nicht nur Disziplinierungsmechanismen wie die Zensur zur Verfügung stehen, sondern die Grafschaft das chronisch defizitäre Blatt auch kräftig mitfinanziert – zunächst durch die Einräumung eines Monopols für auswärtige Lotterielose, ab 1771 dann durch später noch einmal aufgestockte direkte Subventionen, die je zur Hälfte von der Landkasse und den landtagsfähigen Städten Detmold, Horn, Blomberg, Salzuflen und Lemgo getragen werden.

»Angesichts dieser Machtverteilung konnte es nicht ausbleiben, daß das Blatt von Anfang an einen halboffiziellen Charakter erhielt; der verantwortliche Redakteur wurde den Weisungen der Regierung unterstellt und handelte nur formal als ›freier entrepreneur‹, als den ihn die Verwaltung [...] bezeichnete.«[6] Diese Konstellation ist aber auch noch in anderer Hinsicht interessant: Helwing beschränkt sich, anders als noch bei den von ihm in den 1750er Jahren herausgegebenen *Westphaelischen Bemühungen*, ganz auf seine Verlegertätigkeit. Er überlässt die Gestaltung des Blattes einem Herausgeber, der für das Produkt inhaltlich verantwortlich ist und es finanziell managt, aber letztendlich durch das erhaltene Privileg der Regierung gegenüber weisungsgebunden ist. Letzteres erinnert ein wenig an das Schriftleiter-System in der Zeit des Nationalsozialismus.

Die Trennung von Druck- und Redaktionsverantwortlichkeit ist gleichzeitig ein Schritt in Richtung Arbeitsteilung und Professionalisierung. Jeder macht fortan nicht mehr alles, sondern konzentriert sich auf seine speziellen Aufgaben. Dass Heldmann mit seinem über das »Lippische

---

5 Arndt (1992), S. 419f.

6 Arndt (1992), S. 420.

Intelligenz-Comptoir« vertriebenen Blatt nicht auf den grünen Zweig kommt, liegt unter anderem daran, dass er verpflichtet ist, die »Staatssachen« komplett und »Gerichtliche Sachen« bis auf Zivilsachen kostenlos abzudrucken. Privatleute oder Institutionen können unter »Vermischtes« zwar inserieren, doch verspricht selbst »das Anzeigenmonopol des Intelligenzblatts [...] in einem kleinen Territorium wie dem lippischen keine ausreichenden Einnahmen...«[7] Hinzu kommt ein durch das Privileg gedeckelter Abonnementspreis in Höhe von einem Reichsthaler und 18 Mariengroschen (also eineinhalb Taler)[8] pro Jahr. Zum Vergleich: Bei dem bereits erwähnten Kaufmann Kracht aus Lemgo, einem regelmäßigen Inserenten der ersten Stunde, erhält der Kunde im Juni 1767 für einen Reichstaler 7 Pfund »Budjadinger Butter« oder 8 Pfund »Eydammer Käse«.

Wie zu erwarten, verläuft die Zusammenarbeit Heldmanns mit staatlichen Stellen keineswegs konfliktfrei. So konkurrieren Teile der »Gelehrten Sachen« mit den offiziellen »Staatssachen« – und sie schließen die selbstredend unerwünschte »Kommentierung der lippischen Verordnungspraxis« durchaus mit ein.[9] Regierungskanzler Ferdinand Bernhard von Hoffmann mahnt den gelernten Juristen denn auch mehrfach, sich mehr auf »dem gemeinen Leser nützliche Ausarbeitungen und Nachrichten« zu beschränken. Doch auch eben jene Leser scheinen Heldmann schon früh zu nerven. In einer »Vorrede« zum Inhaltsverzeichnis des Jahrgangs 1768 schreibt er unter anderem:

> Der eine verachtet das Intelligenzblatt, weil nicht genug Nachrichten für seine Neugier darin vorkommen. Der andere spricht: was helfen mir moralische Abhandlungen, oder was nutzen mir Gedichte? Jener

---

7 Huneke (1993), S. 422f.

8 Siehe auch den sehr informativen und reich bebilderten Eintrag über »Lippische Münzgeschichte« in der Online-Enzyklopädie Wikipedia (abgerufen Mitte 2016).

9 Zu Heldmanns Redaktionskonzept vgl. Huneke (1993), S. 423f.

> will nichts historisches und dieser nichts oeconomisches lesen. Keiner aber bedenkt, daß ein Intelligenzblatt für alle Leser sein muß.

Diese Klage dürfte auch heute noch jeder Redakteur nachvollziehen können. Heldmann geht aber sogar noch weiter, versteigt sich zu einer regelrechten »Publikumsbeschimpfung«, wenn er feststellt: »Die geringe Größe dieses Landes und der schlechte Geschmack seiner mehresten Einwohner lies kaum vermuhten, daß ein Intelligenzblatt in demselben bestehen könnte.«

Heldmann, zu diesem Zeitpunkt gerade einmal 38 Jahre alt, schmeißt schon zum Jahreswechsel 1772/73 hin. Offiziell gibt er in einem Schreiben an die Regierung Arbeitsüberlastung durch andere Ämter an, doch kann an dieser Version durchaus gezweifelt werden. Es dürfte wohl auch jede Menge Frust im Spiel gewesen sein. Auffällig ist jedenfalls, dass er die Mehrzahl seiner öffentlichen Aufgaben erst später antritt. So wird Heldmann 1778 Landsyndikus, zehn Jahre später übernimmt er das Bürgermeisteramt in Lemgo.

Als exemplarisch für die Konflikte zwischen Presse und Herrschaft in jener Zeit mag eine aus heutiger Sicht – abgesehen vielleicht von einigen kritischen Bemerkungen zu den Jesuiten – ziemlich unproblematische »gelehrte Sache« aus dem Jahre 1773 dienen: die noch aus Heldmanns Feder stammende »Historische Nachricht von dem Kloster Falkenhagen«. Allein die Tatsache, dass damit auch der im Grundsatz bis in die Reformationszeit zurückreichende Streit zwischen dem Fürstbischof von Paderborn und den Grafen zur Lippe um das Gelände thematisiert wird, sorgt am Hof für erhebliche Missstimmung und wird als unzulässige Einmischung in die Regierungspolitik bewertet. Detmold lässt sofort eine Art Gegendarstellung einrücken mit dem Tenor, dass dieser Aufsatz keineswegs mit Wissen der Obrigkeit abgedruckt worden sei und ihn der Herausgeber auch lediglich aus »Übereilung« aufgenommen habe. Sowohl Verfasser Heldmann als auch sein Nachfolger Johann Lorenz Benzler müssen sich förmlich entschuldigen. Da nutzt auch Heldmanns Erklärung nichts, dass er nur aus gedruckten Veröffentlichungen zitiert habe und die von ihm gezogenen Rechtsfolgerungen für Lippe nicht nachteilig seien.

Benzler hat den richtigen Stallgeruch. Er entstammt einer Lemgoer Bürgerfamilie, hat in Leipzig studiert, verfügt über eine literarische Ader und wirkt vor seinem Einstieg ins Intelligenzwesen eine Zeit lang als Sekretär für Buchhändler und Druckereibesitzer Helwing. Letztgenannter hat zu dieser Personalie allerdings kaum etwas beizutragen, den Segen zu Benzlers Berufung gibt nach einem entsprechenden Antrag seines Vorgängers allein die Landesregierung. Der Neue, gerade einmal 25 Jahre alt und, was seine beruflichen Perspektiven einschränkt, durch Schwerhörigkeit gehandicapt, will das Blatt gehörig umkrempeln. Mit seinem Konzept, die Spalten der *Intelligenzblätter* für breitere Bevölkerungskreise zu öffnen, eine monatlich erscheinende Beilage für die Landbevölkerung zu schaffen sowie mehr Lehrreiches und Unterhaltendes zu bringen, beißt er gleich bei zwei Landtagen (1773 und 1774) auf Granit: »Eine Mehrheit für die Umgestaltung des Blattes zu Gunsten des gemeinen Mannes fand sich jedoch nicht, so daß die Landbevölkerung allein auf die Lektüre des herkömmlichen Inhalts verwiesen blieb.«[10]

Dennoch wird das Wirken Benzlers von der Nachwelt durchweg positiv beurteilt. Der Schriftsteller, Politiker, Justizkanzlei- und spätere Regierungsrat Moritz Leopold Petri, ein guter Freund Christian Dietrich Grabbes, bezeichnet Benzlers Berufung in den *Vaterländischen Blättern* vom April 1843 als eine »äußerst glückliche Wahl« – insbesondere wegen dessen sprachlicher Ausdrucksfähigkeit. »Die vielen geistreichen Wendungen und Bemerkungen, welche in den von ihm erschienenen kleinen Aufsätzen vorkommen«, meint Petri unter anderem, »stellen diese den besten Erzeugnissen der Deutschen Literatur aus damaliger Zeit [...] würdig an die Seite.« Arno Schröder schlägt in seiner Dissertation über »Die Geschichte des Zeitungswesens in Lippe« aus dem Jahre 1932 in dieselbe Kerbe, wenn er die Fähigkeit Benzlers hervorhebt, »den oft dürftigen Nachrichtenstoff [...] durch

---

10 Arndt (1992), S. 422.

geschickte und unaufdringliche Umkleidung [...] dem Leser schmackhafter«[11] gemacht zu haben.

Sonderlich erfolgreich ist das aus wirtschaftlicher Sicht allerdings nicht, zumal der Herausgeber, der noch bei seiner Mutter wohnt, aus dem Reingewinn seinen Lebensunterhalt bestreiten muss. Eine Verordnung der Regierung, nach der jeder Beamte und jede Kirche im Lande das *Intelligenzblatt* halten müssen, bleibt offensichtlich wirkungslos. »Von den 91 Stücken, die mir bezahlt werden«, klagt Benzler in einer Eingabe, »gehen 26 nach Detmold, 20 bleiben in Lemgo und unter den übrigen 45, die zum Theil außer Landes gehen, befinden sich, wie ich aus meinem Verzeichnis beweisen kann, nur 5 Beamte und 3 Prediger«.[12] Ab 1780, Benzler hatte sich einige Wochen zuvor als hessischer Postmeister in Lemgo verdingt, erscheinen die ehemals »gelehrten Sachen« als gesonderte Beilage mit »nützlichen und unterhaltenden Aufsätzen«, darunter Beiträgen über französische Politik, Nordamerika, asiatischen Tabak oder die Flachsaufbereitung. Wer möchte, kann auch »Etwas von den Ursachen unsres Vergnügens am Tanzen« erfahren. »Durch rationale Aufklärung sollte die ›moralische Besserung‹ des Menschen erreicht werden. Wie alle Philanthropen war auch Benzler überzeugt, daß nur auf dem Wege einer Erziehungs- und Bildungsreform das Volk moralisch aufzuklären war.«[13]

Am 26. Februar 1780 taucht in den *Intelligenzblättern* erstmals das Wort »Anzeige« auf, später gern auch durch »Avertissement« ersetzt. Gleichzeitig gibt es auch die erste öffentlich publizierte Anzeigenpreisliste. »Für eine Anzeige von 9 Zeilen und darunter«, heißt es darin, »werden 3 mgr. und für eine von 18 Zeilen und darunter bis auf 10 Zeilen werden 6 mgr. bezahlt. Enthält eine Anzeige aber mehr Zeilen, so wird für jede 3 Zeilen 1 mgr. mehr bezahlt.«

Benzler bleibt bis Mitte 1783 Chef der *Intelligenzblätter* und folgt dann einem Angebot des Grafen Friedrich Leopold zu Stolberg, dessen Bibliothek in

---

11 Schröder (1932), S. 32.

12 Zitiert nach Schröder (1932), S. 33.

13 Wehrmann (1972), S. 218.

Wernigerode zu betreuen. In der Folgezeit macht er sich vor allem als Übersetzer französischer und englischer Literatur einen Namen. In sein früheres Metier kehrt er 1797 als Herausgeber des *Wernigerödischen Intelligenzblattes* zurück.

Für fast ein Vierteljahrhundert, bis zu seinem Tode im Jahre 1807, sollte nun ein Mann die Geschicke des Intelligenzblattes bestimmen, dessen Hauptantrieb für die Übernahme des Amtes offensichtlich die eigene »Einkommenssicherung« ist:[14] der Rektor des Lemgoer Gymnasiums, Justus Conrad Mensching. Bezeichnend ist, dass mit dieser Berufung die Regierung einen anderslautenden Personalvorschlag Benzlers ablehnt. Sie will wohl nicht das Risiko eingehen, sich noch einmal einen solch selbständigen Geist einzuhandeln. Auch Verleger Helwing, nach dem Tod Simon Augusts (1782) inzwischen seitens der Städte gewählter Mitvormund von dessen noch unmündigem Sohn Leopold I., dürfte an der Wahl Menschings beteiligt gewesen sein.

Für Schröder endet damit die »Blütezeit des Blattes«.[15] Er verweist zur Begründung unter anderem auf die Einstellung sowohl der »nützlichen Aufsätze« als auch der »gelehrten Sachen«. Laut Huneke gibt Mensching dem Produkt »kaum neue Impulse«.

> In seiner Redaktionszeit nahm das lippische Intelligenzwesen mehr als zuvor den Charakter einer amtlichen Institution an. Konflikte, wie sie zwischen seinen Vorgängern und der Regierung in der Form von Zensurfällen immer wieder offensichtlich wurden, finden sich in Menschings Amtszeit nicht. Berücksichtigt man die Umstände der Einstellung Menschings, so kann davon ausgegangen werden, dass die Regierung nach den Erfahrungen, die sie mit zwei

---

[14] Huneke (1993), S. 435. Auch Petri schließt sich in seinen *Vaterländischen Blättern* dieser Beurteilung an, wenn er schreibt, dass die Hauptabsicht der Ernennung offensichtlich darin bestanden habe, »diesem verdienten Schulmanne eine Verbesserung seines Einkommens zu verschaffen«. Siehe Petri (1843).

[15] Schröder (1932), S. 35.

> selbstbewussten Redakteuren gemacht hatte, gezielt einen dienstbeflissenen Nachfolger suchte, der ihre Vorstellungen aufnehmen und sie mit administrativer Zuverlässigkeit realisieren würde. Mensching scheint einem solchen Beamtentypus entsprochen zu haben.[16]

Petri sieht ebenfalls einen deutlichen Bruch mit der Vergangenheit und fällt ein für einen ambitionierten Redakteur vernichtendes Urteil: »Der für Aufsätze bestimmte Raum wurde nun in der Regel mit Auszügen aus anderen Intelligenzblättern, deren Bearbeitung der einzige Antheil gewesen zu scheint, welchen Mensching an der Herstellung des Inhaltes des Blattes genommen hat.«

Dies ist, vor allem auch aus heutiger Sicht, umso bedauerlicher, als in die Amtszeit des Lehrers weltpolitisch bedeutende Umwälzungen wie die Französische Revolution und, zumindest zum Teil, die napoleonischen Kriege fallen, während derer Lippe dem Rheinbund beitritt. Auf innenpolitischem Feld wären für diesen Zeitraum die sozialpolitischen Reformen der Fürstin Pauline zu nennen.

Immerhin gelingt es ab 1786, das wirtschaftlich marode Blatt Schritt für Schritt zu sanieren. Dies ist bezeichnenderweise allerdings nicht das Verdienst Menschings, sondern auf eine Initiative der Regierung zurückzuführen, die dabei natürlich ihre eigenen Interessen im Blick hat. Dass sie mit diesen bisher nicht zum Volk durchgedrungen ist, belegt eine Umfrage der Regierung unter den Ämtern und Städten. Dabei antwortet Blomberg: »In hiesiger Grafschaft hat – den Stand der Dienerschaft und die dazugehörigen Familien ausgenommen – der übrige Teil der Einwohner weder Geld noch Neigung für irgendeine Art der Lektüre [...].« Und aus Brake heißt es: »Gesetzt, man wollte und könnte unseren jetzigen Landleuten die Intelligenzblätter in die Hände spielen, ohne daß es sie etwas kostet, so würde doch die Absicht schwerlich damit erreicht werden. Denn die Landleute, so wie sie jetzt sind, roh,

---

[16] Huneke (1993), S. 435f.

unwissend, unaufgeklärt, in der Jugend zum eigenen Denken nicht angewöhnt, sondern kaum so weit gebracht, daß sie buchstabieren und lesen können, jedoch ohne mit dem, was sie lesen, Begriffe zu verbinden, haben keinen Sinn für Lektüre, keine Empfänglichkeit für diese Art der Belehrung [...]«[17]

Seit jeher unzufrieden mit der Abonnentenzahl, die über viele Jahre bei gut 90 Abnehmern gelegen hatte, inzwischen aber noch weiter auf 85 zurückgefallen war,[18] entwickelt die Obrigkeit eine Reihe von Vorschlägen zur, wie es so schön heißt, »Förderung der Gemeinnützigkeit«. Schulen und Kirchen werden aufgefordert, das Blatt zu halten, Beamte dazu animiert, mindestens zwei Artikel pro Jahr zu schreiben. Vermittelt werden sollen die Inhalte dann durch Prediger oder Lehrer, aber auch Krugpächter. Das heißt im Klartext: Die Produktion der Texte übernimmt weitgehend der Staat; er macht die Lektüre eben jener Beiträge zur Pflicht für Multiplikatoren; diese wiederum geben ihr erworbenes Wissen an die einfache Land- und Stadtbevölkerung beziehungsweise die Schulkinder weiter. »Der Landmann, der gemeine Mann, das Volk [...] soll die Intelligenzblätter auszugsweise von der Kanzel herab verkündet bekommen, er soll sie hören von seinen schulpflichtigen Kindern, er kann sie im Wirtshaus selbst lesen oder diskutieren.«[19] Petri drückt es in der Sprache des 19. Jahrhunderts folgendermaßen aus:

> Das Blatt, welches Heldman vorzugsweise zur Besprechung öffentlicher Landesangelegenheiten hätte benutzen mögen, und welches nach der von Benzler eingeschlagenen Richtung Allem offen gestanden haben würde, was das Leben in edleren Kreisen bewegt, sollte nun ausschließlich zu einem gemeinnützigen Blatte in dem damaligen Sinn des Wortes werden, d. h. es sollte dazu dienen, die

---

[17] Wehrmann (1972), S. 218.

[18] Huneke (1993), Tabelle 4a, o.S.

[19] Huneke (1993), S. 467.

> niederen Classen des Volkes über die ihnen als solchen eigenthümlichen Verhältnisse zu belehren.[20]

Man darf diese Auffassung mit gutem Recht für elitär und arrogant halten, wird hier doch ein Blatt eingefordert, dass sich ausschließlich an die gebildeten Schichten richtet. Andererseits spiegelt sie ein Problem wider, das über Jahrhunderte alle Redaktionen immer wieder beschäftigt hat und heute mehr denn je beschäftigt: Wie gestalte ich eine Zeitung – inzwischen auch: wie gestalte ich einen Online-Auftritt –, der bei möglichst vielen Menschen auf Interesse stößt? Und das natürlich unter Beachtung wirtschaftlicher Gesichtspunkte.

Die Reform von 1786 zeigt jedenfalls Wirkung. Waren frühere Appelle, ja sogar Anordnungen an die Kirchen und Magistrate, die Blätter zu abonnieren, immer wieder verpufft, läuft es diesmal besser. Nach Recherchen Schröders im Landesarchiv gibt es im Jahre 1806 317 Abonnenten, von denen allerdings nur 133 den vollen Preis – immer noch eineinhalb Reichsthaler – entrichten. Der ebenfalls im Landesarchiv erhaltene Jahresabschluss 1806 weist einen Ertrag von 231 Talern aus. Auf der Einnahmenseite – insgesamt 420 Taler – stehen neben Abo-Erlösen (195 Taler) öffentliche Zuschüsse in Höhe von jeweils 50 Talern aus den Kassen des Landes und der Städte sowie noch einmal dieselbe Summe aus der Affärenkasse, einer Art Privatschatulle des Landesherrn. Weitere 7 Taler stammen aus der Medizinalkasse, gut 68 Taler werden durch Anzeigen erlöst. Die Druckkosten belaufen sich danach auf 171 Taler. Botendienste, Porto und Versand machen weitere 18 Taler jährlich aus, so dass sich die Ausgaben auf 189 Taler summieren.

Damit sind die Druckkosten durch öffentliche Mittel nahezu gedeckt. Im Anzeigenbereich gelingt eine Einnahmesteigerung unter anderem durch die Aufnahme von Familienanzeigen. Den Anfang macht eine Todesanzeige am 9. Oktober 1790. Unter »Vermischte Nachrichten« – zwischen Anzeigen des

[20] Petri (1843), Sp. 100.

Verpächters einer Mühle und eines Tanzlehrers – gibt Friedrich Adolph Wasserbach aus Brake in einem kurzen Text ohne Überschrift bekannt, dass seine Frau Wilhelmine vier Wochen vorher gestorben ist. Schon hier taucht übrigens der Hinweis, auf, dass dieses Inserat »gewöhnliche Trauerbriefe« ersetzen soll. Noch heute liest man in entsprechenden Anzeigen nicht selten die Anmerkung »Statt Karten«. Die erste Vermählungsanzeige, aufgegeben vom Ehepaar Friedrich und Antoinette von Donop, folgt erst knapp sechs Jahre später.[21] Im Mai 1800 liest man dann auch die erste Geburtsanzeige.

Trotz der dargestellten Abonnementsentwicklung sind die *Intelligenzblätter* zu Beginn des 19. Jahrhunderts beileibe noch kein Massenmedium. Bei knapp 60.000 Einwohnern im lippischen Kernterritorium, hält gerade mal jeder 200. Untertan des inzwischen zum Fürsten erhobenen Landesherrn das Blatt. Auf heutige Verhältnisse umgerechnet, würde dies eine Auflage der *Lippischen Landes-Zeitung* von nicht einmal 1.200 Stück bedeuten. Allerdings ist zu berücksichtigen, dass jedes Exemplar damals durch sehr viel mehr Hände gegangen sein dürfte, als dies heute der Fall ist. Ob die Durchschnittsbevölkerung viel von den inhaltlichen Veränderungen – weg von den historischen und juristischen Abhandlungen, hin zu Themen wie Gesundheit, Ackerbau und Viehzucht – profitiert hat, darf bezweifelt werden. »Die Erfolgskontrolle [...] fiel jedoch negativ aus: Die meisten Ämter wiesen in ihren Berichten darauf hin, daß die Landbevölkerung die Intelligenzblätter nur zwangsweise und ohne großes Interesse zur Kenntnis nehme, da sie sie offensichtlich trotz der didaktischen Reduktionen immer noch nicht verstand.«[22]

Die »routinemäßige Fortführung« der Intelligenzblätter scheint sich für Mensching zumindest finanziell gelohnt zu haben. »Während Benzler noch 1778 über geringe Einkünfte klagte, konnte Mensching nach einigen Reformen des Blattes zum Jahrhundertende hin ein jährliches Einkommen von 200 bis 250

---

21 *Intelligenzblätter* (1796) Nr. 28 vom 9.7., S. 219.

22 Arndt (1992), S. 423.

Reichstaler erzielen. Für den Lemgoer Gymnasialrektor [...] bedeutete diese Summe ein akzeptables Nebeneinkommen.«[23] Huneke kommt weiter zu dem Schluss,

> daß erst durch das planvolle Eingreifen der Regierung die Verbreitung [der *Intelligenzblätter*] systematisch ausgebaut werden konnte. Beamtenschaft, Pfarrer und Städte wurden spätestens 1806 [...] durch die Intelligenzblätter in ein dichtes Kommunikationsnetz eingebunden. Durch die Multiplikatorenfunktionen besonders der Beamten bis in die Bauernschaften hinein und der Pfarrer auf der Kanzel und in der Schule wurde das Intelligenzblatt damit dem gesamten Territorium und seinen Untertanen prinzipiell zugänglich gemacht.[24]

Trotz des erheblichen staatlichen Einflusses hält es Huneke aufgrund der von ihm angestellten Textanalysen allerdings für »unangemessen«, die Blätter »als bloßes Sprachrohr des Absolutismus, als Träger für verkündete Meinung zu verstehen«.[25]

Der Nachfolger Menschings, der am 10. August 1807 stirbt, kommt aus der Lemgoer Geistlichkeit. Moritz Casimir Pothmann, Doktor der Theologie und Pfarrer an St. Johann, hatte sich bereits einige Jahre vorher als Volksschriftsteller einen Namen gemacht, unter anderem mit dem viel gelesenen und in drei Sprachen übersetzten »Sittenbuch für den christlichen Landmann«. Pothmann, der sein Amt mit Beginn des Jahres 1808 antritt,[26] sollte diese neue Aufgabe für rund 35 Jahre wahrnehmen. Gleichzeitig ist er der letzte Herausgeber der *Intelligenzblätter* überhaupt. Nach seinem Tod im Jahre 1842 wird die Redaktion nicht nur nach Detmold verlegt, die *Intelligenzblätter*, seit

---

23 Huneke (1993), S. 435.

24 Huneke (1993), S. 470.

25 Huneke (1993), S. 479.

26 Für die kurze Übergangszeit waren Menschings Witwe und deren Bruder, der zweite Bürgermeister August Wilhelm Overbeck, für das Blatt verantwortlich.

1809 »fürstlich-lippisch«, erscheinen ab 1843 als *Fürstlich-Lippisches Regierungs- und Anzeigeblatt.* Zeitgleich werden die Zuschüsse der öffentlichen Hand gestrichen.

Aufsehen erregende Neuerungen sind aus Pothmanns langer Amtszeit nicht überliefert, obwohl er durchaus Überlegungen zur Steigerung der Attraktivität der Publikation gibt. »Unter den Rubriken ›Ökonomie‹, ›Gewerbe‹, ›Statistische und politische Nachrichten‹, ›Aberglaube‹ und ›Nützliches Allerlei für Bürger und Landleute‹ wollte der neue Redakteur nur solche Abhandlungen aufnehmen, welche die lippischen Verhältnisse berücksichtigten und zur ›Aufklärung und Vermehrung der Kenntnisse der erwerbenden Volksklassen‹ und vor allem der Schuljugend beitrugen. Das Intelligenzblatt sollte zu einem ›Archiv‹ und zu einer ›Chronik des Landes‹ werden.«[27]

Doch diese Vorschläge lassen sich weitestgehend nicht umsetzen. Zum großen Teil hat das mit einer stärkeren Handhabung der Zensur zu tun, aber auch die Kirche opponiert gegen allzu freigeistige Artikel. »Eine politische Aufklärung und Belehrung der Untertanen hielt die Regierung für nicht notwendig.«[28] Die Zeitung entwickelt sich statt dessen mehr und mehr zu einem Anzeigenblatt, für längere Aufsätze ist allein deshalb schon kein Platz, weil die Zahl der Landesverordnungen und der gerichtlichen Bekanntmachungen weiter zunimmt – ebenso wie die der privaten Inserate. Mitentscheidend für die wirtschaftlich positive Entwicklung ist auch eine »sehr geregelte Expedition«, die seit 1815 von Pothmanns Sohn, im Hauptberuf Thurn-und-Taxischer Postmeister, organisiert wird.

Und so verdoppelt sich die Zahl der Abonnenten bis 1842 auf 656. Dabei handelt es sich allerdings nur zu gut der Hälfte um Privatpersonen. Entscheidender ist die Entwicklung bei den Anzeigen. Hatte sich deren Zahl in den Anfangsjahren auf kaum 50 pro Jahr belaufen, werden nunmehr jeweils 1.200 bis 1.400 gezählt.[29] Aus journalistischer Sicht fällt das Fazit der Amtszeit

---

27 Wehrmann (1972), S. 223.

28 Wehrmann (1972), S. 224.

29 Petri (1843), Sp. 117.

Pothmann weniger rosig aus. Schröder stellt jedenfalls fest, dass die *Intelligenzblätter* »ihren ursprünglichen Charakter, gleichzeitig ein Nachrichten- und Anzeigenblatt zu sein, mehr und mehr verleugnet hatten. Die Fülle der Anzeigen gab dem Blatte ein ganz anderes Gepräge«, was wiederum erkläre, »daß wir vergebens nach dem suchen, was das Leben der Menschen in lippischen Landen während jener Epoche bewegt hat«.[30] Und schon gar nicht waren die Blätter ein Organ der öffentlichen Meinung – und das in einer heute »Vormärz« genannten Zeit mit ihren mannigfaltigen liberalen und nationalen Bewegungen. Auch das öffentliche Leben in Lippe, urteilt der Pressehistoriker Rudolf Stöber, sei keineswegs »so dröge wie seine Zeitungen« gewesen.[31]

Die »Meyersche« erreicht, was die Bedeutung ihrer Buchproduktion betrifft, mit Christian Friedrich Helwings Wirken ihren Höhepunkt. Nach seinem Tod am 2. Januar 1800, über den nichts in den *Intelligenzblättern* veröffentlicht wird, geht's diesbezüglich bergab. Sein achtes Kind und Nachfolger, Gottlieb Leopold Helwing, »ging die gebahnten Wege, ohne selbst neue zu finden«, heißt es selbst in einer Jubelschrift zum 250-jährigen Bestehen aus dem Jahre 1914.[32] Auch in der sonstigen Literatur hinterlässt dieser Helwing keine Spuren; er gilt gemeinhin als »braver, wohlmeinender Mann von schwächlicher Gesundheit und ohne Initiative«. Allerdings gilt es dabei zu berücksichtigen, dass Lippe während seiner Amtszeit mehrere Jahre als Mitglied des Rheinbundes (ab 1807) unter napoleonischer Herrschaft steht und ganz Europa über einen langen Zeitraum in kriegerische Auseinandersetzungen verstrickt ist. Das befördert nicht gerade ein Buchhandels- und Verlagsgeschäft, dessen Bedeutung weit über die Grenzen Lippes hinausreicht.

Nach dessen frühem Tod im Alter von gerade einmal 50 Jahren im Jahre 1821 wird nicht etwa sein ältester Sohn Leopold zur bestimmenden Figur des Hauses, sondern Witwe Caroline Marie Elisabeth Helwing. Sie erweitert das

---

30 Schröder (1932), S. 39.

31 Stöber (1990), S. 70.

32 Weißbrodt (1914).

Verlagsprogramm durch Zusammenarbeit mit dem renommierten Bad Salzufler Apotheker Rudolph Brandes nicht nur durch Veröffentlichungen aus den Themenbereichen Pharmazie und Chemie, sondern trifft letztendlich – sicherlich auch auf Drängen der Regierung – die Entscheidung, das Geschäft nach Detmold zu verlegen, wo das Familienunternehmen bereits seit 1835 ein buchhändlerisches »Etablissement [...] mit einem vollständigen Sortiment der besten neuen und guter alter Bücher« unterhält. Nahezu zeitgleich gibt es schon einen Mitbewerber: Der Buchbinder C. S. Klingenberg, dessen Söhne später den Helwing-Laden übernehmen sollten, macht dem »geehrten Publicum« davon Anzeige, dass er in seinem neuen Laden neben Schreibwaren »stets eine große Auswahl gebundener Bücher vorräthig halte«. Schon im Weihnachtsgeschäft desselben Jahres gibt es einen regelrechten Preiskampf, angezettelt von der »Meyerschen«. Neben eine Anzeige Klingenbergs im *Intelligenzblatt* mit Preisen für verschiedene Neuerscheinungen stellt sie eine eigene Liste mit identischen Titeln – und durchweg niedrigeren Preisen.

Den verlegerischen Bedeutungsverlust kann der Umzug nach Detmold, wo im Sommer 1836 auch eine eigene Leihbibliothek eröffnet worden war,[33] nicht stoppen. In Lemgo bleibt zwar eine Filiale zurück, doch stößt bereits im Herbst 1843 Friedrich Leopold Wagener in die entstandene Lücke und eröffnet in der alten Hansestadt eine Druckerei. Dieser neue Wettbewerber sollte der »Meyerschen« und schließlich auch noch der *Lippischen Landes-Zeitung* erheblich zu schaffen machen. Nicht nur wird Wagener 1848/49 durch Herausgabe unter anderem der *Wage* und des *Volksfreundes* zum lippischen Sprachrohr der Demokraten während der Deutschen Revolution – eine Aufgabe, für die das *Regierungs- und Anzeigeblatt* schwerlich geeignet scheint. Er gründet auch 1877 die *Lippische Post*, die der LZ – zumindest im Bereich Lemgo/Nordlippe – als *Lippische Rundschau*, wenngleich mit neuer

[33] Dazu auch: Hiller von Gaertringen (1998), S. 83ff.

Eigentümerstruktur, noch in den Jahrzehnten nach dem Zweiten Weltkrieg erheblich Paroli bieten wird.[34]

Ebenfalls 1835, also dem Jahr der ersten Absetzbewegung aus Lemgo, erscheint bei Meyer die erste Ausgabe der Wochenpublikation *Lippisches Magazin für vaterländische Cultur und Gemeinwohl*. Herausgegeben von einem profilierten Dreier-Gremium – die schon erwähnten Brandes und Petri sowie der spätere Detmolder Gymnasialdirektor (1844-1851) Heinrich Schierenberg –, stellt diese jeden Mittwoch erscheinende Schrift eine Art intellektuelles Kontrastprogramm zu den *Intelligenzblättern* dar. Hier wird das verhandelt, was samstags nicht mehr berücksichtigt wird: Gesetzgebung und Politik, Wirtschaft und Soziales, Naturwissenschaftliches und Kulturelles, das massiv aufkommende Vereinswesen sowie bürgerschaftliche Initiativen wie der geplante Bau eines Denkmals für Hermann den Cherusker – und alles in sehr breiter Darstellung.

Dieses Magazin – und insbesondere seine regelmäßige, eher weniger als mehr mit Anzeigen bestückte Beilage *Anzeiger zum Magazin* bzw. (ab 1841) *Detmolder Anzeiger* – ist deshalb von pressegeschichtlicher Bedeutung für Lippe, weil damit erstmalig so etwas wie eine kontinuierliche Lokalberichterstattung über Detmold und darüber hinaus eingeführt wird, die ja heute das wesentliche Standbein der *Lippischen Landes-Zeitung* darstellt. »Der Detmolder Anzeiger darf [...] als das erste lippische Lokalblatt bezeichnet werden.« [35] Dauerhaft konkurrenzfähig auf dem lippischen Markt ist es allerdings nicht. Der Versuch von Petri, *Intelligenzblätter* und *Magazin*, das nach seinen eigenen Aussagen nur in den ersten beiden Erscheinungsjahren profitabel war, vor allem auch aus

[34] Redaktion und Geschäftsstelle der *Rundschau*, einer Lokalausgabe des *Westfalen-Blattes*, befanden sich von November 1982 bis zur Einstellung des Blattes Ende 2003 in der Mittelstraße 23, dem früheren Domizil der inzwischen nicht mehr existierenden Druckerei F. L. Wagener (1981 ins Industriegebiet Lemgo-Lieme verlegt). Im Februar 2015 hat Karl-Heinz Richter in den Mitteilungen des Vereins »Alt Lemgo« (»Rund um die Wälle«) einen längeren Artikel über die Geschichte des Unternehmens geschrieben (Richter 2015). Der Wagener-Nachlass ist im Stadtarchiv Lemgo einzusehen. Sämtliche Ausgaben der *Wage* wurden von der Lippischen Landesbibliothek digitalisiert und ins Netz gestellt.

[35] Schröder (1932), S. 41.

wirtschaftlichen Gründen zu einer Zeitung zusammenzuführen, scheitert am Veto der Regierung. Diese überträgt ihm jedoch mit Wirkung vom Januar 1843 immerhin die Redaktion des *Regierungs- und Anzeigeblattes* – ausdrücklich auch in Anerkennung seiner Verdienste um das *Magazin.*[36]

Ab April desselben Jahres firmiert das *Magazin* dann, ebenfalls unter der Ägide Petris, als *Vaterländische Blätter*. Die Doppelverantwortung des Regierungsrates endet erst Ende März 1848, als der Archivrat und Rechtswissenschaftler August Falkmann, der künftige Leiter des Detmolder Leopoldinums (1862-1879), Professor Dr. Eduard Horrmann, sowie ein gewisser B. Meyer die Redaktion übernehmen. Doch deren Ankündigung, die *Vaterländischen Blätter*, »welche bisher am Lippischen Walde harmlos grünten«, würden »sich verjüngen mit der jungen Zeit«, bringt ebenso wenig Erfolg wie eine Vergrößerung des Formats und eine Verdoppelung der Erscheinungsweise auf zwei Mal in der Woche. Am 31. März 1849 ist Schluss – nicht weil es in diesen turbulenten Zeiten nichts mehr zu schreiben gegeben hätte, ganz im Gegenteil, sondern, so die Herausgeber, »aus Mangel an thätiger Unterstützung« bei den »zeitraubenden Redactionsgeschäften«. In der Rückschau trifft Kittel folgende Bewertung: »1848 vertrat das Blatt einen gemäßigten Fortschritt und konnte es damit weder der Revolution noch der Reaktion recht machen.«[37]

Als die *Vaterländischen Blätter*, die noch bis in die 1930er Jahre hinein als LZ-Beilage »überleben«, als eigenständiges Produkt eingestellt werden, verfügen beide Pole der Geschehnisse von 1848 längst über eigene gedruckte Sprachrohre. Schon bald, nachdem Fürstin-Pauline-Sohn Leopold II. am 8. März auf Empfehlung des Bundestages die Pressefreiheit gewährt, erscheint am 25. März auf der linken Seite des Spektrums die *Wage* mit dem Untertitel »Zeitschrift zur Besprechung der Angelegenheiten des Volkes«. Sie ist damit das erste periodisch – nämlich zweimal pro Woche – erscheinende Blatt, das die

---

36 Stöber (1990), S. 63.

37 Kittel (1978), S. 218.

neuen Freiheiten konsequent nutzt. Die Reaktion lässt nicht lange auf sich warten: Am 28. September kommt, verlegt und gedruckt bei der »Meyerschen« in Detmold, das *Lippische Volksblatt* auf den Markt und zieht gleich in der ersten Nummer gegen die »elenden Umtriebe der Democraten« zu Felde. Während übrigens die *Wage* mit Karl Vette, Carl Volckhausen (beide Detmold) und Gustav Adolf Wolff (Lemgo) schon gleich von Beginn an unterhalb des Zeitungskopfes ihre verantwortlichen Redakteure benennt, hüllt sich das *Volksblatt* darüber in Schweigen. In der Folgezeit kommt es zu einer Flut von Publikationen,[38] die aber allesamt nach kurzer Zeit wieder verschwinden.

Den Kampf um die öffentliche Meinung in Lippe führen über mehrere Jahre vor allem – trotz zahlreicher Wechsel in der Redaktion – die *Wage* und das *Volksblatt*, die nicht nur Berichte, sondern auch regelmäßig Leitartikel und Kommentare veröffentlichen. Wer sich über politische Vorgänge ein eigenes Bild machen will, muss diese Blätter lesen – im *Regierungs- und Anzeigeblatt* wird, von offiziellen Bekanntmachungen abgesehen, auch nicht ansatzweise irgendetwas über diese aufsehenerregenden Vorgänge mitgeteilt, geschweige denn eine Meinung vertreten. Die LZ selbst urteilt in einem Rückblick im Jahre 1951 selbstkritisch: »Ihr Inhalt [war] einseitig, nüchtern und trocken. Gerade dieser Tatsache verdankt das Blatt [...] sein Weitererscheinen nach den Revolutionswirren von 1848. Um so bedauerlicher ist es, daß wir in dieser Periode des Tiefstandes, den wohl jede Zeitung einmal zu durchwandern hat, nichts in den Spalten des Blattes von dem Wirken Lortzings, Freiligraths und Christian Dietrich Grabbes in Detmold vernehmen.«[39]

Das gegenseitige Sich-Beharken von *Wage* und *Volksblatt* geht bis zum 24. Juni 1852 weiter, als letztgenannte Zeitung ihr Erscheinen einstellt. Ihr Sinn und Zweck habe sich erfüllt, wie »Die Redaction« in ihrer letzten Ausgabe feststellt:

---

38 Schröder (1932), S. 60, listet rund ein Dutzend Blätter für diesen Zeitraum auf, darunter längst vergessene wie den *Hahn für Stadt und Land*, das *Detmolder Reibeisen* oder die *Dorfzeitung* aus Schlangen. Übrig geblieben ist allein das *Regierungs- und Anzeigeblatt*.

39 N.N., Seit 185 Jahren – die Zeitung der Heimat, LZ vom 30. Juni 1951.

> Haben wir es damals für unsere Pflicht gehalten, für Ordnung und Gesetz in die Schranken zu treten, so scheint uns doch jetzt, wo die Zeitverhältnisse sich Gottlob gänzlich wieder verändert haben, die Vernunft wieder die Oberhand gewonnen und die Democratie überall am Boden liegt, kein Bedürfniß mehr vorzuliegen, den Kampf fortzusetzen.

Die *Wage* triumphiert nur kurz ob ihres vermeintlichen Erfolgs über das *Volksblatt* (»[...] untergegangen, weil man es nicht mehr lesen wollte«), wird am 4. September dann verboten. Damit hatte sich die Sache mit der Pressefreiheit erst einmal erledigt, was vor allem dem *Regierungs- und Anzeigeblatt* nutzt, das als einzige Publikation diese turbulenten Zeiten überlebt. Ohne die Rückkehr zu den »alten Verhältnissen« wäre dies sicherlich nicht möglich gewesen. Immerhin hatten es *Wage* und *Volksblatt* in ihren Glanzzeiten zu einer Auflage von vermutlich jeweils um 1000 Exemplaren gebracht.[40]

Relativ sang- und klanglos geht in den folgenden Jahren die Ära Helwing bei der »Meyerschen« zu Ende. Noch vor den Revolutionsereignissen übernimmt 1842 Friedrich Christian Leopold von seiner Mutter die Geschäfte und führt sie unspektakulär bis zu seinem Tod (1867) fort. Wiederum tritt anschließend eine Frau, Witwe Elise, an die Spitze der Unternehmung und muss sogleich einen weiteren Rückschlag hinnehmen. Das ohnehin schon aufgeweichte Druckereiprivileg wird ihr im Januar 1868 von der fürstlichen Regierung endgültig entzogen, weil ein solches »den Bedürfnissen des Publikums« nicht mehr entspreche und ohnehin nicht mehr in die Zeit passe. »Damit war die beherrschende Stellung der Meyerschen Hofbuchhandlung endgültig beseitigt«.[41] Als dann auch noch Sohn und Verlagserbe 1870 im Deutsch-französischen Krieg fällt, handelt Elise Helwing. Sie verkauft im Mai 1871 alles an Wilhelm Klingenberg.

---

[40] Schröder (1932), S. 59.

[41] Weißbrodt (1914), S. 55.

Der weiß, ebenso wie die letzten Generationen der Helwings, relativ wenig mit dem Blatt anzufangen. Er übernimmt ein immer noch dröges Anzeigenblatt, das inzwischen dreimal in der Woche erscheint, sich aber wirtschaftlich immerhin konsolidiert. So steigt die Seitenzahl der Januar-Nummern von 56 (1854) auf 138 (1872), nachdem sie im Vorkriegsjahr 1869 bereits einmal bei 160 gelegen hatte. Die Steigerungen sind dabei im Wesentlichen auf die privaten Annoncen zurückzuführen.[42] Und es ist beileibe nicht allein das Verdienst des neuen Eigentümers, dass ab 1872 eine Entwicklung einsetzt, die das Blatt schließlich zu einer »richtigen« Tageszeitung werden lässt. Es handelt einmal mehr die Obrigkeit in Person des frisch berufenen Kabinettsministers Adalbert von Flottwell, der – in eigenem Interesse – die Initiative ergreift und einen gemäßigt nationalliberal eingefärbten »nichtamtlichen Teil« initiiert. Den nutzt er auch selbst fleißig, um sich gegen Kritik der »Fortschrittlichen« in Lippe zu verteidigen. »Die Regierung hatte jetzt wieder die Möglichkeit, publizistisch auf die Meinungsbildung der Untertanen einzuwirken«.[43] Flottwell schreibt dann auch gleich zu Beginn zehn Artikel über Verfassungsfragen.

Bezeichnenderweise werden die Veränderungen von von Flottwell im Namen der Regierung in der Ausgabe vom 29. Juni bekannt gemacht. Er schreibt unter anderem: Das *Regierungs- und Anzeigeblatt*

> wird täglich mit Ausnahme der Sonn- und Festtage herauskommen und außer den amtlichen Bekanntmachungen der Behörden in einem nichtamtlichen Theile politische und andere Nachrichten aus Deutschland und dem Auslande, sowie Local-Nachrichten und Besprechungen über Landesangelegenheiten enthalten. [...] Im Uebrigen wird in dem Vertriebe des Blattes nichts geändert, und namentlich wird dasselbe in bisheriger Weise an Behörden umsonst, resp. zu ermäßigtem Preise verabfolgt [...].

---

42 Schröder (1932), S. 65.

43 Ebd.

Zum selben Zeitpunkt, also ab 1. Juli, kündigt Klingenberg eine Preiserhöhung an. Das Blatt, das abends gegen 18 Uhr herauskommt, kostet im Abo fortan jährlich 2 Reichsthaler und 20 Silbergroschen, »da für den bisher äußerst niedrigen Abonnements-Satz, sowie in Rücksicht auf die gesteigerten Arbeits-Löhne, Papier, Farbe und Kohlenpreise, ein täglich erscheinendes Blatt nicht hergestellt werden kann«.

Noch einmal knapp sechs Jahre sollte es dann dauern, bis am 2. Januar 1878 die erste *Lippische Landes-Zeitung* erscheint – nunmehr ohne den ausgegliederten, separat herausgegebenen amtlichen Teil, aber weiterhin mit privaten Anzeigen. Die Trennung von Zeitung und Regierung wird damit vollzogen. »Während das Blatt in den früheren Zeitläuften ein nebensächlicher Bestandteil der Druckertätigkeit war und hinter der Buchproduktion [...] tief in den Schatten trat, wurde es nun immer mehr und mehr die Hauptaufgabe der Offizin und ihre feste wirtschaftliche Säule.«[44]

Dieser Schritt steht gleichzeitig am Ende einer Entwicklung, die schon 1843 mit der Übersiedlung der Helwings von Lemgo nach Detmold begonnen hatte: Die Residenzstadt wird endgültig auch zur maßgeblichen Zeitungsstadt des Landes; wer mit der LZ mithalten und Aufmerksamkeit erregen, wer im politischen Raum Bedeutung erlangen will, muss sich hier niederlassen.

Als Beleg mag das Schicksal der in großer liberaler Tradition stehenden *Lippischen Post* dienen. Erst 1895, also geschlagene 17 Jahre später als die LZ, erscheint sie werktäglich, fällt aber dennoch immer mehr auf den Status eines lediglich lokal bedeutenden Blattes zurück. Die Auflagenentwicklung verdeutlicht dies: Lagen beide Blätter 1878 mit 2.000 (LZ) bzw. 1.200 (LP) Exemplaren noch relativ eng beieinander, geht die Schere in den folgenden Jahren immer weiter auseinander. 1896 verkaufen die Lemgoer gerade mal 2.000 Zeitungen am Tag, die Detmolder aber 9.000[45] – und im Winter, wenn die

---

44 N. N. (1934), S. 38.

45 Schröder (1932), S. 84. Die Zahlen sind dem »Adreßbuch der deutschen Zeitschriften« entnommen und fußen auf vermutlich »aufgerundeten« Angaben der Verlage.

Bauern mehr Zeit haben und die Ziegler zu Hause sind, sogar noch ein paar mehr. Diese Zahlen zeigen aber auch, wie stark die Zahl der Zeitungsleser in diesen Jahren wächst – eine Tendenz, die sich fortsetzt und von der auch die 1896 gegründete *Lippische Tages-Zeitung* bis zum Ersten Weltkrieg profitieren sollte.

Neben der *Lippischen Post* als »Organ der liberalen Volks- und Fortschrittspartei in Lippe« (seit 1876, hervorgegangen aus dem *Neuen Sonntagsblatt* (1854) beziehungsweise dem Mittwochs-Beiblatt der *Sonntagspost* (1855)) buhlen weitere Blätter um die Leserschaft. Sehr kurzlebig sind der in der Hofbuchdruckerei hergestellte konservative *Lippische Volksbote* (1868-1870) und das nationalliberale *Lippische Wochenblatt* (1870/71). Das ebenfalls konservative *Lippische Volksblatt* – gegründet 1876 – hält immerhin bis 1902 durch. Und dann wird 1873 noch der *Lippische Anzeiger* gegründet, der zwar auch unterhaltende, nicht aber politische Nachrichten veröffentlicht und diese dem Anzeigenteil unterordnet – wie es viele Anzeigenblätter bis heute tun.

Apropos Inserate: Eine Gelddruckmaschine ist aus dem *Regierungs- und Anzeigeblatt* in der Mitte des 19. Jahrhunderts nicht geworden. Schröder veröffentlicht eine Statistik der Jahre zwischen 1850 und 1871, aus der unter anderem hervorgeht, dass die Auflage in diesem Zeitraum gerade mal um 275 Stück auf 1.200 steigt. Deutlich an Bedeutung gewinnen die Anzeigen, die Einnahmen können in diesem Segment um mehr als 50 Prozent auf 1.270 Reichstaler gesteigert werden. Dennoch ist das Blatt zuletzt wieder defizitär, nachdem es zwischendurch Jahr für Jahr – wenn auch bescheidene – Gewinne abgeworfen hatte.[46]

Das sollte sich in den darauffolgenden Jahren insofern ändern, als die LZ am stärksten von den gesellschaftlichen Umwälzungen – etwa der Landflucht und dem zeitgleichen Anwachsen der Städte – profitiert, natürlich auch im Anzeigenbereich. Trotz ihrer liberal-konservativen Ausrichtung versteht sie sich zunehmend als Generalanzeiger, will »keiner Partei und keiner

---

[46] Schröder (1932), S. 73.

Interessengruppe dienen, aber trotzdem nicht farblos sein«.[47] Offensichtlich gelingt das, kombiniert mit dem Ausbau der Inhalte, ganz gut – zumindest bis im Zuge des Thronfolgestreits durch Gründung der *Lippischen Tages-Zeitung* eine neue, starke Konkurrenz heranwächst. Da aber hat Klingenberg schon längst an Max Quentin verkauft. Er und seine journalistisch ebenso profilierten Nachfolger Neumann-Hofer und Staercke werden das Blatt in den darauffolgenden Jahrzehnten prägen.

47 Schröder (1932), S. 85.

2. Die Ära Quentin

Max Quentin ist der große Unbekannte unter den LZ-Eigentümern, obwohl er als einer der wenigen ein gebürtiger Lipper ist. In sämtlichen Abhandlungen zur Geschichte der Zeitung bildet seine Verlegerzeit nicht mehr als eine Randnotiz. Quentin wird allenfalls kurz in Zusammenhang mit dem lippischen Erbfolgestreit erwähnt, was seiner Rolle bei diesem historischen Ereignis nicht im Mindesten gerecht wird. Seit der spätere NS-Funktionär Dr. Arno Schröder 1932 seine Dissertation zur »Geschichte des Zeitungswesens in Lippe« veröffentlicht hat, ist praktisch nichts Neues mehr zu ihm geschrieben worden. Der frühere LZ-Mitarbeiter Erich Meinhard trifft es allerdings ganz gut, wenn er zum 200-jährigen Bestehen der Zeitung im Februar 1967 feststellt, dass Quentin, »nach allem, was von ihm überliefert ist, eine eigenwillige, etwas seltsame Persönlichkeit gewesen sein« müsse.[1] Und eine, mag man hinzufügen, deren gesamtes weitere Schicksal von den nur 13 Jahren der Verlegertätigkeit zwischen 1885 und 1898 bestimmt werden sollte. Mehr noch als »Hofrat« Max Staercke nach ihm ist »Fürstlicher Rat« Quentin in der Folgezeit wirtschaftlich nicht mehr auf den grünen Zweig gekommen. Das belegen zahlreiche

1 Meinhard (1967).

Dokumente, die im Landesarchiv OWL und im Detmolder Schloss aufbewahrt werden.[2]

Quentin wird am 28. Oktober 1863 als jüngster Sohn des aus Hildesheim zugewanderten Detmolder Hofapothekers und späteren Medizinalrats für das Apothekerwesen im Fürstentum Lippe, Georg Quentin, geboren.[3] Nach dem Besuch des örtlichen Gymnasiums beginnt er eine kaufmännische Lehre in Herford, an die sich Auslandsaufenthalte unter anderem in London und Paris anschließen. Diese dienen, wie Quentin später selbst schreibt, nicht nur dazu, Sitten und Gebräuche kennenzulernen sowie Sprachkenntnisse zu erwerben, sondern vor allem der Vorbereitung auf den »journalistischen Beruf«, an dem er »schon seit Schülerzeiten« Interesse gehabt habe. Bereits zum 1. Juli 1885, also in einem Alter von nicht einmal 22 Jahren, übernimmt er dann Hofbuchdruckerei und LZ von Wilhelm Klingenberg, der für die Zeitung durchweg nur wenig Interesse aufgebracht hatte.

Zum Zeitpunkt des Verkaufs an Quentin und dessen anfänglichem Miteigentümer Adolf Mewes befinden sich Druckerei und Verlag in einem relativ neuen Gebäudekomplex an der Leopoldstraße/Ecke Hornsche Straße, der nach der Zerstörung der alten Druckerei durch ein Feuer 1875 errichtet und nach und nach erweitert worden war.[4] Die neuen Eigentümer führen das

---

2 Es handelt sich dabei sowohl um Regierungsakten (LAV NRW OWL, L 79, Nr. 4404) als auch um Akten der Fürstlichen Verwaltung (Bestand O 519) und des Geheimen Zivilkabinetts (O 518).

3 Zur weiteren Familiengeschichte siehe Quentin (1907).

4 Zeitweilig gehörte Klingenberg auch das alte Gebäude des Gymnasiums (heute Stadtbücherei), das Anfang des 20. Jahrhunderts erworben wurde. Erst 1979 räumt die Firma den Standort und zieht ins Industriegebiet an den Hansaweg um, wo sie bis zur Stilllegung der Produktion im Jahre 2002 verbleibt. Die (vergeblichen) Proteste gegen den Abriss des zwischenzeitlich besetzten Firmenkomplexes an der Hornschen Straße zur Jahreswende 1980/81 sind in die Stadtgeschichte eingegangen. Entsprechendes gilt auch für die 1986 vorgenommene spektakuläre Verschiebung des Hauses Münsterberg (heute »Literaturbüro«) um sieben Meter zwecks Verbreiterung der Hornschen Straße. Oskar Münsterberg war seit 1886 für einige Jahre neben Wilhelm und August Klingenberg dritter Gesellschafter der Gebr. Klingenberg OHG, dann aber im Streit von den Betriebsgründern geschieden. Der Name lebte bis zu seinem Verkauf in der Firma Klingenberg Berlin GmbH weiter, einem ehemaligen Unternehmen der Bielefelder Gundlach-Gruppe, das sich auf

Geschäft zunächst in den alten Räumlichkeiten weiter, verlegen es dann aber auf die gegenüber liegende Straßenseite in das Haus Leopoldstraße 12. Dieses Gebäude, so schreibt der Heimatforscher Heinrich Röhr, muss Quentin schon vor seinem Engagement bei der LZ erworben haben, und zwar vom späteren Geheimen Oberjustizrat Otto Preuß. Nach Quentin zieht dann Adolf Neumann-Hofer hier ein, verlegt seinen Privatwohnsitz aber 1913 in das Haus Leopoldstraße 8, wo er viele Persönlichkeiten empfängt, darunter, so Röhr, auch Winifred Wagner.[5] Die Nummer 12 wird weiterhin auch als Wohnhaus genutzt – so bis 1933 von LZ-Redaktionsleiter Erich Meinhard.

In einem Lebenslauf, den Quentin 1908 an den lippischen Hof schickt, lässt er an dem Zustand des Blattes zur Zeit seines Einstiegs kein gutes Haar. Die LZ, heißt es da unter anderem, »war damals ein unbedeutendes Blättchen mit 1.800 Abonnenten und einem Anzeigenumsatz von 13.000 Mark«.[6] Er, Quentin, habe die Zeitung unter hohem Einsatz und bei unzureichender personeller Ausstattung (»Ich musste alles selbst schreiben«) zu einem »angesehenen Blatt«

---

großformatige Plakate spezialisiert hatte und sich in seiner Unternehmensdarstellung explizit auf das ehemals Detmolder Unternehmen berief. Weitere Infos in Scheef, Tappe (1992).

5 In dem Haus Leopoldstraße 8 hat zuvor unter anderem Max Staercke gewohnt, dort ist auch sein ältester Sohn geboren. Mit dem Erwerb des Hauses durch Neumann-Hofer zieht Staercke in die Paulinenstraße/Ecke Grabbestraße. Heinrich Röhr (1888-1969) hat zwischen dem 7. Januar und dem 13. Mai 1967 eine Artikelserie mit dem Titel »Abschied von der alten Leopoldstraße« veröffentlicht, die viele interessante Details und Anekdoten zu den Themenkomplexen Klingenberg, Neumann-Hofer, Staercke, Quentin und *Lippische Landes-Zeitung*/Meyersche Hofbuchdruckerei enthält. Der Lehrer, Sportfunktionär und zeitweilige Vorsitzende des Lippischen Heimatbundes hat nicht nur zahlreiche heimatkundliche Artikel für die LZ geschrieben, sondern auch mehrere Bücher, allesamt verlegt bei der Druckerei Bösmann. Sie tragen Titel wie »Liebes, altes Detmold«, »Stationen und Gestalten am Wege« oder »Die Lange Straße als via triumphalis einer kleinen Residenz«. Im Osten der Stadt ist eine Straße nach Röhr benannt. Der Sporthistoriker Florian Lueke zeichnet in seinem im Jahre 2016 erschienenen Aufsatz über »Lippische Sportler im ›Jahrhundert der Lager‹« (Lueke 2016) ein kritisches Bild von Röhr. Er bezeichnet ihn als »Profiteur« der Zeit des Nationalsozialismus und einen »Menschen mit deutsch-nationaler Gesinnung«, als »opportunistisch« und »rückgratlos«.

6 Schloss Detmold, O 518, Nr. 1838.

mit einer Auflage von 10.000 Exemplaren und einem Umsatz von 50.000 Mark entwickelt.

Offensichtlich ist der Mann bemüht, seine Verdienste besonders herauszustreichen, befindet er sich doch 1908 in einer wirtschaftlichen Notlage, in der er den Hof um Unterstützung bittet. Sein ehemaliger Mitgesellschafter Mewes wird mit keinem Wort erwähnt. Auch flunkert Quentin offensichtlich bei der Angabe zur Auflage ein wenig. »Notariell beglaubigt« sind bei der LZ im Jahre 1899 lediglich 8.750 Exemplare.[7] Bescheidenheit ist allerdings ohnehin nicht seine Stärke. »Ich bin fast auf jedem journalistischen Gebiet bewandert, vom überregionalen bis lokalen, seit 22 Jahren schreibe ich Konzert- und Schauspielkritiken, kann außerdem Verleger und Besitzer, falls nötig, vertreten«, behauptet er 1908 einmal.

Ganz so schlimm kann der Zustand der LZ wohl nicht gewesen sein. Zwar kommt auch Schröder zu einer kritischen Beurteilung des (überregionalen) politischen Teils der LZ, doch weist er gleichzeitig auf zahlreiche Neuerungen hin, die ab 1878 nach und nach eingeführt worden sind und vor allem der Stärkung des Lokalteils dienen. Zu den Innovationen zählen ein täglich erscheinender Wetterbericht (»Meteorologische Beobachtungen in Detmold«), die Schaffung der Rubriken »Forstwirtschaft und Jagd«, »Haus- und Landwirtschaft« und »Zieglerecke« sowie der Aufbau einer ausführlichen Gerichtsberichterstattung. Der Roman wird, wie lange Zeit üblich, »unter dem Strich« platziert und gewinnt als Werbeargument an Bedeutung – trotz bereits existierender Konkurrenz durch Leihbüchereien oder Verlage wie Reclam. Der »Sprechsaal« stellt eine frühe Form des Leserdialogs dar, hier werden vor allem kommunalpolitische Themen erörtert.

Einen deutlichen Schwerpunkt bildet außerdem der Wirtschafts- und Handelsteil: Darin werden fortan Berichte über Generalversammlungen bedeutender Unternehmen, Mitteilungen über Industriemessen oder die Informationen über die Gründung von Aktiengesellschaften veröffentlicht. Ab

---

[7] Schröder (1932), S. 96.

1879 gibt es Börsennotierungen aus Berlin und Köln. Warum das so ist, wird bereits in den Leitsätzen des Blattes deutlich, das zwar keiner Partei zugerechnet werden will, aber den Gegensatz zur aufkommenden Sozialdemokratie dezidiert betont.

Die LZ kündigt unter anderem an:

> Wir bekämpfen die ungeheure Anhäufung des Großkapitals in einzelnen Händen, da dieses die Ziele der Sozialdemokratie indirekt fördert und wünschen einen gerechten Ausgleich durch hohe progressive Reichs-, Erbschafts- und Einkommensteuer, wodurch eine Entlastung der ärmeren Klassen eintreten würde. Wir sind gegen jede Besteuerung von Nahrungs- und Genussmitteln, soweit sie nicht Luxusartikel sind. Berechtigt sind nur Zölle auf letztere und Schutzzölle, die sich notwendig erweisen für die heimische Landwirtschaft und Industrie. Die großen Versandgeschäfte, die Schleuder- und Schwindelbazare, die Offiziers- und Beamten-Konsumvereine und andere Konsumanstalten, die am Marke unseres Volkes zehren und die Existenz des soliden, ansässigen Handels- und Gewerbetreibenden untergraben, werden auch ferner stets scharf von uns in ihrer ganzen Gefährlichkeit hingestellt und dementsprechend gegeißelt werden.[8]

Es ist frappierend, welche Aktualität diese Sätze noch heute haben. Die Umverteilung durch eine »Reichensteuer« wird in der Gegenwart – und schon seit Jahren – ebenso diskutiert wie die Aufhebung oder Belassung von Zollbeschränkungen im Rahmen von internationalen Handelsabkommen. Und die »großen Versandgeschäfte« machen in ihrer modernen Ausprägung dem stationären Einzelhandel mehr denn je zu schaffen.

Bei ihrem »Amtsantritt« hatten die neuen Eigentümer – Adolf Mewes fungiert übrigens zunächst als »Verantwortlicher Redakteur« und Nachfolger

---

[8] Zitiert nach Schröder (1932), S. 75 f.

von August Klingenberg – noch kleine Brötchen gebacken. »Es wird unser Bestreben sein«, heißt es unter anderem in einem Aufruf »An unsere Leser« vom 1. Juli 1885, »unter möglichster Fernhaltung der Polemik die gemäßigt liberale Tendenz, welche das Blatt bisher verfolgt hat, auch ferner beizubehalten«. Man werde sich bemühen, die Leser durch schnelle Berichterstattung auf dem Gebiet der Politik und des öffentlichen Lebens stets auf dem Laufenden zu halten.

> Vornehmlich aber werden wir uns bestreben, dem Titel des Blattes entsprechend, den Vorkommnissen in unserem engeren Vaterlande eine größere Aufmerksamkeit zu widmen und durch Korrespondenzen aus den verschiedensten Theilen des Landes unsere Leser über kommunale oder Landes-Angelegenheiten sowie Vereinssachen zu unterrichten.

Bevor sich Quentin der Aufgabe seines Lebens, der Unterstützung der Biesterfelder Ansprüche im lippischen Thronfolgestreit[9] widmet, erweitert er das Angebot der LZ um einige Beilagen. Ab 1886 gibt es ein *Sonntagsblatt* als Vorläufer der heute üblichen Wochenendausgaben, zwei Jahre später das der Unterhaltung dienende *Lippische Wochenblatt* (mittwochs) und auch eine landwirtschaftliche Beilage. 1891 kommt dann die *Lippische Gartenlaube*, es folgen die *Lachenden Blätter* mit Witzen und satirischen Beiträgen. Im Herbst 1893 unternimmt Quentin eine ausgedehnte Reise »Quer durch Nord-America und die Welt-Ausstellung in Chicago«. Tagebuchblätter darüber erscheinen in der LZ und im darauf folgenden Jahr auch als Buch im Verlag der »Meyerschen«.

Dann kommt der 20. März 1895, an dem der kinderlose Fürst Woldemar stirbt – und der seit langem schwelende Erbfolgestreit offen ausbricht. Obwohl es zunächst »nur« um die Regentschaft anstelle des regierungsunfähigen Fürsten Alexander geht, schlägt das Testament des

[9] Immer noch die beste Einführung in das Thema: Kittel (1978), S. 254-267.

Verstorbenen hohe Wellen. Viele Untertanen wollen sich nicht dem »letzten Willen« Woldemars beugen und den – übrigens ebenfalls kinderlosen – schaumburg-lippischen Prinzen Adolf, einen Schwager von Kaiser Wilhelm II., als ihren Landesvater anerkennen. Zu ihrer publizistischen Speerspitze wird die *Lippische Landes-Zeitung* Max Quentins, der sich vehement für die Ansprüche der konkurrierenden gräflichen Biesterfelder Linie stark macht – und zwar nicht nur im eigenen Blatt. Ein erster Erfolg stellt sich noch zu Amtszeiten Quentins im Juni 1897 ein, als Ernst Graf zu Lippe-Biesterfeld[10] – zumindest vorläufig – die Regentschaft von Prinz Adolf übernimmt.

In Zusammenhang mit diesen Ereignissen zeigt sich aber auch deutlich, welche Bedeutung von den Zeitgenossen den als Massenmedien noch relativ neuen Zeitungen beigemessen wird. Als die Vertreter der Schaumburger Interessen ihr Anliegen in der LZ nicht ausreichend vertreten sehen und sie mit einem Übernahmeangebot von, so Quentin, 300.000 RM nicht zum Zuge kommen,[11] stampfen sie kurzerhand in Detmold ein eigenes Blatt aus dem Boden. Die *Lippische Tages-Zeitung* erscheint erstmalig am 28. April 1896 im Verlag der an der Bahnhofstraße gelegenen Buchdruckerei von Fr. Preuß. Als

---

10 Die Linie Lippe-Biesterfeld wurde von Jobst Hermann begründet, dem jüngsten Sohn aus der zweiten Ehe des Grafen Simon VII. (1587-1627). Ab 1678 baute er auf einer Meierei bei Rischenau den Herrensitz Biesterfeld aus. Als Grafregent Ernst, der bereits die siebte Generation repräsentierte, 1897 nach Detmold kam, hatte seine Familie den lippischen Südosten längst verlassen. Er selbst ist, wie übrigens auch sein Sohn Leopold IV., in Oberkassel bei Bonn geboren – auf einem Anwesen, das 1770 durch Heirat in das Eigentum der Biesterfelder gelangt war. Der Gebäudekomplex, heute »Lippesches Palais« genannt, war in den 1980er Jahren Sitz der Bundesarchitektenkammer, ist jetzt in Privatbesitz und wird zu großen Teilen von einem Immobilienunternehmen vermarktet. Ernst lebte später mit seiner Familie auf dem Rittergut Neudorf bei Bentschen in der seinerzeit preußischen Provinz Posen. Von dort zieht er an seinen neuen Lebensmittelpunkt in Detmold.

11 Schloss Detmold, O 518, Nr. 1832. — Quentin begründet das Ausschlagen des Angebots mit dem Hinweis, es sei für ihn stets eine »Ehrensache« gewesen, »den Kampf für die Biesterfelder weiterzuführen«. Durch einen Verkauf wäre »diese Richtung möglicherweise verloren gegangen«.

Redakteur ist damals schon der aus Frankfurt zugewanderte Willy Bruder[12] dabei, der das Blatt später in einem eigenen Betrieb an der Hornschen Straße druckt und 1920 an den Hugenberg-Konzern verkauft.

Wie die LZ ist die *Tages-Zeitung* im Kaiserreich der politisch und konfessionell unabhängigen »Generalanzeiger-Presse« zuzurechnen. Auch von der inhaltlichen Struktur her sind beide Blätter ähnlich aufgemacht, was zu einem erbitterten Konkurrenzkampf um Abonnenten und Leser führt. Jede der beiden Zeitungen bedient ihre Klientel, sei es auf Seiten der Biesterfelder oder der Schaumburger. »Beide Blätter versuchten sich gegenseitig zu überbieten. Das erhöhte ihre Aktivität und wirkte fördernd auf die Vielseitigkeit ihres Inhalts ein.«[13] Und es schwächt weiter die politischen Zeitungen wie die liberale *Lippische Post*, die sich, weil sie mit den beiden großen Blättern nicht mithalten kann, mehr und mehr dem Lemgoer Lokalen zuwendet.

Allerdings hinterlässt der harte Wettbewerb bei Quentin seine Spuren. »1898 fühlte ich mich so nervös und überarbeitet, daß ich völlig arbeitsunfähig war«, erinnert er sich später. So verkauft er das Blatt am 1. Oktober dieses Jahres für – nach eigenen Angaben – 185.000 RM an Dr. Alfons Stengele aus Schwäbisch-Gmünd, über den Max Staercke später spottet: »Diesem Schwaben behagte die rauhe Luft Norddeutschlands nicht.« Zudem sei es ihm nicht gelungen, »zu den lippischen Menschen ein inneres Verhältnis zu gewinnen«.[14] Die Folge: Genau ein Jahr später geht die LZ in den Besitz des Stengele-Studienfreundes Dr. Adolf Neumann-Hofer über. Beide Eigentümerwechsel, von

---

12 Nach der Entscheidung im Erbfolgestreit im Jahre 1907 wendet sich Bruder der nationalen Rechten zu. Das Blatt wird als Organ der DNVP ab 1919 zu den schärfsten Kritikern des »Systems Drake«.

13 Schröder (1932), S. 85.

14 LAV NRW OWL, D 72 Staercke, Nr. 374. Es handelt sich um eine unveröffentlichte Abhandlung Staerckes über das Leben Adolf Neumann-Hofers. Dieser Textentwurf war für den nie erschienenen zweiten Band der Portraitreihe »Menschen vom lippischen Boden« vorgesehen. Staercke beschränkt sich in seinem »Lebensbild« allerdings auf die politische Tätigkeit Neumann-Hofers – mit Ausnahme einiger persönlicher Anmerkungen am Ende. Über das verlegerische Wirken und die wirtschaftlichen Aktivitäten des LZ-Eigentümers, der sich unter anderem bei Sinalco engagierte, erfährt man an dieser Stelle nichts.

Quentin zu Stengele und von Stengele zu Neumann-Hofer, werden dem LZ-Leser übrigens nur kurz und in äußerst nüchternen Worten bekannt gegeben. Stengele ist sein Abschied gerade mal 25 unverbindliche Zeilen wert. Immerhin hatte er ein Jahr zuvor bei seinem Antritt noch betont, er wolle vermeiden, »auf ein bestimmtes politisches Programm zu schwören«.

Detailliertere Angaben über den am 25. Dezember 1856 geborenen Stengele, der aus dem Aachener Raum stammt, also keineswegs ein waschechter Schwabe ist, verdanken wir dem »Lexikon der deutschen Dichter«. Dort hinein ist der promovierte Philologe gelangt, weil er unter dem Pseudonym »Alfons vom Rhein« Bücher mit humoristischen Erzählungen verfasst hat. Wegen der schönen Formulierungen sei der Lexikon-Eintrag hier einmal vollständig dokumentiert:

Alfons Stengele

> besuchte zuerst die Volksschule, dann eine Privatschule und darauf ein Realgymnasium, nach dessen Absolvierung er auf Wunsch des Vaters Techniker werden sollte. Aber weder dieser Beruf noch der eines Kaufmanns zog ihn an, und so stellte er sich nach mancherlei Differenzen mit den Eltern auf eigene Füße und wählte sich seine eigene Bahn. Die Wogen des Schicksals trieben ihn in das journalistisch-literarische Fahrwasser; schon nach Jahresfrist war er Redakteur einer kleinen Zeitung, dann Mitarbeiter größerer Blätter, später Korrespondent zahlreicher angesehener deutscher und österreichischer Zeitungen. Endlich zwang ihn zunehmende Krankheit, dem aufreibenden journalistischen Beruf zu entsagen und sich der Novellistik zuzuwenden.
>
> Im Jahre 1887 griff er einen alten Jugendwunsch auf, bezog die Universität, an der er Staatswissenschaften studierte, und erwarb sich die Würde eines Dr. phil. Besser ausgerüstet als zuvor, trat er in das praktische Leben zurück mit dem Gedanken, bei einer Handelskammer oder einem statistischen Bureau seine Kenntnisse zu verwerten; doch hat sich diese Hoffnung leider nicht erfüllt.

> Stengele lebte seit Jahren in Schwäbisch-Gmünd, wo er seit 1895 die *Rems-Zeitung* redigierte, bis er 1898 seinen Wohnsitz nach Detmold verlegte, wo er Redakteur und Inhaber der *Lippeschen Landeszeitung* und Besitzer der Meyerschen Hofbuchdruckerei wurde. Doch siedelte er schon 1899 nach Tübingen über, und dort ist er am 3. Februar 1902 gestorben.[15]

Mit dem Verkauf an Stengele, den er später als »unselige Handlung«[16] bezeichnet, ist für Quentin das Thema LZ keineswegs erledigt. Zwar ärgert er sich, dass Stengele die Zeitung für angeblich 340.000 RM weiterverkauft – der spätere LZ-Eigentümer Max Staercke spricht mehrfach von 300.000 RM –, doch heuert Quentin nach schneller Erholung 1900 wieder bei dem Blatt an – nicht nur als Redakteur, sondern eigenen Angaben zufolge auch als »stiller Teilhaber«.[17] Zunächst habe ihm Neumann-Hofer, der als Reichstagsmitglied »fast immer auswärts weilte«, die Leitung des Blattes fast allein überlassen, behauptet Quentin, obwohl im Impressum das ganze Jahr 1900 über Neumann-Hofer als Chefredakteur und Emil Neumann als »verantwortlicher Redakteur« ausgewiesen sind. Dann aber habe der Eigentümer in Lippe die Liberale Volkspartei (1901) gegründet, und die Zeitung somit »in das radicalliberale (national soziale) Fahrwasser« bugsiert: »Das behagte mir durchaus nicht.«

Während dieser Zeit muss Quentin auch Staercke näher kennengelernt haben, der kurz vor der Jahrhundertwende auch zur *Landes-Zeitung* kommt und in den Folgejahren schnell an Einfluss auf Neumann-Hofer und damit das Blatt gewinnt. Diese Entwicklung wird Quentin die Entscheidung, die LZ endgültig zu verlassen, leicht gemacht haben. Er wechselt 1906 die Fronten und verbindet sich ausgerechnet mit der *Tages-Zeitung*, angeblich um eine »Versöhnung der beiden streitenden Parteien« herbeizuführen und ein »gesundes Gegengewicht zu der einseitigen Interessen dienenden« LZ zu etablieren. Das geht nicht lange

---

15 Brümmer (1913), S. 59.

16 Schloss Detmold, O 518, Nr. 1832.

17 Schloss Detmold, O 518, Nr. 1838.

gut. Quentin beklagt nicht nur »einen heftigen persönlichen Kampf« seiner alten Zeitung gegen sich, sondern muss auch schnell feststellen, dass »der Groll gegen das lippische Fürstenhaus« bei seinem neuen Arbeitgeber bestehen bleibt. Ob der Abschied von der *Tages-Zeitung* aus freien Stücken erfolgt, steht zumindest in Frage.

Schon zu diesem Zeitpunkt ist Quentin in Geldnot, nachdem er unter anderem 25.000 Mark an einer Zeitung in Hildesheim und gar 90.000 an einer Zeitungs-Unternehmung seines Neffen in Herford verloren hatte, wo sein Bruder viele Jahre Oberbürgermeister war. Eine neue Stelle als Schriftleiter findet er nicht. Mehrfach wendet sich Quentin an das Fürstenhaus mit der Bitte um Unterstützung – sei es in finanzieller Form, sei es durch Einstellung im öffentlichen Dienst oder eine Aufgabe bei Hofe. Seine immer wiederkehrendes Argument: In seine »missliche Lage« sei er nur wegen seines Eintretens für die Biesterfelder Ansprüche gelangt; ohne dieses aufreibende Engagement wäre er im Besitz der Lippischen Landes-Zeitung geblieben.

Die Erfolge dieses Antichambrierens sind bescheiden. Einmal fällt eine persönliche Bürgschaft des Fürsten für ein Bankdarlehen ab, einmal eine offensichtlich nur schlecht bezahlte Anstellung bei Leopolds Bruder Julius in Oberkassel. Die letzte Chance verbaut sich Quentin dann selbst: Er nutzt seine 1916 durch Beziehungen erlangte Stelle als Stiftsrentmeister von Stift Cappel,[18] um schwunghaften Handel mit lippischen und wohl auch österreichischen Orden zu betreiben – angeblich zu Gunsten der von Leopold IV. geplanten

[18] Das »Stift Cappel« bei Lippstadt, seit Jahrhunderten mit den Edelherren zu Lippe verbunden und bis 1947 eine Exklave des Landes Lippe, wird 1971 mit der öffentlich-rechtlichen Stiftung »Stift St. Marien« in Lemgo vereinigt. Die Rechtsaufsicht führt der Landesverband Lippe, dessen Versammlung auch den Stiftsrentmeister wählt. Der Schwerpunkt der heutigen Arbeit des Stiftes St. Marien liegt im Bereich der Schaffung von Alteneinrichtungen. Ein Teil des Stiftsgebäudes in Lippstadt, das der dortigen Evangelischen Gemeinde gehört, wird heute von einer konfessionell geprägten Berufsfachschule genutzt.

Akademie für Verwaltungsstudium und eines Kriegsinvalidenfonds.[19] Bei Hofe ist man nicht sehr erfreut darüber, empfindet diesen Vorgang als »hinterhältiges Treiben eines jedes Vertrauens unwürdigen Mannes«. Quentin muss seinen Job »aus Gesundheitsrücksicht« niederlegen, der Hinweis, derlei Handel mit Orden sei in Preußen durchaus üblich, nutzt ihm ebenso wenig etwas wie Selbstmordandrohungen. Letzte Schriftwechsel laufen über eine Adresse in Hannover. Quentin bittet noch im November 1918 den Hof ohne Erfolg darum, ihm einen Titel wie Geheimer Rat oder gleich Professor zu verleihen, um seine Chancen auf dem Arbeitsmarkt zu verbessern. Er klagt ein letztes Mal: »Ich habe für das Haus Biesterfeld alles geopfert, Gesundheit und Existenz.«[20]

Einer seiner Nachfolger, Max Staercke, scheint von der Qualität der Arbeit des ehemaligen Besitzers der »Meyerschen« im Übrigen nicht so überzeugt. Schon mit der Abtrennung des Verlages durch die Klingenbergs habe für die Druckerei eine »Ära der vollkommenen Verprovinzierung« begonnen, klagt er. In der Folgezeit, unter Quentin insbesondere, habe man sich dann auf die Zeitung als wesentlichen Bestandteil des Unternehmens konzentriert. Immerhin erkennt der Hofrat an: »Sie gewann im Lande, und darüber hinaus in den anderen deutschen Landen, eine gewisse politische Bedeutung, als sie sich [...] mit aller Leidenschaft für die Biesterfelder Sache einsetzte.«[21] Hier wird einmal mehr deutlich, welch große Leidenschaft Staercke für die Akzidenz hatte. Die Herstellung schöner Bücher von bleibendem Wert war ihm stets eine Herzensangelegenheit, selbst wenn sie dem Unternehmen Geld kostete.

---

19 Landesarchiv OWL, L 79 Nr. 4404. Zur Geschichte der von 1916 bis 1924 existierenden »Fürst-Leopold-Akademie für Verwaltungswissenschaften« – so der Gründungsname – siehe vor allem Doerfert (2016).

20 Schloss Detmold, O 518, Nr. 1831.

21 N. N. (1934), S. 38ff.

Wie allerdings Heimatforscher Heinrich Röhr noch 1967 zu dem Urteil kommen konnte, Quentin sei ein »Kavalier vom Scheitel bis zur Sohle«[22] gewesen sowie ein »leidenschaftlicher Kämpfer für Recht und Gerechtigkeit«, erscheint in Kenntnis genannter Fakten merkwürdig. Sein Einsatz für die Sache der Biesterfelder überstrahlt hier wohl immer noch seine spätere Lebensführung.

---

[22] Abschied von der Leopoldstraße (V), LZ vom 18. März 1967.

3. Neumann-Hofer und die LZ

Dr. Adolf Neumann-Hofer, geboren am 18. Februar 1867, ist aus historischer Sicht der wohl bedeutendste Eigentümer in der Geschichte der *Lippischen Landes-Zeitung* und ihrer Druckereien. Während seiner 25 Jahre in Lippe betätigt er sich nicht nur als Zeitungsherausgeber, sondern drückt auch dem hiesigen Liberalismus seinen Stempel auf. Das bleibt nicht ohne Auswirkungen auf das Blatt, das in der Folgezeit eng mit dieser politischen Richtung verbunden bleibt – und zwar deutlich über die Neugründung nach dem Zweiten Weltkrieg hinaus. Wenn sich große Teile der FDP dann auch längst von den linksliberalen Ideen Neumann-Hofers verabschiedet haben – ein Prozess, der schon in den Vorgängerorganisationen während der Weimarer Republik zu Zeiten Staerckes eingesetzt hatte – so sollten die lippischen Liberalen die LZ bis weit in die 1980er Jahre des vergangenen Jahrhunderts hinein als »ihre« Zeitung betrachten und entsprechende Ansprüche an sie stellen.

Neumann-Hofer ist darüber hinaus ein weiteres Beispiel dafür, wie Zufälle mitunter – und im Falle LZ ganz besonders – die Geschichte und Geschicke von Unternehmen bestimmen können. Hätte Alfons Stengele, der in Lippe so gut wie keine Spuren hinterlassen hat, nicht LZ und »Meyersche« von Max Quentin gekauft, wäre Neumann-Hofer, ein in Ostpreußen geborener ehemaliger Kommilitone Stengeles, niemals 1899 durch den Erwerb der Zeitung nach Lippe gekommen – und vieles im Lande hätte sich anders entwickelt. Seine Bedeutung – vor allem hinsichtlich der Modernisierung Lippes in der Zeit vor dem Ersten Weltkrieg – steht hinter der des späteren Landespräsidenten Heinrich Drake nicht zurück – zumal Neumann-Hofer mit gerade einmal 58 Jahren durch einen Verkehrsunfall aus dem Leben gerissen wird. Neben seinen politischen Aktivitäten, die bis in den Berliner Reichstag reichten, bedürfen auch seine wirtschaftlichen und seine staatsrechtlichen[1] einer eingehenden Betrachtung. So ist beispielsweise wenig bekannt, dass

> »die Konzeption der vorläufigen lippischen Verfassung vom 13. März 1919, die die merkwürdige Troika des Landespräsidiums an der Spitze des kleinen Freistaates vorsah, nicht ihm [dem späteren Landespräsidenten Heinrich Drake, d. Verf.] zuzuschreiben [ist], sondern [...] Neumann-Hofer. Drake hat in späteren Jahren gerade diese Form der Staatsführung so meisterhaft mit Leben zu füllen verstanden, daß der Eindruck entstehen konnte, eben diese Verfassungskonstruktion habe er für sich selbst geschaffen. Er hat nur sehr schnell die Vorteile dieser Form erkannt, so daß er sie in die endgültige Landesverfassung vom 21. Dezember 1920, die weitgehend seinem Konzept entsprang, [...] übernahm.[2]

Drake selbst blendet das vollkommen aus, wenn er rückblickend auf die gesamte Verfassungsdiskussion feststellt: »Keine Gemeinschaftsarbeit, sondern eine mühevolle [...] eigene Arbeit, die [...] von mir im Entwurfe verfaßt worden ist und sich in den folgenden 12 Jahren einwandfrei bewährt hat.«[3]

Andererseits nimmt Drake Neumann-Hofer entschieden in Schutz, als im *Lippischen Heimatkalender* von 1934 Neumann-Hofer als »Typ des skrupellosen Emporkömmlings« bezeichnet wird. In einem Brief an

---

[1] So erscheint im Kaiserreich eine Sammlung lippischer Landesgesetze bei der »Meyerschen«, für die Neumann-Hofer jeweils Vorworte und Erläuterungen verfasst. Außerdem stammt aus seiner Feder unter anderem eine »Einführung in die Volkswirtschaftslehre« (Berlin 1906 f).

[2] Vgl. Sagebiel (1975) und Rombeck-Jaschinski (1984), S. 52 ff.

[3] LAV NRW OWL, D 72 Drake, Nr. 192.

Herausgeber Max Staercke schreibt der ehemalige Landespräsident im Dezember 1933, er empfinde diese Charakterisierung – zumal »in einem Erzeugnis der Meyerschen Offizin« – »wie einen Fußtritt, dessen sich der Veranlasser nach meinem Empfinden schämen muss«. Und weiter:

> Denn was man auch Neumann-Hofer vorwerfen mag – und ein Politiker ist nun einmal, wie es scheint, Freiwild –: eine solche Bezeichnung für ihn ist angesichts seiner von allen Seiten anerkannten Leistungen und angesichts der Tatsache, daß die frühere fürstliche Regierung und der Hof ihn wiederholt ausgezeichnet haben, daß die lippische Gesetzgebung für eine Zeit von 20 Jahren seine Spuren unverkennbar trägt – ich sage nur, sie ist schlecht gewählt. Sie schadet dem seit fast neun Jahren im Grabe ruhenden Menschen nicht, wohl aber dem, der sie von sich gegeben hat, ohne Not und ohne jede begründete Veranlassung.[4]

In den vergangenen Jahren sind neben einer Digital-Biografie von Hans-Joachim Keil zwei weitere interessante Aufsätze erschienen, die sich einzelnen Aspekten der Person Neumann-Hofers nähern. Jürgen Hartmann widmet sich schwerpunktmäßig der Auseinandersetzung des Liberalen mit dem Antisemitismus und der politischen Rechten in Lippe;[5] Keil wiederum beschäftigt sich ausführlich mit seiner Rolle als zeitweiliger Aufsichtsratsvorsitzender des Detmolder Brauseproduzenten Sinalco.[6] Daneben gibt es noch ein unveröffentlichtes »Lebensbild« Neumann-Hofers von seinem Vertrauten und Nachfolger Max Staercke[7] und den bestandsgeschichtlich

---

4 Der Brief findet sich in der Personalakte Drake der Bezirksregierung, zitiert nach Wehrmann (1981), S. 224.

5 Hartmann (2008a).

6 Keil (2013).

7 Landesarchiv OWL, D 72 Staercke Nr. 374. Der Verfasser legt den Fokus eindeutig auf das politische Wirken Neumann-Hofers.

außerordentlich problematischen »Nachlass« im Landesarchiv OWL.[8] Dort lagern auch die Regierungs- und Verwaltungsakten, in denen sich das lokal- und regionalpolitische Wirken dieses Mannes spiegelt.

Der aus einer wohlhabenden Familie stammende Neumann-Hofer, der in seiner Jugend Gymnasien in Tilsit und Berlin besucht und später in Tübingen in Staatswissenschaften promoviert wird,[9] macht sich zunächst als Journalist und Fachschriftsteller selbstständig. Auf der Durchreise erfährt er zufällig in Detmold, dass sein Studienkollege Alfons Stengele die gerade erworbene LZ wieder los werden will – und greift 1899 kurzerhand zu. Was folgt, ist eine für einen Zugezogenen beispiellose politische Karriere, die von der Gründung der »Liberalen Volkspartei« (1901) über den Einzug in den lippischen Landtag (1902) bis zur Wahl in den Reichstag (1907) reicht. Später wird er Mitglied des lippischen Volks- und Soldatenrates, der Weimarer Nationalversammlung, des lippischen Landespräsidiums und des Reichsrates. Es gelingt ihm, die liberalen Strömungen unter seiner Führung zu vereinen – zumindest vorübergehend. »Nie zuvor [...] ist eine politische Partei im Lande so stark gewesen wie die von Neumann-Hofer im Januar 1912 geführte«, urteilt Staercke mit Blick auf die seinerzeitige Reichstagswahl. Noch vor seinem Unfalltod 1925 hatte sich Neumann-Hofer allerdings bereits ins Privatleben zurückgezogen, war ein »politisch toter Mann«.[10] Der demokratisch orientierte Liberalismus ist zu diesem Zeitpunkt deutlich im Niedergang begriffen. Seit der Novemberrevolution ist Drakes SPD die bestimmende Kraft in Lippe.

Wie Quentin vor und Staercke neben ihm steht auch Neumann-Hofer im Thronfolgestreit fest zu den Biesterfeldern. Und er hat auch keine

---

[8] Das Material in dem »Nachlass« wurde acht Jahre nach Neumann-Hofers Tod auf Veranlassung der nationalsozialistischen Regierung aus verschiedenen Privatunterlagen zielgerichtet zusammengestellt, um Korruptionsvorwürfe zu untermauern. Herausgekommen ist dabei nichts Verwertbares. Weiteres dazu in der Einleitung zu dem Bestand von Christoph Schmidt (LAV NRW OWL, D 72 Neumann-Hofer).

[9] Dr. rer. pol. Neumann-Hofers Arbeit von 1894 lautet »Depositengeschäfte und Depositenbanken. Theorie des Depositenbankwesens«.

[10] LAV NRW OWL, D 72 Staercke, Nr. 374.

Hemmungen, »seine« Zeitung für politische Ziele und Wahlkämpfe einzuspannen. Die LZ »erhielt unter seiner Leitung ein ausgesprochen liberales und zugleich kämpferisches Profil«, urteilt Hartmann.[11] Dabei hüten sich Neumann-Hofer und Staercke aber tunlichst davor, die LZ zu einem reinen Parteiblatt zu machen. Das hätte den potenziellen Abonnentenkreis eingeengt und wäre somit schlecht für das Geschäft gewesen.

Für die Druckerei bringt der Eigentümer dagegen relativ wenig Interesse auf. Dort ist er nach Erinnerung des ehemaligen Mitarbeiters Wilhelm Lückermann nur »sehr selten« anzutreffen, das Tagesgeschäft erledigt neben Redaktionsleiter Staercke Neumann-Hofers Bruder Fritz als eine Art Geschäftsführer.

> Mit umso größerer Inbrunst widmete er sich der Zeitung als dem Mundstück seiner politischen Gedankenwelt. Mit einer starken organisatorischen und noch stärkeren propagandistischen Fähigkeit begabt, gründete er im ganzen Lande Agenturen [...], trat seinem Publikum im Lande wöchentlich und in Wahlzeiten täglich als zündender Redner persönlich nahe.[12]

Neumann-Hofer krempelt in Lippe nicht nur das politische und gesellschaftliche Leben um, indem er nach den Landtagswahlen von 1908 tief greifende Reformen durchsetzt, darunter Änderungen bei der Einkommen- und Gewerbesteuergesetzgebung sowie die Einführung der bis dahin in Lippe unbekannten Vermögensteuer. Unter seiner Führung kommt es auch zu der ersten grundlegenden Beteiligung des Landes an den Überschüssen der fürstlichen Verwaltung. Der Neubau von Regierungsgebäude und Landtag (1911) fallen ebenso in diesen Zeitraum wie die Bemühungen um die Industrialisierung des Landes zwecks Eindämmung der Wanderarbeit.

---

11 Hartmann (2008a), S. 272.

12 LAV NRW OWL, D 72 Staercke, Nr. 374.

Sein Elan und seine Tatkraft gelten aber nicht nur der Politik, seinen wirtschaftlichen Aktivitäten und der Kultur, sondern ganz zuvörderst auch der LZ. Wie sich Redaktionsmitarbeiter Hermann L. Schaefer[13] erinnert, krempelt Neumann-Hofer die innere Organisationsstruktur komplett um. Der Auffassung des neuen Eigentümers, dass »nur eine straffe Organisation, ein koordinierter Redaktionsstab, eine geschickte Werbung von Abonnenten und Anzeigen [...] und ein auf pünktliche Zustellung eingerichteter Vertrieb die Existenz einer Zeitung« verbürgten, ist uneingeschränkt auch noch heute zuzustimmen. Neumann-Hofer lässt unter anderem Bezirksredaktionen in Lemgo, Horn und Lage einrichten – letztgenannte geführt ab Ende 1899 von dem eigentlich als Setzergehilfen eingestellten Max Staercke, der später als Korrespondent nach Berlin geht und 1911 dann die Gesamtredaktion übernimmt. 1901 erscheint erstmalig das »Adreßbuch für das Fürstentum Lippe« im Verlag der »Meyerschen« und wird ein überragender wirtschaftlicher Erfolg. Auf 330 Seiten finden sich nach Schaefers Zählung fast 1.000 Geschäftsanzeigen. Auch in der LZ vergrößert sich der Annonceteil deutlich.

Erster Leiter der Bezirksredaktion in Lemgo (Mittelstraße 4) ist nach Angaben Schaefers Neumann-Hofers älterer Bruder Robert, ein ehemaliger Kapitän, dessen besonderer Vorzug es gewesen sein soll, über ein Motorrad zu verfügen, mit dem er relativ leicht die Dörfer im lippischen Norden erreichen konnte. Aber schon bald verlässt dieser Lippe und erwirbt zum 1. April 1902 die *Schüttorfer Zeitung* mit einer Auflage von 2.600 Exemplaren. Wie sein Bruder Adolf in Lippe engagiert sich der vermutlich 1862 geborene Robert im November 1918 im Schüttorfer Arbeiter- und Soldatenrat, dessen Vorsitzender er sogar wird. Der Sozialdemokrat übernimmt 1919 das Bürgermeisteramt,

[13] Siehe Schaefer (1967). – Schaefer, 1890 in Schieder geboren und beruflich bei der landwirtschaftlichen Berufsgenossenschaft tätig, betätigte sich zeit seines Lebens als Heimatschriftsteller und Kulturrezensent u. a. für die LZ. Beiträge von ihm sind ebenfalls in der *Staatszeitung* und im *NS-Heimatkalender* erschienen.

stirbt aber bereits am 31. Mai 1920 in Köln an einem chronischen Herzleiden. Beigesetzt ist er in Detmold.[14]

Neumann-Hofer investiert ebenfalls in den Vertrieb, lässt einen Zustellungsplan erarbeiten, der selbst die entlegensten Siedlungen einbezieht. Das Rückgrat des Systems bilden neben den bestehenden Eisenbahnlinien Herford—Altenbeken und Bielefeld—Hameln die noch von Pferden gezogenen Fahrzeuge verschiedener Postlinien. Hinzu kommen sogenannte Landbriefträger, die ebenfalls auf Pferdekraft setzen. Vom 1. April 1900 dann werden die Zeitungen mit einem in Eisenach besorgten Auto zum Bahnhof geschafft – dies soll erst das vierte Kraftfahrzeug in Lippe überhaupt gewesen sein. Von der LZ angeworbene Zugbegleiter werfen dann die Zeitungen an den entsprechenden Haltepunkten auf den Bahnsteig, wo sie von Boten abgeholt und zu den Agenturen gebracht werden. Die Einzelverteilung erfolgt per Fuß oder Fahrrad.

Die Agenturen werden bei Kaufleuten, Gastwirten, Handwerkern oder Zieglern eingerichtet, »die mit der Feder umzugehen wussten und in der Lage waren, die Redaktion in Detmold mit Nachrichten aus ihren Bezirken zu versorgen«. Schaefer führt in seinem Artikel in der 200-Jahre-LZ-Ausgabe alle Agenturen der Jahrhundertwende einmal auf – eine beeindruckende Zahl, die fast eine gesamte Zeitungsspalte einnimmt. Plastisch schildert er an anderer Stelle (LZ vom 30. Juni 1951) die Zustellprobleme zur Jahrhundertwende:

> Autos kannte man kaum, und wenn man eines besaß, konnte man wegen der damals noch technischen Unzulänglichkeit dieser neuartigen Fahrzeuge mit einer pünktlichen Zustellung nicht überall rechnen. Dazu war das lippische Straßennetz noch nicht so ausgebaut wie heute. Namentlich die Straßenverbindungen zwischen den einzelnen Ämtern ließen sehr viel zu wünschen übrig. So gab es z. B. noch keinen ausgesuchten Weg zwischen Mosebeck und Dalborn. Ein ausgefahrener Hohlweg vermittelte den Verkehr

[14] Lensing (1997).

> zwischen Asendorf nach Laßbruch im Extertal. Außer einem Waldweg war keine Verbindung zwischen Heidelbeck und Silixen vorhanden. Ähnlich lagen die Verhältnisse in weiteren Orten des lippischen Nordens und auch in den Streusiedlungen des Westens. Zu einigen Orten wie Osterhagen, Herborn, Holstenhöfen, Köterberg führte kein Weg mit fester Straßendecke.

Mit diesen Aktivitäten macht sich Neumann-Hofer nicht unbedingt Freunde im heimischen Verlagswesen, sorgt doch sein Erscheinen in Lippe nach Beobachtung Staerckes ohnehin für »eine merkwürdige Unruhe in dieser politisch kaum bewegten Welt«. Dazu muss man sich noch einmal vergegenwärtigen, wie viele Zeitungen es um die Jahrhundertwende in Lippe gibt. Staercke erwähnt neben LZ, *Tageszeitung* und *Post* das konservative *Volksblatt* (Oskar Mai/Lemgo), die *Lippische Ziegler-Zeitung*, später *Lippische Volkszeitung* (Heinrich Welchert/Lage), den *Salzufler Allgemeinen Anzeiger* (Heinrich Uekermann), die *Lippischen Nachrichten* (Hugo Hippler/Schötmar) sowie den *Blomberger Anzeiger* (Gustav Humboldt) mit seinem Kopfblatt *Schwalenberger Bote.* »Das war bei der geringen Größe des Landes eine reichlich große Zahl von Zeitungen, und jeder Verleger mußte auf der Hut sein, um den kärglichen Besitzstand behaupten zu können.«[15]

Kein Wunder, dass Neumann-Hofers Expansionsbemühungen Gegenreaktionen der betroffenen Verleger nach sich ziehen. Staercke urteilt:

> Wo immer er [...] um neue Leser warb, stieß er mit den konkurrierenden Verlagen zusammen. Schnell genug fanden sich Anlässe zur Polemik gegen den Eindringling, noch schneller aber waren die Antworten. [...] Bald entwickelte sich eine Atmosphäre persönlicher Spannungen, die dem öffentlichen Leben abträglich war und unter der das politische Auftreten Neumann-Hofers und sein langjähriges Wirken auf das schwerste gelitten haben.

---

15 LAV NRW OWL, D 72 Staercke, Nr. 374.

Trotz aller Widerstände gelingt es Neumann-Hofer, die von ihm 1901 gegründete Lippische Liberale Volkspartei (nach der Fusion mit der seit den 1848er Jahren bestehenden »Freisinnigen Volks- und Fortschrittspartei«) zur bestimmenden politischen Kraft im Fürstentum zu machen. Das führt der spätere Hofrat Staercke noch nicht einmal so sehr auf die Zeitung zurück. Er meint: »Entscheidender war wohl der tiefe Glaube des Volkes an die von Neumann-Hofer vertretenen sozialen Forderungen und der Wunsch der Massen nach demokratischer Mitbestimmung in Staat und Gemeinde gemäß ihrer Kraft und Bedeutung, nicht aber zuletzt der Glaube an seine Führerpersönlichkeit.«

Zur besonderen Ehre gereicht der LZ in dieser Phase ihr Eintreten für die politische und gesellschaftliche Gleichstellung der jüdischen Bevölkerung. »Sie berichtete nicht nur ausführlich über Neuigkeiten aus dem Gemeindeleben, sondern trat in Artikeln beharrlich dem Antisemitismus [...] entgegen.«[16] Das Blatt prangert Missstände an, beschäftigt als nebenberufliche Mitarbeiter jüdische Lehrer wie Artur Schweriner aus Bad Salzuflen, der sich unter dem Pseudonym »spectator« mehrfach kritisch mit der Berichterstattung der *Tages-Zeitung* auseinandersetzt und sich auch ansonsten als Parteifreund Neumann-Hofers kräftig einmischt. Einen ersten Beleidigungsprozess handelt sich Schweriner ein, als 1906 die Broschüre »Und Lippe lacht...« erscheint. Seinem Arbeitgeber, der jüdischen Gemeinde Bad Salzuflen, passt das alles nicht. Schweriners Vertrag wird nicht verlängert. Er verlässt Lippe.[17]

Für Hartmann steht Neumann-Hofer auch für die – zumindest zeitweilige – Annäherung des Liberalismus an die Sozialdemokratie und die Arbeiterschaft: »Zugleich vertrat Neumann-Hofer einen neuen, modernen Typus des Politikers, der sich [...] auf hervorragende Öffentlichkeits- und Netzwerkarbeit verstand.« Der Historiker weist im Weiteren auf die Nähe Neumann-Hofers zum Schwalenberger »Ziegler-Pastor« Alexander Zeiß hin, der 1925 auch die Predigt bei der Trauerfeier zu Ehren des verunglückten Politikers

---

[16] Hartmann (2008a), S. 272.

[17] Hartmann, Simon (2006).

halten wird. Der von Zeiß im Jahre 1895 mitgegründete Ziegler-Gewerkverein steht den lippischen Liberalen nahe – sehr zum Leidwesen der Sozialdemokratie übrigens, deren Agitation bei Wahlen regelmäßig an der christlich-kleinbürgerlichen Gesinnung der Mehrheit der Wanderarbeiter und deren Sozialismusfurcht abprallt. So ist es auch kein Zufall, dass sich die erste Lagenser Dependance der LZ in demselben Gebäude wie die Geschäftsstelle des Ziegler-Gewerkvereins befindet (Schötmarsche Straße 50) und das Fachblatt der Interessenvertretung *Gut Brand* regelmäßig als Beilage zur LZ erscheint.

Unter Bezugnahme auf einen Artikel des Heimatforschers Heinrich Röhr in der LZ schreibt Hartmann weiter: »Mit Adolf Neumann-Hofer zog ein Hauch von Moderne und Weltläufigkeit ins rückständige Lippe ein, der sich auch in seinem Erscheinungsbild dokumentierte: bekleidet mit hellblauem Anzug, weißen Schuhen, breitkrempigen Hut und ›gewappnet‹ mit einem edlen Gehstock sorgte er für viel Aufsehen.« Der so genannte »Sudermannbart«, benannt nach dem seinerzeit schwer angesagten, heute aber weitgehend in Vergessenheit geratenen ostpreußischen Schriftsteller Hermann Sudermann, trägt zu seinem markanten Auftritt bei.

Falsch ist allerdings die in der Literatur verschiedentlich anzutreffende Behauptung, Neumann-Hofer sei in erster Ehe mit der in New York geborenen Musikerin und Schriftstellerin Annie Bock verheiratet gewesen.[18] Hier wird der LZ-Verleger mit seinem rund zehn Jahr älteren Bruder Otto verwechselt, um die Jahrhundertwende Direktor des im Zweiten Weltkrieg zerstörten Berliner Lessingtheaters und im späten Kaiserreich eine »große Nummer« im hauptstädtischen Kulturleben. Dieser ist zwischen 1891 und 1905 mit Annie Bock verehelicht, pflegt außerdem enge Kontakte zu Sudermann und dem Begründer der anthroposophischen Bewegung, Rudolf Steiner. Nach dem Tod seines Bruders Adolf siedelt Otto mit seiner zweiten Gattin Maria 1925 nach Detmold über, wo er in der Folgezeit unter anderem Theaterkritiken für die LZ schreibt. Er stirbt 1941 in Dresden.

---

18 Mehr zu Annie Neumann-Hofer, geb. Bock, in: Brümmer (1913), S. 123.

Auch Adolf Neumann-Hofer ist zweimal verheiratet. Die Scheidung von seiner ersten Ehefrau Jenny wird 1899 noch in Berlin-Friedenau vollzogen.[19] Seine zweite Ehefrau Anna Netty Neumann-Hofer, geborene Jaretzki, stirbt acht Tage nach dem tragischen Autounfall vom 8. Mai 1925 im Detmolder Landkrankenhaus. Vier Tage später folgt ihr ihr Ehemann. In den Unfall an der Ecke Leopoldstraße/Hornsche Straße, bei dem der Mercedes der Neumann-Hofers von einem aus Richtung Horn kommenden Lastzug der Straßenbahn erfasst wird und anschließend in Flammen aufgeht, ist auch Schwägerin Maria verwickelt. Diese kommt aber, ebenso wie der Chauffeur, mit leichten Blessuren davon.[20]

Nichts bekannt ist über die Beweggründe, die Neumann-Hofer veranlassen, die LZ 1920 im Alter von gerade einmal 53 Jahren weiterzuverkaufen. Schließlich gibt er damit auch ein publizistisches Instrument aus der Hand, das ihm im Verlauf seiner politischen Karriere gute Dienste geleistet hatte und noch leistete, wenn er auch das Tagesgeschäft anderen überlassen hatte. Sind Verlag und Druckerei für ihn vielleicht doch nur ein Investment wie die Beteiligung an den Lippischen Staatswerkstätten oder an der Sinalco AG, das man wieder abstößt, wenn der Preis stimmt? Ist er der andauernden bis tief ins Persönliche reichenden politischen Auseinandersetzungen überdrüssig, die zu jener Zeit ja vorrangig über die Presse geführt werden? Bedrängt ihn sein Freund Staercke gar, ihm Druckerei und Zeitung zu verkaufen, um nach dem Erwerb der Meyerschen Hofbuchhandlung die »disiecta membra wieder zum früheren Komplex zusammenfügen«[21] zu können? Und wenn ja, sieht Neumann-Hofer in seinem Nachfolger die geeignete Person, um die (links)liberale Tradition weiterzuführen?

---

19 LAV NRW OWL, D 72 Neumann-Hofer, Nr. 49 (Scheidungsurkunde).

20 Schwerer Autounfall Neumann-Hofers, LZ vom 9. Mai 1925.

21 N. N. (1934), S. 41.

Persönliche Aufzeichnungen dazu gibt es nicht, wie ja überhaupt die Einschätzung von Neumann-Hofers Bedeutung sich vorrangig aus politischen Betätigungen, Reden, Vorlagen oder Gesetzesinitiativen ableitet. Tagebücher oder Erinnerungen sind nicht überliefert, lediglich ein (vorsortierter) Teil des Schriftverkehrs mit Geschäftspartnern und Familienmitgliedern. Auch für journalistische Großtaten ist er nicht bekannt. Was wir über den Charakter des Mannes wissen, ist zumeist später von Verwandten oder Weggefährten verlautbart worden.

Auch Staercke geht in seinem Nachruf, der am 21. Mai 1925 (an Christi Himmelfahrt) auf der Titelseite der LZ erscheint, mit keinem Wort auf die verlegerischen Aktivitäten Neumann-Hofers ein. In dieser erhellenden und alles andere als unkritischen Würdigung benennt er das Grundproblem im Verhältnis zwischen Neumann-Hofer und seinem lippischen Umfeld: Trotz 25-jährigen Aufenthalts in Detmold ist er hier nicht heimisch geworden – und das hat nicht nur mit seiner ständigen Pendelei zwischen Lippe und Berlin zu tun. Der LZ-Verleger ist ein Fremdkörper in seinem gesellschaftlichen Umfeld geblieben, trotz allem, was er für Lippe bewegt hat. Das unterscheidet ihn deutlich von Staercke, der sich vom aus Berlin Zugezogenen gewissermaßen zum »Berufslipper« entwickelt und in Sachen Heimatverbundenheit sogar Heinrich Drake Konkurrenz macht. Ein derartiges Verhalten kommt bei den örtlichen Honoratioren zudem besser an. Daran ändert auch der spätere wirtschaftliche Misserfolg Staerckes wenig.

Staercke bezeichnet vor allem einen Grund als »ausschlaggebend für die großen Widerstände gegen« Neumann Hofer: den »mit beispiellosem Elan unternommenen Versuch der Massen-Mobilisation gegen die politischen Vorrechte des Agrarlandtages, gegen die Herrschaft von 500 über die übrigen 30.000 Wahlberechtigten«. »Gleichsam über Nacht«, heißt es weiter, habe Neumann-Hofer »aus dem politisch doch schon vor ihm verteilten Boden eine nicht unbeträchtliche Armee von Anhängern« gestampft, »eine Anhängerzahl, die vor ihm und nach ihm, selbst nicht die Sozialdemokratie in der ersten Revolutionswahl, keine Partei je zu verzeichnen hatte.« Und weiter: »Die politische Aufrüttlung, das staatspolitische Interessiertsein der breiten Massen [...] war seine größte politische Lebensleistung.«

Staercke lässt deutlich durchblicken, dass sein Parteifreund auch wenig getan habe, um auf seine politischen Gegner zuzugehen. Er, Neumann-Hofer, habe eben zu den »Berliner Katheder-Sozialisten« gehört, dessen Vorstellungen von gleichberechtigter Teilhabe aller am öffentlichen Leben ihn »in den kleinen Verhältnissen Lippes sofort in eine Kampfstellung gegen die Obrigkeit des damaligen Klassenstaates« gebracht hätten. Außerdem kreidet Staercke seinem früheren Mitstreiter die Spaltung der liberalen Bewegung im Fürstentum durch Gründung einer neuen Partei an.

Bei aller persönlichen Wertschätzung, trotz aller »Weichheit und Gemütstiefe«, hat Staercke auch so manches Persönliche zu bekritteln. So habe zum »Einsamerwerden« nicht zuletzt die Tatsache beigetragen, dass sich Neumann-Hofers »gesellschaftliches Unterhaltungstalent überwiegend auf das rein Politische beschränkte«. Am liebsten habe er sich eingekapselt, Unterhaltungen sei er aus dem Wege gegangen. Und: »Die Fröhlichkeit und Geselligkeit des Ostpreußen gar nicht besitzend, verkörperte er umso mehr dessen Schroffheit und Rücksichtslosigkeit.«

Also kein Wort über die »Meyersche« oder die LZ, auch nicht in einem zweiten Nachruf von Staerckes Redaktionskollegen Fritz Chlodwig Lange,[22] der schwerpunktmäßig dem kulturellen Engagement Neumann-Hofers gewidmet ist. Dessen wirtschaftliche Aktivitäten werden vollkommen ausgeklammert. Auch wenn man sich mit dieser Aussage ein wenig in das Reich der Spekulation begibt, so spricht doch einiges dafür, dass Staercke 1920 geradezu erpicht darauf war, LZ und Meyersche zu übernehmen. Dabei mag der Ehrgeiz, als Bewahrer des Erbes eines jahrhundertealten lippischen Unternehmens in die Geschichte einzugehen, die wirtschaftliche Vernunft in den Hintergrund gedrängt haben. Die finanziellen Verpflichtungen, die Staercke gegenüber den

[22] Lange schrieb die Musik für den 1924 im Detmolder Landestheater uraufgeführten Stummfilm »Die Hermannschlacht«. Später ist er unter anderem bei der *Westfälischen Zeitung* in Bielefeld tätig.

Neumann-Hofers eingegangen ist, kann er niemals erfüllen, zumal nach dem Tod des Verkäufers das Testament nicht aufzufinden ist. Wie urteilt doch Lückermann über den Hofrat: »Er galt als der große Unternehmer und Politiker und hing doch [...] an den Ketten der Erben Neumann-Hofers.« Insofern ist bereits mit dem Vertrag von 1920 ein erster Schritt auf dem Weg in den späteren Konkurs vollzogen.

4. Die Ära Staercke

Als die Meyersche Hofbuchdruckerei im Herbst 1937 liquidiert wird, endet nicht nur eine mehr als 270-jährige Unternehmensgeschichte. Die Auflösung der Firma, an der er zuletzt nur noch mit einem einstelligen Prozentanteil beteiligt war, bedeutet auch das endgültige Scheitern des im Jahre 1913 begonnenen und 1920 vorübergehend geglückten Versuchs des Verlegers und liberalen Politikers Max Staercke, sämtliche Betätigungsfelder der 1664 in Lemgo gegründeten Druckerei weiter unter einem Dach in eine dauerhaft erfolgreiche Zukunft zu führen. Auf dem Papier in Familienbesitz geblieben ist einzig der »Meyersche Hofbuchhandlung Verlag Max Staercke«, der bis heute im Handelsregister eingetragen ist.[1] Der langjährige Detmolder Lokalredakteur Erich Meinhard, der vor und nach dem Krieg für die LZ und dazwischen für die NS-*Staatszeitung* gearbeitet hat, urteilt in einem Nachruf (LZ vom 29. August 1959): »Es war ein ruhmloses Ende der einst so ruhmreichen Firma, die weit über ihren Ursprungsort Lemgo hinaus in ganz Westfalen das höchste Ansehen genossen hatte.«

Unwiderruflich zertrennt wird somit auch das Band zwischen der »Meyerschen« und der *Lippischen Landes-Zeitung* (LZ). Dieses Blatt und seine

---

1 Lemgo HRA 2782. Persönlich haftende Gesellschafter sind gegenwärtig (Oktober 2014) Dorothea Herzog und Cornelia Staercke.

Vorgänger-Publikationen sind seit dem 7. Februar 1767, der Geburtsstunde der *Intelligenzblätter*, stets in einem Unternehmen dieses Namens verlegt und gedruckt worden – über alle Eigentümerwechsel, Handelsregistereintragungen und Umzüge hinweg. 1949 kann dann zwar die 1936 an den NS-Verlag *Lippische Staatszeitung* verkaufte LZ an ihre lange Tradition wieder anknüpfen, doch wird sie in einem neu gegründeten Unternehmen des aus Kleve zugewanderten Hermann Bösmann produziert und herausgegeben.

Dass Auswärtige diese klassische lippische Institution übernehmen und erfolgreich fortführen, ist allerdings nichts Außergewöhnliches. Schon *Intelligenzblatt*-Gründer Christian Friedrich Helwing gehört in diese Reihe – ebenso wie Dr. Adolf Neumann-Hofer und Staercke, wenngleich Letztgenannter sich dem Lande wie nur wenige andere verbunden fühlte. Eine gewisse Tragik liegt denn auch darin, dass ausgerechnet der Name Staercke mit dem wirtschaftlichen Niedergang des Blattes verbunden ist, der nicht erst mit der Zeit des Nationalsozialismus einsetzt. Die Saat dafür wird bereits mit Erwerb des Blattes durch ihn gelegt.

Der am 5. September 1880 in Berlin geborene Staercke,[2] der 1895 nach Lippe gekommen war, um bei Gustav Humboldt (*Blomberger Anzeiger*) eine vierjährige Drucker- und Schriftsetzerlehre zu absolvieren, übernimmt 1920 die Druckerei und den Zeitungsverlag von Neumann-Hofer. Zu diesem Zeitpunkt ist er – mit einer kurzen Unterbrechung – bereits seit mehr als zwei Jahrzehnten bei der *Lippischen Landes-Zeitung* beschäftigt, eingestellt noch von Kurzzeitverleger Alfons Stengele. Staercke arbeitet zunächst als Schriftsetzergehilfe, später dann als Leiter der Bezirksredaktion in Lage, Korrespondent in Berlin und schließlich als Geschäftsführer und Chefredakteur. Dabei kommt ihm sicherlich zugute, dass er sich auf einer politischen Wellenlänge mit seinem »Leitstern«[3] Neumann-Hofer befindet: Beide gehören 1901 zu den Gründungsmitgliedern der Lippischen Liberalen Volkspartei, beide

[2] Zum politischen und verlegerischen Wirken von Staercke: Ruppert (2011).

[3] Ruppert (2011), S. 37.

– der eine als Reichstagsabgeordneter in Berlin, der andere als zeitweilig prominentes Mitglied des »Lippischen Volks- und Soldatenrates« in Detmold – versuchen vor allem in den Umbruchzeiten der Novemberrevolution 1918/19 den Einfluss der in Lippe von Heinrich Drake angeführten Sozialdemokratie zu begrenzen. Und beide glauben noch bis wenige Stunden vor der Abdankung Leopold IV., das Kaiserreich in eine Art konstitutionelle Monarchie überführen zu können.

Neumann-Hofer und Staercke sind aber Realisten genug, um dann doch die Aussichtslosigkeit dieses Ansinnens zu erkennen und passen sich schnell den neuen Gegebenheiten an. Beide arbeiten jeweils einige Jahre im von Drake geführten Landespräsidium mit. Auf diese Weise gelingt es dem Sozialdemokraten, die bürgerliche Mitte – und damit indirekt auch die LZ – bis zu einem gewissen Punkt an sich zu binden. Hier zeigt sich einmal mehr, dass Staercke, wie der Historiker Andreas Ruppert unter Verweis auf dessen Verhalten während der Novemberrevolution feststellt, auf politischer Ebene »ein typischer Mann der zweiten Reihe«[4] ist – hinter Neumann-Hofer, hinter Drake, nach dem Kriege hinter liberaler Prominenz wie dem Detmolder Bürgermeister Bruno Kirchhof oder dem Bad Salzufler Landtagsabgeordneten Heinz Krekeler.[5]

---

4 Ruppert (2011), S. 39.

5 Krekeler, Jahrgang 1906, macht in der zweiten Hälfte der 1940er Jahre schnell Karriere in der lippischen und nordrhein-westfälischen FDP – auch weil er sich zuvor nicht politisch betätigt hatte und nie NSDAP-Mitglied war. Der promovierte Chemiker, in Bottrop geboren und während des gesamten Krieges bei der IG Farbenindustrie in Ludwigshafen-Oppau beschäftigt, gilt – im Gegensatz etwa zu Staercke – als unverbraucht und wegen seiner guten Fremdsprachenkenntnisse als polyglott. Nach Lippe kommt er in den letzten Kriegstagen, weil seine Frau von Lindemannshof bei Schötmar stammt. Krekeler, ein überzeugter Wirtschaftsliberaler, gründet den Kreisverband Lemgo der FDP-Vorgängerorganisation LDP (Liberal-Demokratische Partei), wird 1946/47 in den nur noch kurzzeitig existierenden lippischen Landtag berufen und ist zwischen 1947 und 1950 Mitglied des nordrhein-westfälischen Landtages sowie zeitweilig stellvertretender Landesvorsitzender seiner Partei. In dieser Zeit setzt sich der passionierte Zeitungsleser mehrfach für die Gründung einer liberalen Tageszeitung in der Region ein. Zeitungen, so seine Überzeugung, seien das wertvollste und effizienteste Mittel, die politischen Ideen der Menschen zu beeinflussen. Obwohl kein ausgebildeter Diplomat, wird der schon in

Mit dem Erwerb von LZ und Hofbuchdruckerei hat Staercke sein unternehmerisches Ziel vorerst im Wesentlichen erreicht, die frühere Meyersche Firmengruppe wieder unter einem Dach zu vereinen. Diese war 1871, nachdem ihr Sohn und Erbe im Deutsch-französischen Krieg gefallen war, von Elise Helwing an den aus einer Detmolder Buchbinderfamilie stammenden Kaufmann Wilhelm Klingenberg verkauft worden, der nicht einmal sechs Jahre zuvor die fürstliche Konzession zur Errichtung »einer Buch-, Kunst- und Musikalienhandlung« erhalten hatte und damit mit Billigung von höchster Stelle in Konkurrenz zur »Meyerschen« getreten war. Der neue Eigentümer und sein Bruder August interessieren sich in der Folgezeit aber vor allem für die Steindruckerei (lithographische Kunstanstalt).[6]

Die Klingenbergs zerschlagen schon bald den Betrieb. 1877 wird Hans Hinrichs, später Gründer und Vorsitzender der Handelskammer für das Fürstentum Lippe, im Handelsregister als Eigentümer des Sortimenters »Klingenbergsche Hofbuchhandlung« eingetragen; die Lemgoer Filiale geht an Ernst Ohle. Den Verlag der Buchhandlung kauft 1883 Hermann Denecke aus Braunschweig, bald darauf wird die Firma »Meyersche Hofbuchdruckerei, Gebr. Klingenberg« liquidiert. Adolf Mewes und Max Quentin übernehmen, wie geschildert, 1886 den Verlag der *Lippischen Landes-Zeitung* und gründen die »Meyersche Hofbuchdruckerei« in der Leopoldstraße 12 neu. Eine ebenfalls seinerzeit noch betriebene Leihbücherei geht an Alfred Noltsch. Den zu Beginn der 1830er Jahre von den Meyer-Helwings in der Leopoldstraße 3 errichteten Gebäudekomplex behalten die Klingenbergs und bauen ihn in den folgenden

seinem früheren Beruf Weitgereiste später Generalkonsul, Geschäftsträger und schließlich Botschafter der Bundesrepublik Deutschland in New York und Washington (bis 1958). Später übernimmt er Lehraufträge an der Hochschule für Politik in München, wo Krekeler einen Zweitwohnsitz unterhält, und an der Westfälischen Wilhelms-Universität Münster. Krekeler stirbt 2003 in Bad Salzuflen im Alter von 97 Jahren. Eine ausführliche biographische Würdigung steht noch aus.

6 N. N. (1934); Weißbrodt (1914); Schröder (1932); Scheef, Tappe (1992); Staercke (1936), S. 351f.

Jahrzehnten weiter aus. In dem Gebäude neben der Detmolder Stadtbücherei sind heute Praxen und Kanzleien untergebracht.

Nach Deneckes Tod im Jahre 1913 startet Staercke, inzwischen Redaktions- und Verlagsleiter der LZ, seine nicht immer von Glück und Geschick gekennzeichnete unternehmerische Karriere. Er übernimmt den Verlag der Hofbuchhandlung und kauft Neumann-Hofer gleich auch noch den Verlag des inzwischen verstorbenen Hans Hinrichs ab, den sein Mentor 1908 erworben hatte. 1918 errichtet der Hofrat dann auch wieder die Meyersche Sortimentsbuchhandlung. Auf die Erneuerung der Leihbibliothek verzichtet Staercke. Eine solche Einrichtung in privater Hand hält er für »unzeitgemäß«. Aus gutem Grund: Die öffentliche Bibliothek, 1881 als Bücherei des »Bildungsvereins zu Detmold« gegründet, hatte inzwischen ihren zunächst vorrangig wissenschaftlichen Charakter abgelegt und – spätestens seit sie 1909 allgemein zugänglich gemacht wurde – breitere Bevölkerungsschichten erschlossen.[7]

Ein von ihm selbst verfasstes Schriftstück belegt, wie wirtschaftlich leichtsinnig, ja geradezu fahrlässig, Staercke beim Erwerb von LZ und Druckerei im Jahre 1920 vorgegangen ist. Zwar sind die entsprechenden Verträge und Vereinbarungen heute nicht mehr vorhanden,[8] doch teilt der Hofrat selbst im Jahre 1950 mit, die Abmachungen hätten »eine 60-prozentige Ertragsbeteiligung Neumann-Hofers« vorgesehen und »für den Fall der Ablösung eine zehnfache Kapitalisierung des erzielten durchschnittlichen Jahresreingewinnes«.[9] Das Verlagsrecht sei mit 300.000 Mark taxiert worden.

---

7 Linnemann (2004).

8 Staerckes persönliche Papiere sind eigenen Angaben zufolge zum großen Teil vernichtet worden, nachdem die vorrückende Rote Armee im Januar 1945 sein Haus in Güstebiese im Oderbruch (heute Polen) in Brand gesteckt hatte. Im Nachlass Neumann-Hofer im Detmolder Landesarchiv finden sich ebenfalls keine Unterlagen zur Vertragsgestaltung.

9 BA Koblenz, Z 36 I/528a. Dazu passt ein Brief von Neumann-Hofer an die Witwe des kurzzeitigen LZ-Vorbesitzers Dr. Alfons Stengele vom 30. September 1920, in dem Erstgenannter den Verkauf mitteilt und gleichzeitig bemerkt, Staercke habe ihm »kaum etwas auszahlen« können. Andererseits sei er, Neumann-Hofer, »überlastig mit

Die »groteske Höhe der Gewinnbeteiligung« begründe sich allein aus der Zusage des Verkäufers, »in seinem letzten Willen eine wirtschaftlich tragbare Ablösungssumme festzulegen«. Pech für Staercke: Nach dem tödlichen Verkehrsunfall des Ehepaares Neumann-Hofer im Mai 1925 können die Verwandten das Testament angeblich nicht finden. Da nutzt auch die Behauptung des Hofrats wenig, er habe sich persönlich von dem Inhalt des Dokumentes überzeugen können. Immerhin kann er einen Vergleich mit den Erben dahingehend schließen, dass die Einlage der Neumann-Hofers in Höhe von 250.000 Mark mit 5 Prozent verzinst wird. Eine Gewinnbeteiligung wird fortan nicht mehr gezahlt.

Auch für Wilhelm Lückermann, den langjährigen Setzereileiter der »Meyerschen« und späteren Mitbegründer der Druckerei Tölle & Co. (danach, bis zur Insolvenz im Jahre 2016, »Merkur«), hat sich Staercke »von Anfang an finanziell ständig übernommen«. [10] Wörtlich schreibt er in seinen unveröffentlichten Lebenserinnerungen: »Er galt als der große Unternehmer und Politiker und hing doch zeitlebens an den Ketten der Erben Neumann-Hofers und später auch noch der Erben der Tabakfabrik Brüggemeyer in Detmold.« Den Kauf des letztgenannten Firmengrundstücks an der damaligen Paulinenstraße 14, der künftigen neuen Heimat von Hofbuchdruckerei und LZ, bezeichnet Lückermann als den »Anfang vom Ende« – zumal Staercke die stark defizitäre Tabakfabrik zunächst noch weiterbetreibt.

Auch dem damaligen LZ-Redakteur Erich Meinhard, ansonsten ein glühender Bewunderer des Hofrates, ist nicht ganz wohl bei der Sache. In einer nach Staerckes Tod erschienenen LZ-Artikelserie schildert er seine Skepsis, nachdem er von dem Deal mit den Eigentümern »der einst sehr angesehenen Firma« gehört hatte. Staercke, so erinnert sich Meinhard, habe gefragt, ob er ihm denn nicht zu dem Geschäft gratulieren wolle. »Ich holte die Gratulation nach«, schreibt der Redakteur in der LZ vom 22. August 1959, »obwohl mir die

---

Staatsgeschäften«, zudem habe Staercke bereits seit Jahren »die wirkliche Leitung« des Unternehmens inne (LAV NRW OWL, D72 Neumann-Hofer, Nr. 38).

10 LAV NRW OWL, D 72 Nachlass Lückermann.

Kühnheit seines Entschlusses doch gewisse Bedenken einflößte.« Und: »Staerckes Stern stand im Zenit seines Lebens. Daß er einmal sinken würde, daran glaubte keiner, denn bisher war ihm alles, was er anpackte, geglückt. Und doch sollte nach wenigen Jahren die Peripetie einsetzen.«

Überhaupt scheinen Immobilien auf den Hofrat einen besonderen Reiz ausgeübt zu haben, erwirbt er doch in den Jahren nach dem Ersten Weltkrieg unter anderem das Eckhaus Paulinenstraße/Grabbestraße, in dem heute die SPD-Parteizentrale untergebracht ist, außerdem ein Wohnhaus in der Exterstraße und das Landhaus in Güstebiese an der Oder. Wie das alles finanziert werden konnte, ist Lückermann noch Jahrzehnte später bei der Abfassung seiner Erinnerungen (1970/71) schleierhaft: »Wenn ich [Staerckes] Schulden gehabt hätte, ich würde keine Nacht ruhig geschlafen haben.« Da die von der Buchdruckerei erzielten Preise »sehr gedrückt bis absolut schlecht« und die Maschinen der Auftragsstruktur nicht angemessen gewesen seien, habe es immer wieder geheißen: »Wenn wir die LZ nicht hätten...« Zunächst geht aber noch alles einigermaßen gut, große Teile der Druckerei werden 1927 an ihren neuen Standort verlagert, LZ und Rotation folgen 1930, Staercke selbst zieht in die ehemalige Brüggemeyersche Fabrikantenvilla an der Paulinenstraße. Den alten Sitz von Druckerei und Verlag in der Leopoldstraße 12 verkauft er 1934 an Wilhelm Bergmann, der dort ein Autohaus einrichtet und dessen Nachfahren die Liegenschaft noch heute gehört.

Während des Umzugs wird die LZ übrigens auf Maschinen von Münnich in der Exterstraße gedruckt, weiß der seinerzeitige Schriftleiter Erich Meinhard zu berichten. »Während also die Monteure der bekannten Schnellpressenfabrik Koenig & Bauer aus Würzburg in wochenlanger mühsamer Arbeit daran gingen, die Rotationsmaschine der Landes-Zeitung aus ihren festen Fundamenten zu lösen und die Einzelteile abzumontieren, um sie dann im ehemaligen Fabriksaal der Firma Brüggemeyer wieder aufzubauen, wurde [...] so das ununterbrochene Erscheinen sichergestellt.«

Das finanzielle Vabanquespiel geht dann letztendlich doch nicht auf, zumal die Weltwirtschaftskrise und anschließend die Zeit des erstarkenden Nationalsozialismus einen dicken Strich durch manche Kalkulation machen.

Seine Leidenschaft für lippische Literatur und Geschichten lassen Staercke zudem so manches Buch verlegen, dessen Kosten sich aufgrund des begrenzten Interesses nicht wieder einspielen lassen. Andererseits entstehen in dieser Zeit etliche renommierte Werke, die sich noch heute mit Gewinn lesen lassen, darunter die Fürstin-Pauline-Biographie von Hans Kiewning oder der Band »Menschen vom lippischen Boden« mit »Lebensbildern« von 133 historisch bedeutenden Lippern, geschrieben von den renommiertesten Autoren der damaligen Zeit. Obwohl das Buch erst 1936 erscheint, ist es doch weitestgehend angenehm frei von nationalsozialistisch eingefärbtem Gedankengut. Welches immense persönliche Engagement Staercke in dieses Projekt gesteckt hat, lässt sich noch heute bei der Lektüre seines Nachlasses abschätzen, in dem sich zahlreiche Unterlagen für einen niemals realisierten zweiten Band befinden.

Das Geld für Druckerei und Verlag sollen nunmehr verstärkt im Reichsgebiet akquirierte Fremdaufträge bringen, die aber, folgt man Lückermann, wegen der scharfen Konkurrenzsituation auch nicht immer kostendeckend abgewickelt werden konnten. Zudem hat Staercke – in seiner publizistischen Rolle als LZ-Chef zumindest bis 1933 ein scharfer Gegner der Nationalsozialisten – offensichtlich keine Probleme damit, in der Druckerei NS-Pamphlete zu produzieren, wobei auch hier der erhoffte wirtschaftliche Erfolg häufig in Frage steht. Musterbeispiel ist das aufwändig gestaltete Buch »Die Pioniere des Dritten Reiches« von »Reichsjugendführer« Baldur von Schirach, das kurz nach seinem Erscheinen 1934 wieder größtenteils eingestampft werden muss, nachdem einer innerparteilichen »Säuberung« etliche SA-Spitzenkräfte, darunter Stabschef Ernst Röhm, zum Opfer gefallen waren. Außerdem druckt die »Meyersche« unter anderem Ernst Jüngers »Der Kampf um das Reich«, Ernst Graf zu Reventlows »Der Weg zum neuen Deutschland« oder eine von »Reichsbauernführer« Walther Darré herausgegebene »Monatsschrift für Blut und Boden« mit dem Titel *Odal*.[11]

---

[11] Eine Art Referenzliste mit »einigen besonders markanten Werken aus den allerletzten Jahren« findet sich in der Festschrift »Vier Jahrhunderte Meyersche Hofbuchdruckerei«

Die kritische Sicht Lückermanns passt so gar nicht zu dem optimistischen Jubelton, den Staercke selbst in einer Festschrift von 1934 anschlägt. Darin ist nämlich die Rede davon, dass der Buchdruckbetrieb sich seit Inflation und anschließender Deflation »auf das erfreulichste« entwickelt habe und über eine beträchtliche Anzahl »zufriedener und treuer Kunden« verfüge. Noch im selben Jahr straft die Realität Staercke Lügen. Um einen Konkurs abzuwenden, stellt er Ende März 1934 vor dem Amtsgericht Detmold den Antrag auf Eröffnung eines Vergleichsverfahrens, das dann auch ein paar Monate später tatsächlich erfolgreich zum Abschluss geführt wird.[12] Schon im Februar des Jahres hatte Staercke, offensichtlich aus purer Not, einen auf sieben Monate befristeten Vertrag mit dem ehemaligen Verleger des inzwischen eingestellten ehemaligen NSDAP-Parteiorgans *Lippischer Kurier*, Ernst Münnich, über die Bildung einer Arbeitsgemeinschaft geschlossen. Wesentliche Bestandteile sind ein gemeinsamer Maternbezug für LZ und das inzwischen von Münnich gedruckte Hugenberg-Blatt *Lippische Tages-Zeitung* sowie die Herstellung beider Organe auf Münnichs Maschinen in der Detmolder Exterstraße.[13] Wie Lückermann berichtet, sind die Politik-, Wirtschafts- und Feuilleton-Seiten beider Blätter fortan identisch; Roman, Lokalteil und Anzeigen unterscheiden sich.

Ergebnis des Vergleichsverfahrens ist die Gründung der Meyerschen Hofbuchdruckerei KG zur Fortführung von Druckerei, Buchhandlung und LZ

---

von 1934, N. N. (1934), S. 52-54. Das Schirach-Buch wird von Online-Antiquariaten gegenwärtig (2014) zu Preisen zwischen 150 und 340 Euro (je nach Zustand) angeboten.

12 LAV NRW OWL, D 23 Detmold, Nr. 6961, 7003, 7013, 7062.

13 LAV NRW OWL, D 70, Nr. 57. Münnich übernahm die deutschnationale *Tages-Zeitung*, gegründet während des lippischen Thronfolgestreits als schaumburg-lippisches Gegengewicht zur biesterfelderischen LZ, von ihrem Gründer Willy Bruder. Das Blatt, das dem Hugenberg-Konzern zuzurechnen ist, erscheint noch bis 1938 in Detmold. Bruder schreibt während des Dritten Reiches heimatkundliche Beiträge für die NS-*Staatszeitung*, nach dem Krieg widmet er sich dem gleichen Themenspektrum in der LZ. Der »hochverehrte Hofrat« (LZ-Redaktionsleiter August Koch, ein ehemaliger *Tages-Zeitung*-Redakteur) stirbt 1960 in Gelsenkirchen. Der Historiker Jürgen Hartmann (2007) zählt ihn zur »antidemokratischen Rechten« in Lippe während der Weimarer Republik.

mit dem persönlich haftenden Gesellschafter Max Staercke an der Spitze. Die übrigen Gläubiger beziehungsweise Gesellschafter, darunter Mitglieder der Familien Neumann-Hofer und Brüggemeyer sowie Herbert Delius aus Bielefeld und NSDAP-Gauleiter Alfred Meyer, beteiligen sich als Kommanditisten. Das bedeutet de facto einen weiteren Schlag ins LZ-Kontor: »Staercke und die Landeszeitung gingen also stark geschwächt in den Kampf, den die nationalsozialistische Konkurrenz erst mit dem im Münnich-Verlag in Lage produzierten *Lippischen Kurier* und dann mit der parteieigenen Tageszeitung *Lippische Staatszeitung* angezettelt hatte.«[14]

Zudem erweist sich das gesamte Konstrukt als wenig tragfähig, weil unter den Kommanditisten große Uneinigkeit herrscht. Die KG wird demzufolge niemals handelsgerichtlich eingetragen. Und so geht der Verfall des Unternehmens weiter. Die LZ kann – auch aufgrund zurückgehender Auflagenzahlen – die Verluste der anderen Betriebszweige nicht mehr ausgleichen. Hinzu kommt erheblicher politischer Druck, der schließlich Anfang 1936 zum Verkauf des Blattes an die *Staatszeitung* führt. Die LZ hat zu diesem Zeitpunkt, so steht es im Vertrag vom 4. Februar 1936, gerade noch 6.123 »zahlende Bezieher«.[15] 1932 hatte Staercke im »Handbuch Tagespresse« die Auflagenhöhe noch mit 16.000 angegeben – zuzüglich 1.259, die die Nebenausgabe Bad Salzuflen beziehen.[16] Mit der Unterschrift Staerckes

---

14 Ruppert (2011), S. 45.

15 LAV NRW OWL, D 70, Nr. 57 (Vertragstext).

16 Laut Handbuch hat das *Volksblatt* 1932 eine Auflage von 8.800 Exemplaren, die *Lippische Post* verkauft 3.600 Zeitungen. Für die *Tages-Zeitung* liegt nur eine Angabe vor aus dem Jahre 1934, fußend auf einer Mitteilung des Gaupresseamtes: 3.050 Exemplare. Meier (1999), S. 174f., weist zu Recht darauf hin, dass diese Zahlen, wenn überhaupt, nur »bedingt« vergleichbar sind. Schröder (1932, S. 112) macht für das Jahr 1930 nahezu identische Angaben. Er teilt im Übrigen mit, dass die *Tages-Zeitung* seit 1927 (1926: 8.000 Stück) keine Auflagenziffern mehr veröffentlicht. Lippe hatte 1933 nach offiziellen Angaben gut 175.000 Einwohner. — In der 6. Auflage (1937) des »Handbuches der deutschen Tagespresse« finden sich folgende Angaben: *Staatszeitung*: 20.202; *Tages-Zeitung*: 2.130 (wird inzwischen in Herford als Nebenausgabe der ehemals ebenfalls DNVP-nahen *Neuen Westfälischen Volkszeitung* gedruckt und hat in der Detmolder Exterstraße 11, also bei Münnich, nur noch eine Geschäftsstelle), *Lippische Post*: 2.640.

»verkauft, übereignet und überträgt« die Meyersche Hofbuchdruckerei an den von Geschäftsführer Eduard Preißler vertretenen NS-Verlag »das Verlagsrecht an der bisher von ihr vertriebenen Lippischen Landeszeitung mit deren Untertiteln und eventuellen Kopfausgaben«. Der Begriff »Verlagsrecht«, auch das wird noch einmal definiert, umfasst »das Recht auf Ausnutzung des Zeitungstitels, auf den Kundenkreis im Anzeigen- und Vertriebsgeschäft sowie auf die übrigen Absatzgelegenheiten des gesamten Zeitungsgeschäftes« einschließlich des Archivs. An die Käuferin gehen außerdem ein rund 1.500 Quadratmeter umfassender Teil des ehemals Brüggemeyerschen Grundstücks an der Paulinenstraße 14 sowie zwei Linotype-Setzmaschinen und weitere technische Druckereieinrichtungen, nicht aber die Rotation. Er selbst wird nach dem Krieg im Rahmen eines Wiedergutmachungsverfahrens behaupten, die Anlage sei »verschleppt« worden.[17]

Der Hofrat kassiert für das alles 100.000 Reichsmark (65.000 für die Liegenschaft, 25.000 für das Verlagsrecht, 10.000 für die Maschinen). Außerdem verpflichtet er sich, im Verbreitungsgebiet der *Staatszeitung* – also neben Lippe dem gesamten Regierungsbezirk Minden – keine Zeitung zu gründen oder sich direkt oder indirekt an einem Blatt zu beteiligen.

Natürlich geht der Verkauf zum Stichtag 15. März 1936 auch nicht ohne personelle Konsequenzen ab, die *Staatszeitung* verfügt ja über eigenes Personal. Übernommen werden lediglich LZ-Hauptschriftleiter Erich Meinhard – allerdings als einfacher »Schriftleiter« – zu einem Monatsgehalt von 350 RM, Anzeigenleiter Brand als Stellvertreter von *Staatszeitung*-Anzeigenchef Ludwig Meier für 200 RM monatlich, ein sogenannter »Kontrolleur«, zwei Maschinensetzer und ein Metteur. Ein noch bei der LZ beschäftigter Bruder Neumann-Hofers erhält eine Abfindung in Höhe von 5.000 RM, über die Unterbringung des Restes der Belegschaft wird mit dem Arbeitsamt bzw. der Deutschen Arbeitsfront (DAF) verhandelt. Dem Hausmeister wird ebenfalls gekündigt.

---

17 LAV NRW OWL, D 20 B, Nr. 3263.

Doch was bewegt die NS-*Staatszeitung*, die LZ für einen immer noch relativ ansehnlichen Preis zu kaufen? Einmal vielleicht die Genugtuung, den – zumindest bis 1933 – alten Widersacher der Nazi-Partei geschluckt zu haben, jenes Blatt also, das im Vorfeld der Januarwahl 1933 gespöttelt hatte: »Hitler geht auf die Dörfer.« Nicht ohne Grund verweist die *Staatszeitung* fortan in ihrem Untertitel auf die LZ – eine recht zweifelhafte »Ehre«, die sonst nur dem ehemaligen Kampfblatt *Lippischer Kurier* zuteil wird. Zum anderen könnten die besseren Arbeitsbedingungen in den Räumlichkeiten an der Paulinenstraße gelockt haben. Bis zu diesem Zeitpunkt wird das Blatt ja noch in der ehemaligen beengten und ungünstig geschnittenen *Volksblatt*-Druckerei in der Weinbergstraße hergestellt.

Nicht zuletzt geht es aber wohl auch um den Erhalt von Arbeitsplätzen vor allem bei der »Meyerschen«. So wendet sich im August 1935 NSDAP-Kreisleiter Adolf Wedderwille »als Vertreter des Staatsministers«, also des Regierungschefs Hans-Joachim Riecke, an Gauleiter Dr. Alfred Meyer und weist auf die »denkbar ungünstige wirtschaftliche Lage« der LZ hin. Es gebe von der Deutschen Bank initiierte Pläne, einen Teil der Grundstücke zu verkaufen und das Blatt nach Möglichkeit aus dem Betrieb herauszunehmen, »damit die Firma ihre ganze Kraft in die Akzidenz stecken kann«. Zudem lässt sich dem Schreiben entnehmen, dass es schon zu einem früheren Zeitpunkt ein Angebot zum Kauf der LZ gegeben hat.[18]

Preißler bestätigt diese Intention im Jahre 1953.[19] Der Erwerb der Grundstücke Paulinenstraße 14 sei nicht erfolgt, so sagt er im Rahmen eines Wiedergutmachungsverfahrens aus, weil das ehemalige *Volksblatt*-Gebäude für die Bedürfnisse der *Staatszeitung* nicht ausgereicht habe, sondern weil die Hausbank von Staercke mit der Bitte an die NSDAP herangetreten sei, Verlagsrechte und Grundstücke zu erwerben. Angeblich habe man auf diese Weise verhindern wollen, dass Arbeiter beschäftigungslos werden würden. Die

---

18 LAV NRW OWL, L 113, Nr. 345.

19 BA Koblenz, Z 36 I/528a.

Betriebsverlagerung der *Staatszeitung* sei 1936 allein deshalb erfolgt, weil am neuen Standort die neue Rotation – eine 16-seitige Maschine der Firma Koenig & Bauer – leichter aufstellbar gewesen sei und sich bessere Erweiterungsmöglichkeiten ergeben hätten.

Lückermann schildert den nun folgenden Umzug folgendermaßen: »An der Frontseite des Gebäudes verschwand das große, weithin sichtbare Firmenschild ›Lippische Landeszeitung‹ und wurde ersetzt durch ein ebenso großes Schild ›Lippische Staatszeitung‹. Die Nazis triumphierten; sie hatten die allen Lippern so vertraute *Landeszeitung* ihrem geliebten und gefürchteten Führer geopfert. Nur im Kopf der *Staatszeitung* lebte sie noch weiter...«[20]

Der Historiker und ehemalige Detmolder Stadtarchivar Dr. Andreas Ruppert liegt wohl richtig, wenn er die Umstände des Verkaufs der LZ wie folgt bewertet:

> Die NSDAP hat Staercke nicht ökonomisch ruiniert, aber ihn zuletzt aus Lippe vertrieben. Zwar konnte die Lippische Landes-Zeitung auch nach der sog. Machtergreifung noch mehr als drei Jahre lang erscheinen [...], aber auch die eine oder andere Anpassungsgeste reichte nicht aus, um sie zu retten. [...] Staercke wurde 1936 zum Verkauf gedrängt, zu immerhin günstigen Bedingungen. Es handelte sich beim Kaufvertrag [...] weder um eine Enteignung noch um eine Erpressung wie später bei jüdischem Vermögen, auch wenn Staercke selbst diese Einschätzung suggerierte und sie von seinen freidemokratischen Freunden nach der Befreiung Deutschlands übernommen worden war.[21]

Der Hofrat sieht das naturgemäß deutlich anders. Er beklagt in der Nachkriegszeit verschiedentlich die »Fortnahme des Zeitungsverlages« und

---

20 LAV NRW OWL, D 72 Nachlass Lückermann, darin unveröffentlichtes Manuskript, S. 57.

21 Ruppert (2011), S. 45.

sieht sich rückblickend »heftigen Verfolgungsmaßnahmen«[22] ausgesetzt. In einer eidesstattlichen Versicherung behauptet er außerdem, dass die Verschmelzung von *Staatszeitung* und LZ von der Reichspressekammer verfügt worden sei.[23] Das mag so sein, denn in der Tat hatte der Reichsleiter für die Presse, Max Amann, entsprechend seiner eigenen Anordnung aus dem April 1935 die Möglichkeit, Zeitungsverlage zwecks »Beseitigung ungesunder Wettbewerbsverhältnisse« zu schließen.[24]

Zwar sind die Beweggründe der NSDAP und die Entscheidungswege, die zu dem Angebot an Staercke führen, aus den Akten nicht bis ins Detail nachzuvollziehen, doch spricht die Entwicklung im Reich Bände. So heißt es in der Anordnung unter anderem: »Ist in einem Orte eine Mehrzahl von Zeitungsverlagen vorhanden, deren Betrieb auf den Absatz einer höheren Auflage angewiesen sind, als nach den örtlichen Verhältnissen und gesunden verlegerischen Grundsätzen insgesamt vertrieben werden kann, so können zur Herbeiführung gesunder wirtschaftlicher Verhältnisse einzelne Verlage geschlossen werden [...].«

Nach Angaben des Zeitungshistorikers Gerd Meier sind in den eineinhalb Jahren nach Erlass dieser dehnbaren Regelung mehr als 500 Zeitungen vom Markt verschwunden. Nutznießer sind die NSDAP und ihre Blätter. »Hauptsächlich [...] standen hinter den Amann-Anordnungen ökonomische Motive: Modernisierende Strukturbereinigung wurde auf diese Weise geschickt verknüpft mit widerrechtlicher Bereicherung der NSDAP, deren Parteiorgane bereits jener zentralen unternehmerischen Kontrolle durch den Reichsleiter für die Presse unterlagen, die nun sukzessive auch auf bisher private Verlage ausgedehnt wurde.«[25] Merkwürdig nur, dass der Amann-Erlass mit keiner Silbe in dem bereits erwähnten Schreiben von Kreisleiter

---

22 LAV NRW OWL, D 20 B, Nr. 3263.

23 LAV NRW OWL, D 20 B, Nr. 3263.

24 Zu diesem Thema u. a.: Frei, Schmitz (1999); für Ostwestfalen-Lippe auch Meier (1999), S. 80ff.

25 Frei, Schmitz (1999), S. 37.

Wedderwille an Gauleiter Meyer erwähnt wird. Und dass noch relativ viel Geld an Staercke geflossen ist.

Die unbestreitbar vorhandenen finanziellen Probleme verschweigt Staercke in seiner Eidesstattlichen Versicherung, gibt aber an, Neumann-Hofer für Druckerei und LZ 300.000 RM gezahlt zu haben (wie dieser auch an Vorbesitzer Dr. Alfons Stengele). Wohl um seiner Gegnerschaft zum NS-Regime zu verdeutlichen, berichtet er in diesem Zusammenhang von einer heftigen Kontroverse mit Staatsminister Riecke über einen Nachruf auf den ehemaligen Detmolder Oberbürgermeister Dr. Emil Peters, der im April 1933 von den Nazis aus dem Amt gedrängt worden war und im Februar 1934 Selbstmord begangen hatte. Auch viele Ex-Nazis legen sich nach dem Krieg ins Zeug, um Staerckes Position zu untermauern – vom Chef der *Staatszeitung* August Prüßner über Kreisleiter Adolf Wedderwille bis zu Propagandist Dr. Arno Schröder. Doch es nutzt letztendlich alles nichts. Nach 1936 gelingt es Staercke niemals mehr, wesentlichen Einfluss auf die Geschicke der *Lippische Landes-Zeitung* auszuüben. Immerhin kann er durch Abmachungen mit Nachkriegsverleger Hermann Bösmann bzw. seinen Nachfolgern finanziell vom Wiedererblühen der Zeitung nach dem Krieg profitieren.

Noch schlimmer ergeht es ihm mit der Meyerschen Hofbuchdruckerei,[26] die im Verlauf des Jahres 1937 dann endgültig liquidiert wird – übrigens von jenem Steuerberater Ernst Schilp, der nach dem Krieg als Treuhänder für die NS-Druckerei eine weitere wichtige Rolle spielen wird. Die vorangegangene Gründung einer GmbH, an der Staercke gerade einmal noch 8 Prozent hält, als Nachfolgegesellschaft der KG erweist sich als wirkungsloses Instrument gegen die Dauerkrise, zumal Staercke das Verlagsrecht der Hofbuchhandlung an seine Tochter verkauft hatte. Entsprechende Aufträge gehen offensichtlich nunmehr nicht mehr nach Detmold, sondern nach Bielefeld. Mit Gründung der GmbH scheidet Staercke auch als Geschäftsführer

---

[26] Die folgenden Absätze fußen im Wesentlichen auf den Erinnerungen Lückermanns (LAV NRW OWL, D 72 Nachlass Lückermann, darin unveröffentlichtes Manuskript) und dem Aufsatz von Ruppert (2011).

aus und wird ab 1. Oktober als Vertreter mit einem Monatslohn von 400 RM angestellt. Der Hofrat, der die Meyersche Sortimentsbuchhandlung in der Langen Straße 12 bereits 1931 an Ernst Schnelle aus Bad Pyrmont veräußert hatte, verlässt Lippe und zieht nach Berlin, wo er zwar Aufträge akquiriert, gleichzeitig aber Kunden von der Hofbuchdruckerei abwirbt. Er gründet den Maximilian-Verlag und verlegt 1939 seinen Wohnsitz nach Güstebiese. Ende 1945 kehrt er als Vertriebener, der alles verloren hat, nach Lippe zurück, wo man ihn nicht ausschließlich in guter Erinnerung hat.

Und das hat nicht zuletzt mit der Liquidation der Druckerei zu tun. Im Rahmen des Verfahrens meldet sich der Hofrat nämlich im September 1937 als möglicher (Wieder-)Erwerber – obwohl ihm nur wenige Monate vorher ein eiligst aus Magdeburg verpflichteter Sanierer ein vernichtendes Zeugnis ausgestellt hatte. Das »Allerschlimmste« sei die Abwanderung der Verlagsabteilung gewesen, zitiert Lückermann aus dem Bericht, die Umstände des Verkaufs durch Staercke an die eigene Tochter seien »stark angreifbar«, sogar von »Untreue« ist in diesem Zusammenhang die Rede. Hinzu komme, dass über Jahre »unverhältnismäßig niedrige Preise« genommen worden seien, die von kaum einer anderen Druckerei in ganz Deutschland akzeptiert werden könnten.

Aufgrund dieses Urteils beschließen die Gesellschafter die Liquidation des Unternehmens, zur Abwendung des Konkurses wird am 18. September 1937 das Vergleichsverfahren eröffnet. Auf dem Spiel stehen insgesamt 54 Arbeitsplätze, davon 42 im technischen Bereich. Als Schilp zunächst versucht, das Unternehmen als Ganzes zu veräußern, meldet sich, wie erwähnt, ausgerechnet Staercke. Sein Angebot kommt nicht zum Zuge, wohl weil die Lippische Landesbank einen Rückzieher macht. Daraufhin greifen die Führungskräfte Lückermann (Maschinensetzerei), Simon Wächter (Druckerei), Fritz Niemann (Buchbinderei) und Karl Tölle (Handsetzerei) zur Selbsthilfe und eröffnen zum 1. Januar 1938 in der Woldemarstraße die »Buchdruckwerkstätte Tölle & Co.« – mit aus der Vergleichsmasse erworbenen Maschinen der ehemaligen Hofbuchdruckerei, was nach dem Krieg noch zu Problemen mit Ex-Gläubigern führen sollte. Die Belegschaft besteht allerdings zunächst nur aus acht Mitarbeitern. Nach Lückermanns Angaben sind seinerzeit die Forderungen der Gläubiger voll erfüllt worden. Auch die Gesellschafter sollen noch etwas von ihrer Einlage zurückbekommen haben.

Auch nach dem Krieg hat das Unternehmen keinen leichten Stand, bedingt durch Gesellschafterstreitigkeiten nach dem Kriegstod Tölles im Jahre 1944, Ärger mit den britischen Besatzern sowie das letztendlich erfolgreiche Abwehren von Ansprüchen Staerckes bzw. Neumann-Hofers. Etliche Jahrzehnte später ist es dann doch noch zu einer Kooperation von zwei Betrieben gekommen, die in der Tradition der Meyerschen Hofbuchdruckerei stehen. Seit dem Jahr 2015 kooperieren die Druckerei Bösmann und die Merkur-Gruppe als Nachfolgerin von Tölle & Co. – bis auch dieses »Farbwerk« genannte Unternehmen in die Insolvenz geht.

Als Max Staercke die LZ übernimmt, ist die lippische Presselandschaft – wie die der gesamten Republik – in einem tiefgreifenden Wandel begriffen. Wirtschaftlich steht das Schlimmste – die Hyperinflation von 1923 – zwar erst noch bevor, doch erreicht die Geldentwertung schon jetzt bedenkliche Ausmaße. Die Aufhebung der Zensur infolge der Novemberrevolution führt zudem zu einer Neuorientierung der Zeitungen – auch der lokalen – und zu deren zunehmender Politisierung. Die einzelnen Presseerzeugnisse werden zu Sprachrohren politischer Parteien, die die neue Republik entweder verteidigen oder bekämpfen. »Die parteilosen Generalanzeigertypen verschwanden von der Bildfläche. Sie wurden in politisch gebundene Parteiblätter umgemodelt und mehr und mehr Kampforgane mit bestimmter Gesinnung.«[27] Das ändert sich dann auch nicht mit Besserung der wirtschaftlichen Lage.

Die lippische Zeitungslandschaft ist zu diesem Zeitpunkt zersplittert wie eh und je. Allein die so genannte »Landespresse«, die sich mit ihren Inhalten an alle Lipper wendet, zählt schon drei Titel – und das bei noch nicht einmal 200.000 Einwohnern. Neben der LZ gehören dazu die im Zuge des Erbfolgestreites gegründete, mittlerweile der Deutschnationalen Volkspartei

[27] Schröder (1932), S. 103.

(DNVP) nahestehende *Lippische Tages-Zeitung* und das am 1. Februar 1920 erstmalig erscheinende *Volksblatt* als Organ der Sozialdemokratie. Deutlich später kommen dann 1929 der sich zunächst parteilos gebende und kurz darauf zur NSDAP-Parteizeitung mutierende *Lippische Kurier* und, gedruckt bei Fritz Dröge in Schötmar, ein Blatt namens *Lippischer Landbote* hinzu. Letztgenannte Publikation erscheint gerade einmal zwei Jahre lang, und das zeitweilig auch nur wöchentlich. Der *Landbote* versteht sich als Sprachrohr von gleich zwei Parteien, der Christlich-Nationalen Bauern- und Landvolk-Partei sowie der Reichspartei des deutschen Mittelstandes. Daneben gibt es neben der durchgängig bis 1941 publizierten *Lippischen Post* aus Lemgo – mitunter auch nur vorübergehend – weitere »Lokalblätter« wie den *Lippischen Allgemeinen Anzeiger* aus Bad Salzuflen, die *Lippischen Nachrichten* aus Schötmar, den *Blomberger Anzeiger* oder auch die *Extertal-Nachrichten*, die interessanterweise von Ernst Münnich in Lage verlegt werden. Schröder gibt die Zahl der 1931 in Lippe publizierten Zeitungen mit 14 (!) an, darunter allerdings auch einige Kopfblätter.[28]

Der *Landes-Zeitung* drückt während der Weimarer Republik Max Staercke seinen Stempel auf. Wenn auch *Volksblatt*-Aushängeschild Felix Fechenbach heute der bekanntere und in weiten Kreisen geschätztere Journalist jener Zeit ist, so darf der Hofrat als »überragende Gestalt«[29] des bürgerlich-liberalen Journalismus über einen deutlich längeren Zeitraum gelten. Staercke, so stellt Historiker Ruppert fest, »hat die Geschichte Lippes begleitet und beeinflusst, sie wäre ohne ihn anders verlaufen«.[30] Er sitzt, abgesehen einmal von seinem Beruf als Verleger und Chefredakteur, zwar kaum jemals in der ersten Reihe, ist aber immer ganz vorn mit dabei – als Ratsherr in Detmold, als Abgeordneter im Landtag oder als Mitglied des Lippischen Landespräsidiums. Fast immer agiert er in der Nähe des Säulenheiligen der

---

28 Schröder (1932), S. 114.

29 Ruppert (2011), S. 35.

30 Ebd.

lippischen Sozialdemokratie, Heinrich Drake, zu dem er zeit seines Lebens Kontakt hält. Trotz aller politischen Gegensätze, die noch bis in die Nachkriegszeit andauern – z.B. wenn es um die lippische Anschlussfrage geht –, eint beide eine einheitliche Vorstellung von Fairness und Anstand im persönlichen Umgang miteinander, selbst wenn mitunter verbal die Fetzen fliegen.

Beide verbindet trotz unterschiedlicher Herkunft eine tiefgehende Leidenschaft für das geschriebene Wort – sei es niedergelegt mit der Hand als Brief oder Vermerk, sei es gedruckt in der Zeitung oder als Buch. Bevor Drake infolge der Novemberrevolution hauptamtlich in die Politik bzw. Landesverwaltung geht und zunächst Landespräsident, später dann Regierungspräsident und Landesverbandsvorsteher wird, schlägt er eine berufliche Laufbahn ein, die genauso gut in den Journalismus hätte führen können. 1895 bewirbt er sich auf eine Anzeige in der *Lippischen Post*, mit der die Buchdruckerei und Buchhandlung F. L. Wagener in Lemgo einen »Kontorlehrling« sucht. Nach Absolvierung der kaufmännischen und buchhändlerischen Ausbildung steigt der Schuhmachersohn schnell auf, übernimmt 1903, nach dem frühen Tod seines Firmenchefs im Alter von gerade einmal 21 Jahren, die Leitung des Geschäftes – einschließlich der Redaktion der linksliberalen *Lippischen Post.* Interessant ist in diesem Zusammenhang ein Schriftwechsel aus dem Jahre 1906 mit dem Bad Salzufler Unternehmer Leberecht Hoffmann, in dem es der Lemgoer ablehnt, Material zu veröffentlichen, »das Aufschluss gab über die korrupten Beziehungen zwischen dem fürstlichen Hof und der Lippischen Landes-Zeitung«[31] während des Thronfolgestreits. Drake stimmt zwar grundsätzlich mit Hoffmann überein und legt sich die Unterlagen auch zurück, übt aber Rücksicht auf die größte Zeitung im Lande.

Noch bevor Drake die Firma F. L. Wagener verlässt – dies geschieht nach Einarbeitung der nächsten Eigentümergeneration –, erhält er Anfang 1910,

---

[31] Rombeck-Jaschinski (1984), S. 16.

wohl auch für ihn selbst überraschend, ein Angebot von Willy Bruder, dem Chef der deutschnational eingestellten *Lippischen Tages-Zeitung.* Dieser hat sich gerade von seiner »rechten Hand« Max Quentin getrennt, dem Fürstlichen Rat und Ex-Eigentümer der LZ, mit dem er eigenem Bekunden nach »einen sehr schlechten Griff« getan hatte. [32] Drake lehnt postwendend ab, trotz ungesicherter Zukunft und eines in Aussicht gestellten Gehaltsaufschlags. Er beruft sich dabei auf »verschiedene Gründe, die ich Ihnen nicht auseinandersetzen kann [...].« Es wäre wohl auch mit seinen sozialdemokratischen Grundsätzen[33] nicht vereinbar gewesen, bei diesem weit rechts angesiedelten Medium zu arbeiten, das 1920 an den Hugenberg-Konzern verkauft werden und fortan vor allem das »System Drake« heftig angreifen sollte. Ein weiteres Angebot des Salzufler Buchdruckers und Zeitungsverlegers Heinrich Uekermann (*Allgemeiner Anzeiger*, ab 1911 *Lippischer Allgemeiner Anzeiger*), eine leitende Stellung in seinem Betrieb zu übernehmen, lehnt Drake ein paar Monate später ebenfalls ab.

Dennoch bleibt er dem Pressewesen verbunden, arbeitet nach seinem Umzug nach Detmold (1911) unter anderem freiberuflich als Parlamentsstenograph für die LZ und die Bielefelder *Volkswacht.* Für letztgenanntes Blatt verfasst er auch journalistische Artikel, unter anderem eine Serie über die lippische Domanialfrage. [34] Schon 1913 plädiert er parteiintern für die Gründung einer sozialdemokratischen Zeitung in Lippe, die dann allerdings erst sieben Jahre später aus der Taufe gehoben wird. Während des Ersten Weltkrieges kommt es letztmalig zu engen Kontakten zwischen ihm und der *Landes-Zeitung.* 1915 wird der mit Kreislaufproblemen kämpfende Drake als lediglich »garnisonsverwendungsfähig« zum Militärdienst eingezogen – und

---

32 LAV NRW OWL, D 72 Drake, Nr. 158.

33 Wann Drake in die SPD eingetreten ist, ist heute nicht mehr zweifelsfrei feststellbar. Seine eigenen Angaben differieren zwischen 1906 und 1910. Die entsprechenden Parteiakten sind nicht mehr vorhanden; siehe Rombeck-Jaschinski (1984), S. 17f.

34 Rombeck-Jaschinski (1984), S. 21.

überträgt in der Redaktion während der Nacht einlaufende Kriegsberichte in Reinschrift.[35]

Als sich Drake und Staercke im Jahre 1910 erstmalig publizistisch beharken, ist Letztgenannter bereits eine »große Nummer« im Fürstentum und darüber hinaus. Reichsweit Aufsehen hatte Staercke im Jahre 1904 erregt, als die LZ am 18. Oktober, also kurz nach dem Tod des Grafregenten Ernst, ein offensichtlich von ihm »besorgtes« Telegramm veröffentlicht, das ein Bückeburger Hofbeamter in Zusammenhang mit dem gerade einen neuen Höhepunkt erreichenden lippischen Thronfolgestreit an den Bad Salzufler Unternehmer und Landtagsvizepräsidenten Leberecht Hoffmann geschickt hatte.

In dieser so genannten »Diesseits-Depesche«,[36] durch die politische Querverbindungen der Schaumburger zu prominenten Lippern offenbart werden, wird die Mitwirkung des Reichstages an der Thronfolgeregelung als »besondere Gefahr« (für die Position der Schaumburger) bezeichnet. Das in dem Telegramm enthaltene Wort »diesseits« wird in der Öffentlichkeit nicht nur auf Bückeburg bezogen, sondern auch auf Berlin, da der Absender, der Jurist und Privatgelehrte Stephan Kekulé von Stradonitz, beiden durch Heirat miteinander verbundenen Höfen nahesteht. Diese Indiskretion der LZ – Staercke pendelt zu dieser Zeit als politischer Korrespondent zwischen Detmold und Berlin – löst einen Riesenskandal aus. »Die Veröffentlichung [...] brachte Staercke, der sich weigerte, seinen Informanten zu nennen, zweimal in Beugehaft [...], machte ihn aber auch berühmt – selbst der Reichstag befasste sich mit dieser

---

35 Rombeck-Jaschinski (1984), S. 23.

36 Zu Folgendem unter anderem: Wilhelm Schmiedeskamp (1935), S. 90ff. – Die Erstveröffentlichung des Dokuments erfolgt bereits am 17. Oktober 1904 im nationalliberalen *Hannoverschen Courier*. Die Lippische Landesbibliothek hat zahlreiche Gutachten und andere Dokumente zum Thronfolgestreit online gestellt (»Digitale Sammlungen«). Eine Zusammenfassung der Ereignisse liefert Erich Kittel (1978), S. 254-267. – Ein Portrait von Leberecht Hoffmann findet sich in Wiesekopsieker (2005), S. 164-200. Darin wird auch ausführlich auf die Rolle des Unternehmers im Thronfolgestreit eingegangen.

Angelegenheit«,[37] die internationale Presse berichtet ebenfalls. Hoffmann, nunmehr der Konspiration mit Bückeburg höchst verdächtig, veröffentlicht prompt eine 20 Druckseiten umfassende Verteidigungsschrift,[38] in der er jede Vermutung energisch zurückweist, gemeinsam mit den Bückeburgern gegen die Interessen des Fürstentums zu handeln. Gleichzeitig erhebt er strafrechtlich relevante Vorwürfe gegen die LZ bzw. Mitarbeiter der Telegraphenämter. Der spätere LZ-Redakteur Wilhelm Schmiedeskamp schreibt in seiner diesem Thema gewidmeten Doktorarbeit:

> Die Depesche löste einen wahren Rattenkönig an Prozessen aus, in denen immer wieder nach den Urhebern des behaupteten »Vertrauensbruches« gefahndet wurde, ohne allerdings das Rätsel zu lösen. [...] Aber die Biesterfelder Agitatoren hatten [...] die Genugtuung, die engen Beziehungen des Absenders und Empfängers zu den Bückeburger Kreisen durch eidliche Aussagen nachträglich festgestellt zu sehen.[39]

Mit diesem Max Staercke also, dem inzwischen über die Grenzen Lippes hinaus bekannten Journalisten, legt sich im November 1910 der scheidende Wagener-Geschäftsführer Heinrich Drake an, politisch noch ein Nobody, an. Dieser Streit wird, wie es damals üblich ist, über die jeweils präferierten Zeitungen geführt – in diesem Fall die LZ und die SPD-*Volkswacht* aus Bielefeld. Anders war es den Sozialdemokraten auch kaum möglich, sich Gehör zu verschaffen, stellen sie im

---

37 Ruppert (2011), S. 48.

38 In der Lippischen Landesbibliothek vorhanden. Eingeleitet mit dem alttestamentarischen Spruch »Der Dieb ist ein schändliches Ding; aber ein Verleumder ist viel schändlicher.«

39 Schmiedeskamp (1935), S. 91. Der erste sogenannte »Diesseits-Prozess« fand am 26./27. Juli 1905 vor dem Amtsgericht Lage statt. Insgesamt gab es drei Verfahren, die sich bis in den Mai 1906 hinzogen. Hoffmann hatte übrigens nicht Staercke verklagt, sondern den LZ-Redakteur Emil Neumann, einen Bruder Adolf Neumann-Hofers. Dieser wurde in verschiedenen Instanzen jeweils wegen Beleidigung zu einer Geldstrafe bzw. der Übernahme aller Kosten verurteilt. Die Prozessakten befinden sich im LAV NRW OWL, D 23 Detmold, Nr. 3343 und 4005.

nach dem Dreiklassenwahlrecht zusammengesetzten lippischen Landtag mit dem Lemgoer Ziegler und Zigarrenfabrikanten August Schmuck doch zeitweilig nur einen einzigen von 21 Abgeordneten. Wer umfassend informiert sein will, muss zu dieser Zeit eigentlich mehrere Zeitungen halten, weil er sonst dem Diskussionsverlauf nur schwer folgen kann. Keineswegs nämlich erfolgt die Auseinandersetzung nach heutzutage üblichen journalistischen Kriterien. Im Gegenteil: Mit dem jeweiligen Gegenüber wird sehr rüde umgesprungen.[40]

Es ist schon sehr bemerkenswert zu verfolgen, wie sich die Kontrahenten an einer scheinbaren Lappalie abarbeiten: der Gründung einer Einkaufsgenossenschaft der Bäckerei-Innung zu Detmold. Drake wirft Staercke, der diesen Schritt ausdrücklich begrüßt hatte, in der *Volkswacht* Doppelzüngigkeit vor, weil der Liberale zuvor die Eröffnung einer Verkaufsstelle des Lippischen Konsumvereins in Detmold, ebenfalls eine Genossenschaft, kritisch gesehen hatte. Für den Lemgoer ein klarer Fall: Zuvor habe es sich um »Arbeiter und Kleinhandwerker« gehandelt, »und die werden mit anderem Maße gemessen als der ›Mittelstand‹«.

Diese Bemerkung löst eine wahre Artikelflut – ein um den anderen Tag – in den jeweiligen Blättern aus. Dabei werden die Herren auch schnell persönlich. Staercke wirft dem »gesinnungstüchtigen Lemgoer Herrn« – ohne ihn bei seinem Namen zu nennen – nicht nur »Unwahrheiten« und »wissentliche Entstellungen« vor, er verdächtigt ihn auch, zur selben Zeit in der *Lippischen Post* liberale und in der *Volkswacht* sozialdemokratische Politik zu machen. Drake wiederum, der sein Gegenüber an einer Stelle als »Frechdachs« bezeichnet, dem auf die »Schmierfinger geklopft« gehöre, beschuldigt den LZ-Mann seinerseits, in der Zeitung »persönliche Politik«, bei auswärtigen Blättern »staerckesche Portemonnaiepolitik« und für Sinalco-Chef Franz Hartmann »Sinalcopolitik« zu machen. Das wiederum ist für Staercke »der Gipfel der Dreistigkeit«. Immerhin sieht sich Drake abschließend genötigt, in einem

40 Diese Kontroverse ist dokumentiert in Wehrmann (1981), S. 26-29. Auch Drake-Biografin Rombeck-Jaschinski (1984) beschreibt sie, S. 16f.

ellenlangen Elaborat in der *Volkswacht* detailliert darzulegen, warum der Vorwurf der politischen Doppelmoral angeblich ins Leere geht.

Dies sollte nicht der letzte Streit bleiben, den beide austragen. Andererseits zwingen sie die äußeren Umstände, insbesondere während der Novemberrevolution und in der Weimarer Republik, sehr häufig zur Zusammenarbeit. So ist es Staercke, der im November 1918 bis zur Abdankung von Leopold IV. gemeinsam mit seinem Parteifreund Neumann-Hofer eine Mittlerposition zwischen Fürstenhaus sowie Volks- und Soldatenrat einnimmt. Auch das Scheitern des Versuchs der bürgerlichen Minderheit in dem Revolutionsgremium, im Rahmen einer Volksabstimmung über die neue Staatsform entscheiden zu lassen, hindert den Hofrat nicht, als 2. Vorsitzender des Volks- und Soldatenrates weiterzumachen. Und damit exponierter als Drake übrigens, der noch ganz im Schatten seines Lemgoer Parteifreundes Clemens Becker steht und »nur« als Schriftführer fungiert.[41] Auch in der Frage der weiteren Beibehaltung der (relativen) Selbstständigkeit des Landes vertreten beide nicht immer dieselbe Linie.[42]

Selbst wenn es häufig hoch her geht zwischen Staercke und Drake – im Landtag und auch unter Nutzung der Presse –, so attestiert der Hofrat seinem Gegenüber doch auch »Lauterkeit und Pflichttreue« sowie »sachliche Amtsführung«.[43] Für Historiker Ruppert ist dies »eine typisch lippische Haltung [...]: Der Respekt vor der Person mildert auch scharfe Gegensätze«. Man läuft sich als Politiker in einem Kleinstaat eben immer wieder über den Weg. Zudem gibt es zwischen Sozialdemokraten und gemäßigten Liberalen zumindest anfangs zahlreiche Übereinstimmungen, die noch aus der Kaiserzeit stammen,

---

41 Drake verfertigt und unterschreibt sämtliche Protokolle der insgesamt 47 Sitzungen des Rates zwischen dem 10. November 1918 und dem 8. Februar 1919. Dass Drake die Schriftstücke zudem hat drucken lassen, wertet Staatsarchiv-Direktor und Heimatchronik-Verfasser Dr. Erich Kittel als Zeichen für Ernsthaftigkeit und Seriosität. Nachdem die Landtagswahl am 26. Januar einen erdrutschartigen Sieg der Sozialdemokraten erbracht hatte (11 von 21 Sitzen), wird der neue Landtag am 10. Februar 1919 eröffnet.

42 Neumann (1990), S. 90-96.

43 Ruppert (2011), S. 40.

etwa die Einführung des allgemeinen und gleichen Wahlrechts – natürlich auch für Frauen – betreffend. Vier Jahre lang – von 1925 bis 1929 – sitzen beide sogar gemeinsam im dreiköpfigen Landespräsidium. Wie das damals üblich ist, begründet Staercke diese Entscheidung in der *Landes-Zeitung*, und zwar mit dem »freiheitlich-sozialen Kurs«, für den dieses Leitungsgremium stehe. Er versichert: »Eine prinzipielle Ausschaltung der Sozialdemokratie habe ich stets abgelehnt.« [44] Folglich erscheint Drakes Hauptwerk »Die Lippische Landesverwaltung in der Nachkriegszeit« 1932 im Verlag der Meyerschen Hofbuchhandlung, ja sogar auf Anregung von Staercke. Auch nach dem Zweiten Weltkrieg und der Rückkehr Staerckes nach Lippe finden beide schnell wieder Kontakt – und stehen bei der Anschlussfrage wieder einmal auf verschiedenen Seiten.[45] Nach dem Tod Staerckes fasst Drake das gegenseitige Verhältnis »trotz dem ewigen viertel, halben und ganzen Krakeel« mit einem leicht abgewandelten Schiller-Zitat zusammen: »Siehe, ihr fechtet und streitet, es trennt euch Neigung und Meinung, aber es bleichet indes dir sich die Locke wie mir.«[46]

Bemerkenswert ist in diesem Zusammenhang, dass Staercke 1925 nicht etwa, wie zuvor, für die linksliberale Deutsche Demokratische Partei (DDP) kandidiert, sondern den einzigen Landtagssitz für die »Wirtschaftsvereinigung der Haus- und Grundbesitzer, Hypothekengläubiger und Sparer« mit immerhin 6,3 Prozent der Stimmen holt.[47] 1929 kommt er dann auf der Liste der nationalliberalen Deutschen Volkspartei (DVP) in den Landtag, aber nicht mehr

---

44 LZ vom 4. Oktober 1925.

45 Als »Treibereien gewisser Kreise in Detmold« charakterisiert Drake die von Max Staercke koordinierten Aktivitäten des pro-niedersächsischen »Ausschusses für die Vorbereitung eines Volksentscheides über den Anschluss Lippes an die Nachbarländer Niedersachsen oder Nordrhein-Westfalen«. Ausführlich dazu Niebuhr (1999). – Der Salzufler FDP-Landtagsabgeordnete Dr. Heinz Krekeler ließ sich übrigens trotz zunächst gegenteiliger Auffassung in dieser Frage von Drake überzeugen, vgl. Wehrmann (1981), S. 499ff.

46 Aus Drakes Privatkorrespondenz, zitiert nach Wehrmann (1981), S. 462.

47 Diese Lobbyarbeit setzt er nach dem Zweiten Weltkrieg fort. Staercke ist dann zeitweilig Vorsitzender des Landesverbandes der Haus- und Grundeigentümer.

ins Landespräsidium. Dort sitzen fortan neben Drake ein Parteiloser und ein Vertreter der heute völlig vergessenen »Reichspartei für Volksrecht und Aufwertung« (VRP), die als Interessenvertretung der Inflationsgeschädigten einen Landtagssitz errungen hat. Das alles zeigt, dass Drake bis 1933 eine unangefochtene Stellung innehat und es immer wieder schafft, bürgerliche Schichten einzubinden, um seine Machtposition zu sichern.

Staercke, das weist Ruppert in seinem Aufsatz überzeugend nach, driftet in der Weimarer Zeit immer mehr nach rechts ins konservative Lager ab, ohne allerdings jemals, wie so viele andere, bei der NSDAP zu landen. Zumindest bis 1933 übt er in seiner LZ aktiven publizistischen Widerstand und macht sich gerade während des Landtagswahlkampfs 1933 (»Hitler geht auf die Dörfer«) viele Feinde unter den künftigen Machthabern und ihren Steigbügelhaltern. Er gehört neben Drake und – bis zu dessen Tod – Neumann-Hofer zu denen, die entschieden gegen auch in Detmold aktive antisemitische Zirkel zu Felde ziehen[48] – so etwa, als 1928 ein Landgerichtsrat (!) dagegen protestiert, dass die jüdische Lehrerin Julie Meyer Vertretungsunterricht an der Knabenbürgerschule (der heutigen Weerth-Schule) erteilt. Oder als 1919 mehr als 600 Bürgerinnen und Bürger mit einer Petition die Einstellung des jüdischen Lehrers Moritz Rülf an derselben Schule verhindern wollen.[49]

Mit der lippischen Landtagswahl 1933, bei der die NSDAP neun von 21 Mandaten erringt und nach der die Partei das Landespräsidium majorisiert, müssen sich auch Staercke und die *Landes-Zeitung* auf eine neue politische Konstellation einstellen. Der »ewige« Landespräsident Drake ist abgetreten, die neuen Herren, ermutigt durch die Geschehnisse in Berlin, machen sehr schnell ihre Auffassung von Pressearbeit und -freiheit deutlich. Nicht nur erhält der „Kurier" exklusive Informationen durch die Landesregierung, diese spricht

---

48 Eine gute Einführung in dieses Thema gibt Jürgen Hartmann (2007). Ergänzend zu beachten ist ein Beitrag von Andreas Ruppert (2007a).

49 Müller (2008). – Bemerkenswerterweise unterstützten der Lippische Lehrerverein und die Lippische Landeskirche die entsprechende Petition.

auch gleich am 14. Februar eine Verwarnung an das immer noch führende Blatt in Lippe aus – und zwar verbunden mit einer Verbotsandrohung.[50]

Der Auslöser dafür ist ziemlich weit hergeholt. Die von den Nationalsozialisten in Oldenburg betriebene Konzentration des Sparkassenwesens wird von der *Landes-Zeitung* zum Anlass für die Spekulation genommen, mit einem ähnlichen Schritt sei auch in Lippe zu rechnen (Schlagzeile in der Ausgabe vom 10. Februar: »Die Sparkassen vor der Verstaatlichung?«). Die frisch gewählte Landesregierung sieht darin nicht nur eine Verunsicherung der heimischen Sparer, sondern gleich eine Gefährdung der lebenswichtigen Interessen des Landes. Reinhard Wulfmeyer spricht in seinem auch nach drei Jahrzehnten immer noch grundlegenden Werk über die Machtergreifung in Lippe von einem deutlichen Einschüchterungsversuch und stellt einen Zusammenhang her mit den vergeblichen Bemühungen der örtlichen NSDAP aus dem Oktober 1932, die LZ für die »Bewegung« zu gewinnen.[51]

Seinerzeit hatte Landesleiter Walter Steinecke über einen Detmolder Rechtsanwalt als Mittelsmann einen Gesprächskontakt zu Staercke hergestellt. Unzufrieden mit dem *Kurier* und gleichzeitig bestrebt, einen lästigen politischen und publizistischen Konkurrenten auf Linie zu bringen, lässt der Parteiführer beim Hofrat in Sachen Zusammenarbeit vorfühlen. Staercke scheint zunächst bereit, sich für den Fall der dauerhaften wirtschaftlichen Gesundung der Hofbuchdruckerei aus dem öffentlichen Leben zurückzuziehen. Er zieht sogar in Erwägung, zu diesem Zweck eine neue NS-Parteizeitung zu verlegen und die LZ nach einer gewissen Zeit einzustellen. Letztendlich zerschlagen sich aber diese Überlegungen, vermutlich weil die alte Frontstellung im Vorfeld des Landtagswahlkampfes eine weitere Annäherung unmöglich macht.

Dieser Plan ist allerdings in gewisser Weise eine Blaupause für den späteren Umgang mit dem *Lippischen Kurier*. Nur gehen die Machthaber ein Jahr

---

[50] Die folgenden Schilderungen sind dem Aufsatz von Staercke (1975) entnommen.

[51] Wulfmeyer (1987), S. 40f.

später, nachdem sie sich zwischenzeitlich die *Volksblatt*-Druckerei einverleibt hatten, bei der Gründung der *Staatszeitung* ungleich rigoroser vor. Nachdem sie sich mit Verleger Münnich, bei dem die Rechte für den Titel lagen, nicht über eine Änderung der Eigentumsverhältnisse einigen können – die neuen Machthaber favorisieren die Gründung einer GmbH mit 60prozentiger Mehrheitsbeteiligung –, stampfen sie mit Hilfe der *Kurier*-Redaktion und -Zusteller kurzerhand ein eigenes Blatt aus dem Boden und bringen die Abonnenten zur massenhaften Umbestellung. Der Altverleger muss den *Kurier* einstellen, erhält dann später allerdings auch eine Abfindung.[52]

Selbst die *Tages-Zeitung*, nicht allerdings der *Kurier*, sieht in der Handlungsweise der Landesregierung 1933 eine Bedrohung der Pressefreiheit, und auch der Landtag beschäftigt sich in seiner letzten Sitzung vor der Neubildung infolge der Reichstagswahl mit der Sparkassenfrage. Die Regierung fängt sich in dem Gremium eine Missbilligung ein, da alle bürgerlichen Parteien, einschließlich der DNVP, einen entsprechenden Antrag befürworten. Für die Landesregierung gebe es andere Mittel, ihren Standpunkt zu der Frage der oldenburgischen Sparkassenreform mitzuteilen, bemerkt in der Debatte DVP-Mann Hermann Kesting, Parteifreund Staerckes und einziger Abgeordneter der Partei. Außerdem solle sie der LZ dankbar sein für die Gelegenheit, »so schnell ihre Auffassung zur Beruhigung der Sparer der Öffentlichkeit bekanntzugeben«. Allerdings macht Kesting zugleich einen Kotau vor den Nazis, indem er unter Hinweis auf die früheren Drake-Regierungen weiter ausführt: »Die Deutsche Volkspartei hat auch in den Zeiten, als die nationalsozialistische Presse von links-gerichteten Regierungen schikanös behandelt wurde, die Freiheit der Presse gefordert und Aufhebung der Maßnahmen verlangt«. Und NSDAP-Mann August Prüßner vergleicht die LZ indirekt mit dem *Volksblatt*, wie dies auch der *Kurier* gern tut, für den er als Redakteur arbeitet: »[...] in der Bekämpfung der deutschen Freiheitsbewegung hat [die *Landes-Zeitung*] dem Volksblatt den Rang abgelaufen.« Natürlich stimmt

[52] Eine ausführliche Schilderung des Übergangs vom *Lippischen Kurier* zur *Staatszeitung* findet sich bei Sengotta (1976), S. 294-315.

Prüßner mit seiner Fraktion gegen den Antrag. Äußerungen wie diese sollten nach dem Krieg weder die neuen Verantwortlichen bei der LZ noch Prüßner daran hindern, über viele Jahre vertrauensvoll zusammenzuarbeiten.

Auch Staercke persönlich pflegt nach der Nazi-Diktatur so manche Kontakte, die auf viele Menschen heute irritierend wirken dürften. Mag es noch nachvollziehbar sein, dass er zahlreiche lokale Ex-Parteigrößen für seine weitgehend vergeblichen Bemühungen um Restitution ehemaligen Vermögens einspannt, so ist seine Bettelbrief-Aktion zu Gunsten der Witwe des ehemaligen NS-Gauleiters von Westfalen-Nord, Dr. Alfred Meyer, vollends unverständlich.[53] Staercke schreibt zu Weihnachten 1950 an verschiedene Unternehmer – so Otto Künne in Bad Salzuflen oder die Künnemeyers in Horn – und verwendet sich darin für die Witwe von Meyer, der am 11. April 1945 Selbstmord begangen hatte. Staercke findet darin Formulierungen wie »[Meyer] wird in meinem tiefen menschlichen Mitgefühl immer unvergesslich bleiben.« Die Schreiben sind unterzeichnet mit »früher Verleger der LZ, Inhaber der Meyerschen Hofbuchdruckerei, Mitglied der Landesregierung Lippe«.

Entsprechende Briefe erhalten unter anderem auch LZ-Verlagsleiter Kurt Gasper, der »liebe August Prüßner« sowie der »liebe Freund [Heinrich] Hunke«, der früher unter anderem NSDAP-Gauwirtschaftsberater war. Im Brief an Prüßner heißt es unter anderem: »Meines Erachtens müsste es doch möglich sein, auch in Lippe aus gewissen dankbaren Empfindungen heraus den einen oder anderen zu einer Hilfeleistung zu bewegen. [...] Ich finde den Gedanken entsetzlich, dass in den guten Jahren viele sich um die Gunst des Gauleiters bemüht haben und jetzt alle Erinnerungen an ihn verleugnen.«

Erklären lässt sich diese Wertschätzung Meyers – immerhin Teilnehmer der »Wannseekonferenz« – heutzutage nicht mehr. Ruppert mutmaßt, ein »persönlicher Momenteindruck« – nämlich der der Not der Meyer-Witwe – habe bei Staercke »gleich zu einem vermeintlich objektiven Gesamturteil geführt, das mit der Wirklichkeit nichts zu tun hatte«.[54]

---

53 LAV NRW OWL, D 72 Staercke, Nr. 75.

54 Ruppert (2011), S. 51.

Überzeugender ist ein Hinweis auf eine typische Verhaltensweise, die sich durch Staerckes gesamtes Leben zieht und die ihn als Journalist auch wesentlich von Felix Fechenbach unterscheidet: »Er veränderte Standpunkte, Haltungen und Handeln und blieb in manchen Situationen undurchsichtig.«[55]

Mit der Übernahme der Macht durch die Nationalsozialisten geht es mit der Pressefreiheit rapide bergab. Ein weiterer Mosaikstein ist die Reichstagswahl vom 5. März 1933, bei der die NSDAP 44 Prozent der Stimmen erhält. Das hat publizistisch auch Auswirkungen auf Lippe. »Der Ausgang der Wahl führt bei allen lippischen Zeitungen zu Änderungen ihrer Berichterstattungen. [...] Dieser ›Gesinnungswandel‹ [wird] bei der Lippischen Landeszeitung besonders deutlich.«[56] So klingt ein Beitrag an einem der darauffolgenden Tage auch eher wie das Pfeifen im Walde: »Die Persönlichkeit des Landespräsidenten und die sachliche Einstellung der bürgerlichen Landtagsabgeordneten geben die Gewähr dafür, daß das für die zu leistenden Aufgaben notwendige Vertrauensverhältnis [...] auch für die Zukunft erhalten bleibt.«[57] Offensichtlich gründet sich diese höchst trügerische Hoffnung auf die vermeintliche Tatsache, dass die neun NSDAP-Abgeordneten mindestens zwei der drei »Bürgerlichen« für eine Mehrheit im Landtag benötigten. Was für ein Irrtum: Nur gut ein halbes Jahr später ist der zwischenzeitlich noch einmal zu Gunsten der Nazis umgebildete Landtag Geschichte. Zu diesem Zeitpunkt ist Präsident und Drake-Nachfolger Ernst Krappe schon längst zurückgetreten und durch Staatsminister Hans-Joachim Riecke ersetzt worden.

Am 12. März erfolgt dann noch einmal eine Art Aufbäumen, als die LZ als einziges lippisches Blatt über die Festnahme Felix Fechenbachs und die Repressalien gegen jüdische Geschäftsleute berichtet – ohne freilich selbst deren Anzeigen entgegen zu nehmen –, doch schon zwei Tage darauf begrüßt

---

55 Ruppert (2011), S. 52.

56 Staercke (1975), S. 185.

57 LZ Nr. 69 vom 11. März 1933.

sie die Einrichtung eines Reichsministeriums für Volksaufklärung und Propaganda in Berlin. Auch dem Ermächtigungsgesetz und der Gleichschaltung der Länder mitsamt Ausschluss der KPD-Abgeordneten aus den Landtagen hat die LZ publizistisch nichts mehr entgegenzusetzen. In einem Aufruf vom 30. März gibt sich Staercke eher resignativ:

> Welches letzte Schicksal die öffentlich tätige unabhängige Zeitung in Deutschland haben wird, steht noch dahin. Ob und wann ihr wieder das Gut der Pressefreiheit zurückgegeben wird, wissen wir nicht, und in welchen Formen sie die Meinungsfreiheit zurückgegeben erhält, ist abzuwarten. Sicher ist aber, daß fortan nur eine Zeitung der nationalen Volksgemeinschaft möglich und berechtigt ist, eine Presse, die sich zu den positiven Aufgaben der Volksgesamtheit, des neuen Deutschlands, bekennt. Die Landeszeitung hat weder in der nationalen noch in der sozialen Betonung ihres Standpunktes »umzulernen«.[58]

Das ruft natürlich Reaktionen bei den beiden anderen wesentlichen Blättern hervor, zumal Staercke seinen Text mit dem Aufruf verbunden hatte, die LZ zu abonnieren. In dem fortschreitenden Auflagenrückgang, abgemildert vermutlich durch einige ehemalige *Volksblatt*-Abonnenten, ist wohl auch der eigentliche Grund dieses Textes zu sehen. In den folgenden Wochen sollten sich die Zeitungen untereinander heftig bekriegen, wobei auch die *Tages-Zeitung* und der *Kurier* verschiedentlich aufeinander losgehen.[59] Letztgenanntes Blatt findet es unter anderem besonders verwerflich, dass die LZ noch im Mai 1933 die Öffnungszeiten der Synagoge veröffentlicht: »Sie kann es nicht lassen!«[60] Die *Tages-Zeitung* bezeichnet die LZ unter dessen als »das wandlungsfähigste aller

---

[58] LZ Nr. 88 vom 30. März 1933.

[59] Staercke (1975), S. 190 ff.

[60] *Lippischer Kurier* Nr. 16 vom 13. Mai 1933.

Blätter in Lippe«; während es früher auf Seiten der »marxistischen Machthaber« gestanden habe, gebärde es sich jetzt »national«.[61]

Setzer Wilhelm Lückermann schreibt in seinen Erinnerungen zu dieser Zeit: »Die Landeszeitung wurde sehr zahm. Das war richtig so, denn sonst wäre sie bald verboten worden. Die Nazis konnten nicht vergessen, dass sie es war, die ihren geliebten Führer mit der Bemerkung, er wäre auf die Dörfer gegangen, ›beleidigt‹ hatte.«[62] Besonders »zahm« gibt sich Staercke dann zur ersten Maifeier in nationalsozialistischer Zeit, einschließlich Hakenkreuz-Beflaggung, Absingen des Horst-Wessel-Liedes, Teilnahme am Festzug mit »Gutenberg«-Wagen und anschließender ausufernder Lobhudel-Berichterstattung. Die Arbeiter in der Akzidenz merkten von neuen Zeiten allerdings auch weiterhin nicht viel. Die Setzer leiden bis 1937 unter Kurzarbeit, wie Lückermann berichtet.

Auch die jüdische Bevölkerung findet in der LZ nur noch versteckt Fürsprache. Das ehemals liberal-bürgerliche Blatt veröffentlicht am 29. März 1933 – wie alle anderen Zeitungen auch – folgenden Aufruf der NSDAP: »In jeder Ortsgruppe und Organisationsgliederung [...] sind sofort Organisationskomitees zu bilden zur praktischen, planmäßigen Durchführung des Boykotts jüdischer Geschäfte, jüdischer Waren, jüdischer Ärzte und jüdischer Rechtsanwälte. [...] Die Aktionskomitees müssen bis in das kleinste Bauerndorf hinein vorgetrieben werden, um besonders auf dem flachen Land die jüdischen Händler zu treffen«. Immerhin stellt die Zeitung anschließend fest, getarnt als Kritik am Ausland, dass »jeder organisierte Boykott zu den sittlich verwerflichsten Handlungen gehört«.[63]

Die LZ wird zu diesem Zeitpunkt aber nicht nur publizistisch, sondern auch wirtschaftlich unter Druck gesetzt. Wie Wulfmeyer anschaulich schildert,[64] werden nicht nur Parteigenossen zum Bezug des *Kurier* genötigt, auch die

---

61 Wulfmeyer (1987), S. 93.

62 LAV NRW OWL, D 72 Nachlass Lückermann, darin unveröffentlichtes Manuskript, S. 53.

63 LZ vom 2. April 1933.

64 Wulfmeyer (1987), S. 93f.

öffentlich Bediensteten geraten in dieser Beziehung massiv unter Druck. Regierung und andere staatliche Behörden beschließen außerdem, die LZ nicht mehr als ihr offizielles Publikationsorgan zu akzeptieren, dieses Privileg genießt allein die NS-Zeitung. Anzeigen bekommen nur noch *Kurier* und *Tages-Zeitung.* Gaupressewart Dr. Arno Schröder berichtet in einem Gespräch mit Wulfmeyer von etlichen Versuchen Staerckes, eine Aufhebung der Boykottmaßnahmen zu erreichen, die zunächst sämtlich scheitern. Neben der Schlagzeile zum Kundgebungsmarathon Hitlers aus dem Winter ärgern sich die neuen Machthaber offensichtlich immer noch über eine andere Veröffentlichung der LZ: Die Zeitung hatte ebenfalls in der Wahlkampfphase einen Brief des ehemaligen NSDAP-Landesleiters Dr. Manfred Fuhrmann aus Hiddesen veröffentlicht, mit dem dieser seine Austritt aus der Partei erklärt.[65]

Allerdings hatten die Nationalsozialisten gleich nach der Machtübernahme kurzzeitig daran gedacht, die »Zeitungsfrage Lippe« unter Einbeziehung des *Kuriers* und der *Landes-Zeitung* zu lösen.[66] Nur drei Wochen nach seiner Ernennung zum Reichsstatthalter schreibt Dr. Alfred Meyer an den lippischen Staatsminister Hans-Joachim Riecke: Mir schwebt die Gründung einer G.m.b.H vor, in der ich [...] entscheidenden Einfluss habe. Ferner müßten in der G.m.b.H. Sie als Chef der Landesregierung vertreten sein. Anzustreben ist eine Verschmelzung der ›Lippischen Landes-Zeitung‹ und des ›Lippischen-Kurriers‹ [sic], die dann ebenfalls in der G.m.b.H vertreten sein müßten.« Der

---

65 Dr. Manfred Fuhrmann (1877-1939), Nervenarzt, führt seit 1907 das Teutoburger Wald-Sanatorium Grotenburg in Hiddesen. Fuhrmann, Mitbegründer und erster Vorsitzender des Lippischen Heimatbundes sowie Mitglied des Alldeutschen Verbandes, wendet sich nach dem Weltkrieg der DNVP und 1929 der NSDAP zu. In der NSDAP übernimmt er die Funktion des Bezirksleiters in Nachfolge des seines Amtes enthobenen Bruno Fricke. Fuhrmann bleibt innerhalb der Partei und der SA umstritten und wird schließlich 1932 von seiner Aufgabe entbunden. Er tritt vor der Landtagswahl im Januar 1933 aus der Partei aus. Dass rassistische Äußerungen in der Endphase der Weimarer Republik kein Alleinstellungsmerkmal der Nationalsozialisten waren, belegt die Charakterisierung Fuhrmanns im »Sozialdemokratischen Pressedienst« vom Januar 1931 als »Halbpole und Irrenarzt«. Vgl. Hartmann (2008b).

66 Sengotta (1976), S. 294ff. – Weitere Informationen über die Entstehungsgeschichte des *Kuriers* bei Ciolek-Kümper (1976), S. 67-76.

Charme eines solchen Konstruktes liegt für Meyer offensichtlich darin, das »neue« amtliche Parteiorgan schnell mit einer hohen Auflage starten zu können und sich gleichzeitig das bürgerliche Blatt elegant einverleiben zu können.

Diese Idee wird aber nicht konsequent weiterverfolgt; Verhandlungen mit Staercke hat es wohl nie gegeben. Es ist auch fraglich, ob dieser angesichts seiner prekären wirtschaftlichen Lage die Gesellschaftsanteile hätte aufbringen können. Zudem hängen an der LZ mehrere andere Unternehmen, die alleine kaum überlebensfähig gewesen wären.

Erst Anfang 1934 stellt Staatsminister Riecke den einzelnen Behörden wieder offiziell frei, in welcher Zeitung sie inserieren. Die Kontrolle der Behörden und der öffentlichen Meinung ist zu diesem Zeitpunkt bereits total. Mit der *Staatszeitung* hatte sich das Regime im Oktober 1933 ein gut funktionierendes Propagandainstrument geschaffen. Die Meyersche steht kurz vor der Pleite, was wegen der damit verbundenen Arbeitsplatzverluste den Nazis nicht egal sein kann; die *Tages-Zeitung* sowie die ohnehin nur lokal bedeutende *Lippische Post* in Lemgo fristen lediglich ein Nischendasein. Inwieweit Proteste Staerckes bei Meyer und auf Verbandsebene die Entscheidung Rieckes beeinflusst haben, bleibt unklar.

Staercke wird zudem nicht mehr als publizistische »Gefahr« angesehen. Wedderwille schreibt in einer vom Reichsverband der deutschen Zeitungsverleger (Berlin) im März 1935, also kurz vor den Amann-Anordnungen, angeforderten Stellungnahme über den Hofrat unter anderem:

> Es ist nicht zu bestreiten, dass Herr Staercke sich Mühe gibt, den Anforderungen des neuen Staates gerecht zu werden. Aber trotz des guten Willens verfällt er [...] von Zeit zu Zeit liberalistischen Tendenzen. So enthält der vom Verlag der Landeszeitung herausgegebene Lippische Kalender vom Jahre 1935 einen Artikel [...], der sich mit der Bedeutung der Externsteine beschäftigt. [Der Verfasser] ist ein scharfer Gegner der von führenden Nationalsozialisten vertretenen Auffassung über die Bedeutung der

> Externsteine als Heiligtum der alten Germanen. [...] In einem NS-Kalender würden derartige Artikel glatt abgelehnt.

Gegen das Weiterbestehen der Zeitung äußert Wedderwille abschließend »keine ernstlichen Bedenken«.[67]

Wesentlich kritischer beurteilt Wedderwille erstaunlicherweise das Verhalten der *Tages-Zeitung*, dessen Verleger Ernst Münnich jun. immerhin Mitglied der NSDAP ist. In seinem Blatt fänden sich vor allem in der Frage des Umgangs mit den Kirchen »mehr oder weniger versteckte Angriffe gegen die Partei«, heißt es in der Beurteilung. »Besondere Maßnahmen« seien aber wohl kaum erforderlich, »da diese Zeitung bei der verhältnismäßig geringen Auflage wohl kaum noch lange lebensfähig bleiben« werde.[68]

Die letzte Ausgabe der *Landes-Zeitung* als selbstständiges, wenn auch schon lange nicht mehr unabhängig berichtendes und kommentierendes Blatt – der Inhalt ist zuletzt weitgehend identisch mit dem der NS-Postille – erscheint am 24. März 1936, danach existiert sie, ebenso wie der *Kurier*, als Untertitel im Kopf der *Staatszeitung* bis 1945 weiter. In der letzten LZ-Ausgabe sucht man übrigens vergebens nach einem erklärenden Wort Staerckes – der Zeitungstitel verschwindet einfach so. Dafür meldet sich der Hofrat einen Tag später in der *Staatszeitung* zu Wort, behauptet, »nationalsoziale Gedanken und Ziele« seit jeher verfolgt zu haben und stellt das übernehmende Blatt in die Tradition der *Landes-Zeitung*, indem er schreibt: »Möge die Lippische Landes-Zeitung in dem neuen Gewande der ›Lippischen Staatszeitung‹ eine reiche deutsche Zukunft sehen«.

Diese Kontinuität zu betonen, ist übrigen auch den Nationalsozialisten wichtig. Im Aufmacher derselben Seite schreibt Hauptschriftleiter August Prüßner unter Bezugnahme auf die LZ: »Durch sie haben wir eine alte, stolze Tradition übernommen, die uns besondere Pflichten auferlegt. Diese alte Tradition ist mit dem heutigen Tage auf die jungen Schultern

---

67 LAV NRW OWL, L 113, Nr. 469, Bl. 345.

68 LAV NRW OWL, L 114, Nr. 469, Bl. 347.

nationalsozialistischer Glaubensträger gelegt worden.« Im Übrigen benennt Prüßner in seinem Text ideologische und wirtschaftliche Gründe für die »Verschmelzung« bzw. »Vereinigung« beider Blätter, denn: »An der Erhaltung und Vertiefung der durch Adolf Hitler erreichten Einigkeit des deutschen Volkes mitzuarbeiten muß die Aufgabe der deutschen Presse sein.« Dabei gesteht er immerhin ein, dass nicht alle Arbeitsplätze bei der LZ erhalten werden konnten. Schließlich kündigt Prüßner die Inbetriebnahme einer neuen Rotation an.

Die *Tages-Zeitung* hält bis 31. Juli 1938 durch, die *Lippische Post* sogar bis 29. November 1941; bis zu jenem Zeitpunkt also, zu dem der Vormarsch der Wehrmacht vor Moskau ins Stocken gerät – Anfang vom Ende des Russland-Feldzuges. Aber bereits 1946 sollte die *(Neue) Lippische Rundschau* räumlich und inhaltlich wieder an die *Post* anknüpfen – und der LZ über Jahrzehnte hinweg insbesondere in Lemgo und Nordlippe Paroli bieten.

5. Der Neuanfang

Am 7. Oktober 1944 werden die Städte Kleve und Emmerich am Niederrhein durch einen britischen Bombenangriff weitgehend zerstört. Unzählige Häuser brennen aus. Gleich doppelt betroffen ist das Unternehmen des Druckereibesitzers Hermann Bösmann, der in jeder der beiden Kommunen eine Betriebsstätte hat. Mit seiner Familie findet er anschließend aufgrund verwandtschaftlicher Verbindungen eine neue Bleibe in Detmold.

An eine baldige Rückkehr in seine Heimat denkt Bösmann dabei offensichtlich nicht, denn schon wenige Monate später – die Briten sind bereits in der Stadt, der Zweite Weltkrieg ist in Deutschland aber noch nicht zu Ende – ergreift er die Initiative und richtet am 21. April 1945 an den »Herrn Kommandanten der Stadt« schriftlich die Anfrage, »ob der Druckereibetrieb der früheren ›Lippischen Staatszeitung‹ zu kaufen oder zu pachten ist«.[1] Bösmann weist im Weiteren darauf hin, dass er über die notwendigen technischen und kaufmännischen Kenntnisse verfüge, um einen solchen Betrieb zu leiten. Zudem stünden »die benötigten Kapitalien« zur Verfügung.

Die positive Antwort lässt nicht lange auf sich warten. Bösmann kann am 7. Mai übernehmen. Der Pachtvertrag ist gerade mal eine Seite lang – je eine

---

[1] Diese und weitere Angaben aus der Anfangszeit des Unternehmens fußen – soweit nicht anders angegeben – auf unverzeichneten Aktenbeständen des Medien Centrum Giesdorf.

halbe in Englisch und Deutsch – und gilt zunächst auch nur für einen Monat. Bösmann muss für diesen Zeitraum 1.000 Reichsmark zahlen, ist verantwortlich für die Unterhaltung der Gebäude und soll außerdem dafür sorgen, dass unverzüglich ein Inventarverzeichnis angelegt wird. Abschließend findet sich eine Klausel, die das Unternehmen – wie alle anderen der Branche auch – noch eine Zeit lang begleiten wird: »Der Pächter haftet dafür, dass keine Zeitungen, Flugschriften oder sonstiges Propagandamaterial ohne Erlaubnis der Militärregierung auf dem Grundstück veröffentlicht oder gedruckt werden.«

Zeitgleich, am 8. Mai 1945, wird die neue Druckerei aus der Taufe gehoben und zunächst als Detmolder Zweigniederlassung der von Bösmann und seinem Bruder Fritz in Kleve betriebenen »G.W. Bösmann OHG« geführt. Erst am 9.10.1947 erfolgt die Eintragung der Firma »Buchdruckerei und Verlag Hermann Bösmann GmbH« ins Handelsregister als gemeinsames Unternehmen der Brüder. [2] Als weiteres Standbein in Detmold entsteht 1946 die Schwesterfirma »Lippischer Zeitungs- und Zeitschriftengroßvertrieb GmbH«, der später in eine offene Handelsgesellschaft umgewandelt wird.

Nachdem der Pachtvertrag zweimal verlängert worden ist – wiederum jeweils nur um einen Monat – richtet Bösmann sehr schnell sein Augenmerk auf den Zeitungsdruck. Am 18. Juli 1945 – nicht einmal vier Monate nach dem Erscheinen der letzten Ausgabe der NS-*Staatszeitung* – fragt er bei der inzwischen in Bad Oeynhausen angesiedelten Militärregierung an, ob er auf der vorhandenen Rotation eine Teilauflage der *Neuen Westfälischen Zeitung*[3] für Lippe

---

[2] Auch die Bösmann-Firma in Kleve wird wieder aufgebaut. Sie macht zu Anfang der 1950er Jahre mit 80 bis 90 Beschäftigten einen Umsatz von rund einer Million Mark. Der Betrieb spezialisiert sich auf Offset- und Steindruck sowie die Verarbeitung von Pappen. 2004 wird G. W. Bösmann von der »B.O.S.S. Medien GmbH« in Goch übernommen.

[3] Die *Neue Westfälische Zeitung*, eine britische sogenannte Heeresgruppenzeitung, erscheint erstmalig am 19. Mai 1945 als Nachrichtenblatt der alliierten Militärbehörde. Es gibt drei Bezirksausgaben mit jeweils mehreren Teilausgaben, eine davon für die Länder Lippe und Schaumburg-Lippe. Gedruckt wird zunächst bei Holterdorf in Oelde, später, mit steigender Auflage, auch in Bielefeld. Der Titel wird Mitte Mai 1946 eingestellt, als NWZ-Chefredakteur Alfred Hausknecht die Lizenz für das CDU-Blatt *Westfalen-Zeitung* erhält. Später folgt auf Betreiben des Verlegers der *Westfälischen Zeitung*, Reinhard Kaeller, die

und Schaumburg-Lippe drucken dürfe. Einen passenden Untertitel hat der Unternehmer auch schon parat: »Neue Lippische Zeitung«. Papierbeschaffung und Verteilung wären von Detmold aus leichter zu bewerkstelligen als von Oelde aus. Im Übrigen, heißt es dann etwas gestelzt, wäre »eine intensive Erfassung der Mentalität des in sich geschlossenen ländlichen und forstwirtschaftlichen ›Lipper-Volkes‹ gewährleistet«.

Unterstützung findet Bösmann bei der sich gerade im Aufbau befindlichen Industrie- und Handelskammer Lippe und, damals noch, Schaumburg-Lippe. Geschäftsführer Curt L. Schmitt, ein ehemaliger AEG-Manager und späterer Verleger von Fachinformationen für die Wirtschaft, verweist in einem Empfehlungsschreiben unter anderem darauf, dass hier nicht etwa die Zukunft von Kohle und Stahl, sondern der Holzindustrie von vorrangigem Interesse sei. Darauf könne eine örtliche Zeitung besser eingehen.

Bösmann, der ansonsten alle möglichen Druckaufträge für die Militärregierung bzw. die heimische Verwaltung erledigt und unter anderem die *Air Division Times* für die Royal Air Force und das Anzeigenblatt *Merkur*[4] herstellt, schiebt kurz darauf ein Schreiben hinterher, indem er ausdrücklich versichert, weder in der NSDAP gewesen zu sein noch sich anderweitig politisch engagiert zu haben. Allerdings habe er als Freimaurer jahrelang unter Beobachtung gestanden. Diese Bemerkungen mögen nicht besonders hilfreich gewesen sein, da die Briten ein Pressesystem zu schaffen im Begriff waren, das gerade auf Mitglieder verschiedener Parteien als Lizenznehmer setzt, um möglichst die gesamte politische Vielfalt in der Publizistik abzubilden. So endet dieser Versuch dann auch schon am 3. August mit der Mitteilung der Briten,

---

Umbenennung des Lizenztitels in *Westfalen-Blatt* – zunächst nur für die Überschneidungsgebiete Bielefeld und Halle. Näheres dazu bei Meier (1999), S. 131f.

4 Dieses Anzeigenblatt, das keinen redaktionellen Text enthält und zumindest in den Jahren 1945 und 1946 in Detmold »mit Genehmigung der Militärregierung« für 10 Pfennig verkauft wird, ist ein Produkt des Merkur-Werbe- und Beratungsdienstes. Dieser war beheimatet in der Detmolder Schülerstraße 6-8, wo später auch die *Lippische Rundschau* vorübergehend ihre Geschäftsstelle hat. Verantwortlich zeichnete ein Eberhard Trüstedt, der auch einen Lizenzantrag für eine Zeitschrift mit dem Namen »Die Zeitungsschau« gestellt hat (Bundesarchiv Koblenz Z 23/28).

dass man es bedauere, gegenwärtig Deutschen keine Erlaubnis zum Druck oder Veröffentlichen von Drucksachen geben zu können – es sei denn, es handele sich um Aufträge der Militärregierungen. Man habe sich den Vorgang aber zurückgelegt und werde die Sache zu einem späteren Zeitpunkt noch einmal neu überlegen.

Unterdessen kümmert sich, nur einen Steinwurf von der Druckerei entfernt, im Detmolder Regierungsgebäude ein ganz anderer um das Pressewesen. Landespräsident Heinrich Drake legt, einer Aufforderung der Militärregierung folgend, am 16. Oktober 1945 ein Liste mit verschiedenen Personen vor, die Mitglieder eines Gremiums zur Vorbereitung der Herausgabe einer »Lippe-Zeitung« werden sollen. [5] Bekanntestes Mitglied des siebenköpfigen »Komitees« ist der in Minden beheimatete Sozialdemokrat Georg Strutz, der 1948, als Nachfolger von Carl Severing, zweiter und gleichzeitig letzter Chefredakteur der *Freien Presse* in Bielefeld werden sollte. Als weiterer Parteienvertreter steht Dr. Ernst Theophil Thun auf der Liste, der dann von den Briten als potentieller Lizenzträger für eine CDU-Zeitung favorisiert wird und sich später in Paderborn einen Namen machen sollte als Professor und Jugendforscher. Das Gremium wird ergänzt durch jeweils einen Vertreter von KPD, evangelischer Kirche, Landwirtschaft, Wirtschaft und Gewerkschaften. Die Liberalen spielen keine Rolle, ebenso wenig Ex-Verleger Max Staercke, der bereits wieder nach Lippe zurückgekehrt ist.

Für den 5. November bittet dann »der Herr Landespräsident zu einer Besprechung über das Zeitungswesen [...] in sein Dienstzimmer«.[6] Vertreten sind mehrere lippische Politiker, darunter der Detmolder Landrat Wilhelm Mellies (SPD), Staercke und höhere Verwaltungsmitarbeiter. Wie Drake berichtet,[7] gerät Staercke dabei unvermittelt ins Visier der Besatzer. So platzt ein britischer Offizier in diese Sitzung und wirft dem Hofrat vor, Vorbehalte

---

5 LAV NRW OWL, L 80.02 Dolm, Nr. 2.

6 LAV NRW OWL, D 72 Nachlass Drake, Nr. 64.

7 LAV NRW OWL, D 72 Nachlass Drake, Nr. 61.

gegen Thun wegen dessen jüdischer Herkunft geäußert zu haben. Der kommandierende Offizier der britischen Militärregierung entschuldigt sich zwar später bei Drake für die Vorgehensweise seines Mitarbeiters, nimmt in der Sache aber nichts zurück.[8] Gleichzeitig versichert er, dass die CDU nicht die einzige Partei bleiben werde, die in Detmold eine Zeitung herausgeben dürfe. Auch die SPD solle zum Zuge kommen. Wie wir heute wissen, ist aus beiden Vorhaben nichts geworden. Kein Lipper hat jemals eine Tageszeitungslizenz erhalten.

Nahezu ein Jahr nach seinem letzten Schriftverkehr in dieser Sache, am 29. Juni 1946, erhält Bösmann schließlich die begehrte Registrierungsurkunde, mit der ihm erlaubt wird, für lizenzierte Verleger zu drucken sowie Zeitungen, periodische Schriften und andere Veröffentlichungen zu verteilen. Ein bisschen knifflig ist die beigefügte Anweisung Nr. 1 der Nachrichtenkontrollbehörde. Danach ist es nämlich nicht nur verboten, Druckwerke zu verteilen, die faschistische oder antidemokratische oder großdeutsch-imperialistische Ideen verbreiten, sondern auch solche, die geeignet sind, Uneinigkeit zwischen den Vereinten Nationen zu schaffen, oder störend auf die Tätigkeit der Militärregierung einzuwirken.

In der Zwischenzeit hatte die britische Militärregierung den Detmolder Steuerberater Ernst Schilp, der 1936/37 schon als Liquidator der Meyerschen Hofbuchdruckerei fungiert hatte, als Treuhänder über das Vermögen der *Staatszeitung* eingesetzt. Damit ist dieser Bösmanns

---

[8] Es ist äußerst unwahrscheinlich, dass die Vorwürfe gegen Staercke zutreffen. Ganz im Gegenteil gehört der Hofrat zu den ersten, die in Lippe eine lokale Erinnerungskultur an den Holocaust begründen. Staercke ist neben Gymnasialdirektor Dr. Ulrich Walter und seinem aus Theresienstadt zurückgekehrten Parteifreund Adolf Sternheim im Jahre 1948 Organisator einer Gedenkfeier für die lippischen Juden in Lemgo. Jürgen Scheffler (2009) hat dazu einen lesenswerten Artikel in der Internet-Fachzeitschrift für lippische Geschichte *Rosenland* publiziert. – Außerdem unterhält Staercke Kontakte zu Thun, weil er hofft, als Mitverleger einer Gruppenzeitung zum Zuge zu kommen. Die Briten entscheiden sich dann aber später bekanntlich dafür, Parteirichtungszeitungen zu lizenzieren – anders als die Amerikaner, die Personen unterschiedlicher politischer Herkunft mit der Erlaubnis versehen, eine Tageszeitung herauszugeben.

Ansprechpartner in allen Fragen, die mit der Verwaltung der Liegenschaft zusammenhängen. Auf der Grundlage der Vereinbarung vom 7. Mai 1945 werden in den folgenden Monaten und Jahren mehrere Ergänzungen vorgenommen, die unter anderem den Pachtpreis betreffen. Im April 1948 stellen Schilp und Bösmann dann ihre Zusammenarbeit auf neue Füße.[9] Nach diesem Vertragswerk übernimmt Bösmann nahezu das ganze Grundstück einschließlich der Wohnhausruine und der gesamten Einrichtung. Nur eine Garage und ein Lagerraum sind zu diesem Zeitpunkt anderweitig vermietet. Die Vertragsdauer beträgt jetzt immerhin drei Jahre, was dem Pächter ein Mindestmaß an Planungssicherheit ermöglicht. Allerdings: Der Vertrag kann jederzeit mit einer 90-Tage-Frist gekündigt werden, wenn das Amt für gesperrte Vermögen bzw. die Militärregierung dies für erforderlich hält. Durch diesen Passus soll offensichtlich verhindert werden, dass der künftige Besitzer des Areals in einen längerfristigen Pachtvertrag einsteigen muss.

Die Parteien einigen sich – wenige Monate vor der Währungsreform – auf einen Pachtpreis von 2.950 (Reichs-)Mark im Monat – immerhin das Dreifache der Ursprungssumme. Außerdem muss Bösmann eine Haftpflichtversicherung für das gesamte Objekt und eine Feuerversicherung für Maschinen und Einrichtung abschließen. Und dann, natürlich, wieder der Hinweis, dass der Pächter haftet, wenn irgendetwas auf dem Grundstück ohne Genehmigung gedruckt wird. Nach der Umstellung auf die Deutsche Mark steigt der Pachtpreis weiter. Ab September 1950 sind 3.500 DM fällig.

Schon knapp drei Wochen nach Zustellung der Registrierungsurkunde läuft am 16. Juli 1946 das erste *Volks-Echo für Westfalen und Lippe*[10] über die 16-Seiten-Zeitungsrotation von Koenig und Bauer in der Paulinenstraße 14. Das der Kommunistischen Partei Deutschlands (KPD) nahestehende Lizenzblatt war

---

9 BA Koblenz Z 36 I/528a.

10 Vgl. Mellies (2006) zur »Kommunistischen Presse in Ostwestfalen-Lippe 1946-1956«. Bereits 1980 hat Claus-Jürgen Schumacher (1980) in Münster eine Magisterarbeit zum Thema »Die Lizenzierung von Parteizeitungen nach dem 2. Weltkrieg« vorgelegt, die sich fast ausschließlich mit dem *Volks-Echo* beschäftigt. Die Arbeit gibt einen Überblick über die Entwicklung der Zeitung von der Lizenzierung bis zum KPD-Verbot.

gut zwei Monate zuvor gegründet und zunächst als, so der Untertitel, »Zeitung der Werktätigen für Ruhrgebiet-Westfalen« in Dortmund gedruckt worden. Als die erste Ausgabe in Lippe erscheint, sind hier schon zwei weitere in Bielefeld verlegte Zeitungen am Werk: seit dem 3. April 1946 die *Freie Presse* (FP/SPD) mit ihrer Lokalausgabe *Lippisches Volksblatt* und seit dem 21. Mai 1946 die *Westfalen-Zeitung* (WZ/CDU) mit der *Neuen lippischen Rundschau für Politik und christliche Kultur.*[11] Insbesondere zu letztgenannter Publikation gibt es in der Folgezeit zahlreiche Berührungspunkte mit Bösmann über die Liegenschaft Paulinenstraße 14.

Dort nämlich befindet sich zunächst die »Schriftleitung« der *Westfalen-Zeitung* für Detmold. Anzeigenannahme und Vertrieb des Blattes sowie der Satz für die lippischen Lokalseiten liegen zur selben Zeit in den Händen der Firma Bösmann. Eine weitere Geschäftsstelle für den Altkreis Lemgo wird in der alten Hansestadt an historischer Stätte eingerichtet: im Verlagshaus F. L. Wagener in der Mittelstraße 23, wo sie bis zur Einstellung der *Lippischen Rundschau*[12] im Jahre 2003 verbleibt. Die Zusammenarbeit zwischen Bösmann und der WZ endet dann Mitte 1949 mit einem Riesenknall. Anlass für das Zerwürfnis ist die Entscheidung der Detmolder, sich mit der FDP-Lizenzzeitung *Westdeutsches Tageblatt* (WT) zusammenzutun und diese mit dem Untertitel »Lippische Zeitung« bei Bösmann zu drucken – zunächst noch neben dem *Volks-Echo.*

Nur wenige Tage vor dem erstmaligem Erscheinen der Lokalausgabe am 22. Juni 1949 wendet sich WZ-Verleger Carl Wilhelm Busse, der seine Lehre von 1933 bis 1936 in Staerckes Zeitungsverlag und Druckerei absolviert hatte, an den nordrhein-westfälischen Ministerpräsidenten Karl Arnold (CDU) und

---

11 Die folgenden Absätze fußen, soweit nicht anders angegeben, auf Recherchen des Autors in der Lippischen Landesbibliothek (Zeitungsbände und Adressbücher). Wie aus dem Nachlass von Heinrich Drake im Landesarchiv Detmold (D72/Nr. 64) hervorgeht, hatten die Briten im Herbst 1945 ursprünglich daran gedacht, dem Detmolder Dr. Ernst Theophil Thun die Lizenz für eine CDU-Zeitung zu übertragen. Auch Staercke hatte zu dem später in Paderborn wirkenden Professor und Jugendforscher Kontakt.

12 Bei Wagener wurde ab 1877 auch die *Lippische Post* herausgegeben, die bis zum 29.11.1941 publiziert werden konnte. Außerdem erschien in diesem Hause ab 1848 für wenige Jahre *Die Wage – Zeitschrift zur Besprechung der Angelegenheiten des Volkes.*

zieht mächtig vom Leder gegen »Unterminierungstendenzen, die gegen die bestehende Lizenzpresse von Seiten der Zeitungsdrucker und der Altverleger gerichtet werden«. Dann wird Busse konkret und kommt auf die lippische Zeitungslandschaft zu sprechen, deren Ausgestaltung seiner Auffassung nach »der politischen Grundhaltung der Bevölkerung und der Leserschaft [...] entspricht«.[13]

Er fährt fort:

> Die WZ gehört zu den neuen Zeitungen, die leider noch keine eigene Technik besitzen und erst jetzt daran gehen können, eine eigene Druckerei aufzubauen. Die lippische Ausgabe [...] wurde bis jetzt in ihrem örtlich-lippischen Teil in der Druckerei Bösmann in Detmold gesetzt, einem [...] ehemaligen NS-Betrieb (...), dessen Treuhänder bisher Herr Bösmann [14] ist. Unter Missbrauch seiner treuhänderischen Pflichten versucht nun Herr Bösmann – obwohl er die Agentur unserer WZ innehat und also zu uns in einem Vertrags- und Treueverhältnis steht – über unsere Botenorganisation ein auswärtiges Blatt, das Westdeutsche Tageblatt Dortmund (der FDP nahestehend) in das lippische Gebiet einzuführen. Der Grund ist darin zu suchen, dass Herr Bösmann, nachdem eigene Lizenzanträge nicht zum Ziele geführt haben, [15] glaubt, durch Vertrieb und Anzeigenverwaltung einer Fremdzeitung zu einer Art Teilnahme an einer bestehenden Lizenz zu gelangen. [...]
>
> Die wenigen Zeitungsdruckereien in Ostwestfalen sind größtenteils in den Händen ehemaliger Nazis, die unter Führung von

---

[13] Abschrift des Briefes im LAV NRW OWL, D 27, Nr. 2660.

[14] Diese Behauptung ist falsch. Treuhänder ist Ernst Schilp. Ob Busse sich irrt oder bewusst die Unwahrheit schreibt, muss offen bleiben.

[15] Es gibt keinen Anhaltspunkt dafür, dass Bösmann jemals einen Lizenzantrag für eine Tageszeitung gestellt hat. Entsprechende Bemühungen, die allesamt im Sande verlaufen sind, hat allerdings Max Staercke (erfolglos) angestellt. Hier stellt Busse erneut Behauptungen auf, ohne einen Nachweis zu führen.

> Druckereibesitzer Dr. Kaeller in Bielefeld und des ehemaligen Hofrats Staercke, Detmold, der neuen Presse scharfen Kampf angesagt haben. Den verschiedenen Altverlegern nazistischer Observanz erscheint nun, wo tägliches Erscheinen vor der Türe steht, der Zeitpunkt gekommen, durch Verweigerung von Satz- und Druckarbeiten oder Ablehnung von Verpachtung zeitungsmäßig ungenutzter Maschinen die bestehenden Zeitungen am Weitererscheinen zu hindern oder ihrerseits als Drucker Einfluss auf die Geschäftsführung und das politische Gesicht der Zeitungen zu gewinnen. In allen Werbemaßnahmen dieser Herren wird immer wieder betont, dass neue Zeitungen sich vor allem durch einen stark betonten politischen Rechtsruck auszeichnen würden. So wurde zum Beispiel vom Prokuristen der Firma Bösmann, Herrn Gasper, seinem Personal gegenüber bemerkt, dass die geplante lippische Ausgabe des WT zwar offiziell FDP-mäßig ausgerichtet sein würde, aber einen starken Rechtskurs steuern werde.

Busse, der den »demokratischen Neubau des öffentlichen Lebens in Gefahr« sieht, fragt Arnold abschließend, ob er sich zur Sicherung der Existenz der Zeitung auf die Militärverordnung 185[16] stützen dürfe. Bösmann habe nämlich, »nachdem wir seine Machenschaften gegen die Westfalen-Zeitung aufdecken konnten«, sein Agenturverhältnis gekündigt und zugleich gedroht, dass er auch die Satzleistung mit sofortiger Wirkung einstellen werde.

---

[16] Mit der Verordnung Nr. 185 der britischen Militärregierung vom 29. April 1949 werden die Landesregierungen in der britischen Zone ermächtigt, regulierend in das Pressewesen einzugreifen. So etwa wird ihnen gestattet, über Rechtsvorschriften dafür zu sorgen, dass den Lizenzzeitungen auch künftig alle notwendigen Räumlichkeiten und technischen Einrichtungen zur Herausgabe einer Zeitung zur Verfügung stehen. Die betreffenden Zeitungen, darunter die FP, die WZ und das WT, sind ausdrücklich in einer Anlage als Betroffene aufgeführt. Hintergrund dieser Verordnung ist die Sorge, dass Lizenzzeitungen, die zumeist nicht über eigene Setzereien und Druckereien verfügten, bei Erteilung einer Generallizenz und dem Übergang zu einer täglichen Erscheinungsweise vom Markt verdrängt werden könnten. FP-Chef Emil Groß, Vorsitzender des Zeitungsverlegervereins der britischen Zone, schreibt in einem Beitrag für *Die Zeit* vom 28. Juli 1949, dass nur zwei der 57 Lizenzzeitungen über eigene technische Produktionsbetriebe verfügen.

Was davon stimmt, muss offen bleiben. Es entbehrt allerdings nicht einer gewissen Ironie, dass sich ausgerechnet ein Verleger, dessen Blatt einmal als die nördlichste CSU-Zeitung Deutschlands tituliert werden sollte, um einen so genannten »Rechtsruck« sorgt. Busses Verhalten ist aber vor allem deshalb scheinheilig, weil er selbst im Jahre 1941 den geerbten Zeitungsverlag (*Herforder Kreisblatt, Engersche Zeitung*) samt Maschinen für insgesamt 95.000 Reichsmark an den NS-Zeitungsverlag für Westfalen verkauft hatte – also, ebenso wenig wie Staercke, entschädigungslos enteignet worden war. Gleichzeitig ist die Wortwahl Busses ein deutliches Zeichen dafür, wie feindselig sich vielerorts Lizenznehmer und sogenannte »Altverleger« beziehungsweise Druckereibesitzer gegenüberstanden. Wobei Busse – noch eine Parallele zu Staercke – zu den »Altverlegern« gezählt werden muss, da er in der Nazizeit Zeitungen herausgegeben hat.[17]

Anzunehmen ist, dass der Agenturvertrag mit der *Westfalen-Zeitung* zum 15.6.1949 gekündigt wird, um für die Vermarktung der nur eine Woche später erscheinenden Regionalausgabe des *Westdeutschen Tageblattes* – und kurz darauf der *Lippischen Landes-Zeitung* – freie Hand zu haben. Ab 16. Juni jedenfalls befindet sich laut Impressum die Detmolder Geschäftsstelle der CDU-Zeitung im Haus Schülerstraße 6-8. Gleichzeitig werden die WZ-Ausgaben Detmold und Lemgo zu einer gesamtlippischen zusammengefasst. Entsprechend verfährt übrigens die *Freie Presse* mit ihrem *Lippischen Volksblatt.*

Reichlich konfliktbeladen ist ebenso das Verhältnis zwischen Bösmann und seinen KPD-Auftraggebern vom *Volks-Echo*, deren Redaktion zunächst in der Bielefelder Friedenstraße – und damit nur einen Steinwurf entfernt vom FP-Gebäude in der Arndtstraße – residiert. Eine lippische Geschäftsstelle – neben mehreren weiteren »Stützpunkten« in beiden Kreisen – gibt es in der

---

17 Busse hat zudem den Zeitungstitel *Herforder Kreisblatt* nach dem Krieg wieder benutzt, ohne dazu das Recht zu haben. Dieses lag, da 1941 verkauft, beim Land Nordrhein-Westfalen. Busses Antrag, seine Maschinen auf dem Wiedergutmachungswege wiederzubekommen, ist ebenfalls gescheitert. In einem späteren Gerichtsverfahren schließt er darüber einen Vergleich mit dem Land (LAV NRW OWL, D 27, Nr. 604).

Richthofenstraße 2. Die Entlassung eines Lizenzträgers wegen Kritik an der britischen Militärregierung und ständige Änderungen von Auflagenhöhen verbreiten Unsicherheiten. So verfügen die Briten Anfang 1947 für das Gesamtblatt quasi eine Halbierung der Auflage (von 568.000 auf 254.000 Exemplare). Bösmann, der für Lippe und den westfälischen Raum bis nach Münster druckt, ist nicht so stark betroffen, muss aber eine Verringerung seiner Auflage von 63.000 auf 45.000 Exemplare hinnehmen. Das verschärft die Vertriebsprobleme, da die zu beliefernde Region unverändert bleibt.

Dennoch verstärkt der KPD-Verlag seine Aktivitäten in Lippe. Ab Mai 1947 weist das zweimal in der Woche erscheinende *Volks-Echo* einen Verantwortlichen für das Lokale aus, dessen postalische Adresse Paulinenstraße 14 lautet, wo ja auch schon die WZ ihre Zelte aufgeschlagen hat.[18] Zum 1. März 1948 befindet sich dort sogar der Sitz der »Volks-Echo Zeitungsverlag GmbH«. Ab Mittwoch, 5. Mai, wird dann die Zeitung für drei Monate von der Militärregierung verboten »wegen Verstoßes gegen die Verhaltensvorschriften, die in den Hauptrichtlinien enthalten sind, welche zusammen mit einer Zeitungslizenz ausgegeben wurden. [...] Die Verhaltensvorschriften bedingen unter anderem, dass nichts veröffentlicht werden soll, was darauf hinarbeitet, Uneinigkeit unter den alliierten Mächten und deren Besatzungsstreitkräften hervorzurufen.« Der am 24. April erschienene Artikel über die italienischen Wahlen »stellte einen heftigen verleumderischen Angriff auf die Vereinigten Staaten von Amerika dar«. Die Auflage des *Volks-Echo* wird anderen Zeitungen zugeschlagen, Verwarnungen hatte es offensichtlich schon im Juli und

---

[18] So kurz nach dem Krieg gab es trotz der bereits scharfen politischen Auseinandersetzungen auf regionaler Ebene kaum Berührungsängste. Zum einjährigen Bestehen verfasst Heinrich Drake sogar ein Grußwort für das KPD-Blatt, das in der Regel nicht zimperlich mit den Sozialdemokraten umspringt. Drake: »Ich habe mancherlei Anregungen beim Lesen Ihrer Zeitung empfangen und habe die Überzeugung, dass Sie die der Zeitung gesetzten hohen Aufgaben stets erkennen und anerkennen, fördernd am Gemeinwohl zu arbeiten.« Auch Detmolder Firmen haben keine Probleme, im *Volks-Echo* zu werben. In der Silvesterausgabe 1947 wünschen unter anderem das Kaufhaus Wiese und Elektro-Lampe ihren Kunden »ein erfolgreiches neues Jahr«.

Dezember 1947 gegeben. Den Schaden hat auch Bösmann, der zwangsläufig vorübergehend einen Druckauftrag verliert.

Ab 4. August 1948 erscheint das *Volks-Echo* wieder, und zwar montags, mittwochs und samstags und mit einer Auflage von angeblich 75.000. Als Redaktionsadresse wird jetzt Wiesenstraße 11 angegeben, wo seinerzeit die KPD-Kreisleitung angesiedelt war. Ab 1.9.1948 erscheint das *Volks-Echo* täglich – und zwar bis zum KPD-Verbot im August 1956. Auch nach dem Wiedererscheinen der LZ wird die Zeitung erst einmal weiter von Bösmann gedruckt. Auch die Geschäftsstelle befindet sich für einen Übergangszeitraum noch in der Paulinenstraße 14. Haben die Auflagenzahlen zu Anfang noch stark geschwankt – zurückzuführen zum Teil auch auf eine Veränderung der Verbreitungsgebiete –, so beginnt das Blatt bereits vor der Aufhebung der Lizenzpflicht nach und nach in der Bedeutungslosigkeit zu verschwinden. Gerd Meier errechnet beispielsweise für die Kreise Detmold und Lemgo zwischen Mai 1948 und Dezember 1950 einen Auflagenrückgang von 5.224 auf rund 650 Exemplare. In ganz Ostwestfalen-Lippe verkauft die Zeitung zu diesem Zeitpunkt gerade noch 2.600 Exemplare.[19]

Ein weiterer interessanter Aspekt der »Zusammenarbeit« zwischen Bösmann und der KPD findet sich in den Akten des Zonenpresserates im Bundesarchiv Koblenz.[20] So bemüht sich der *Volks-Echo*-Verlag seit Ende 1947,

---

19 Wobei zu berücksichtigen ist, dass sich das Erscheinungsgebiet des *Volks-Echo* von der holländischen Grenze bis ins Siegerland erstreckt, so Meier (1999), S. 168.

20 BA Koblenz Z 23/25. – Der aufgrund der Verordnung 108 der britischen Militärregierung vom 15.101947 geschaffene »Presserat für die britische Besatzungszone« mit Sitz in Bielefeld hatte die Aufgabe, die Tätigkeit der Beratenden Länderausschüsse für das Pressewesen zu koordinieren, und war damit die wichtigste Instanz für die Vergabe von Zeitungs- und Zeitschriftenlizenzen. Nach der Aufhebung des Lizenzzwanges stellt der Zonenpresserat mit Ablauf des Jahres 1949 seine Arbeit ein. Einziger Vorsitzender war Emil Groß, der auch an der Spitze des Nordwestdeutschen Zeitungsverleger-Vereins (NWZV) stand. Dieser verstand sich als Interessenvertreter der Lizenzverleger. Im September 1949 gingen seine Aufgaben auf den Gesamtverband der Deutschen Zeitungsverleger über, der wiederum 1954 mit dem Verein Deutscher Zeitungsverleger, in dem sich die sogenannten »Altverleger« organisiert hatten, zum Bundesverband Deutscher Zeitungsverleger (BDZV) fusionierte.

zumindest den Pachtvertrag, gegebenenfalls sogar die Treuhänderschaft über den Betrieb zu übernehmen. In einem Brief an die Briten wird in diesem Zusammenhang die Befürchtung geäußert, dass Bösmann den Lohndruckvertrag kündigen wolle. Wie aus dem Schreiben weiter hervorgeht, fühlen sich die Lizenzverleger massiv benachteiligt. Man erhalte nicht genügend Räumlichkeiten, lautet die Klage, ein großer Teil der Fläche werden zudem vom Lippischen Zeitungs- und Zeitschriften-Großvertrieb (LZZG) in Beschlag genommen, und außerdem hänge im Schaufenster des Geschäftslokals nur die *Westfalen-Zeitung* aus. Bösmann selbst wir mit den Worten zitiert, hundert kleine Aufträge seien ihm lieber als ein großer.

Die Briten lassen die Sache offensichtlich liegen, bis sie dann im Juni 1949 beim Zonenpresserat landet, dessen Vorsitzender Emil Groß als FP-Verleger natürlich genau Bescheid weiß über die Ansprüche, die die SPD und zum damaligen Zeitpunkt auch noch Max Staercke auf die Liegenschaft erheben. Deshalb sieht Vorsitzender Emil Groß auch keinen Grund, den erneuten Antrag des *Volks-Echo*-Verlages zu behandeln, bevor nicht der Allgemeine Organisationsausschuss in Celle über diese Angelegenheit entschieden hat (siehe dazu Kapitel 7). Als dieser das dann 1953 tut, ist der Zonenpresserat längst Geschichte und die kommunistische Presse in der Bedeutungslosigkeit versunken.

Im Gegensatz zu SPD, CDU und KPD ist die FDP lange nicht mit einer eigenen, ihr nahestehenden Regionalzeitung in Lippe vertreten. Zwar ist das mit britischer Lizenz in Dortmund verlegte *Westdeutsche Tageblatt – Zeitung für freie Politik, Kultur und Wirtschaft* auch hier erhältlich – zumindest ist es in der Lippischen Landesbibliothek in Detmold seit dem 4. Januar 1947 vorhanden –, doch finden sich darin vorerst keine Artikel mit lokalem Bezug. Dafür füllt Lizenznehmer Herbert Kauffmann die Spalten seiner Zeitung unter anderem mit literarischen Texten von Jean-Paul Sartre, was – neben der angeblich unzureichenden Vermittlung von FDP-Politik – zu nicht unerheblicher Kritik aus den eigenen Reihen führt.[21] Das Tageblatt, heißt es unter anderem, mache »den Eindruck eines Privatblattes von Herrn Kauffmann«. Es gibt sehr schnell – im Juni 1947 – sogar Bestrebungen, dem ehemaligen FDP-Landesgeschäftsführer von Westfalen die Lizenz abspenstig zu machen, was die Briten allerdings ablehnen. Im Juli 1947 wird Kauffmann aus der FDP ausgeschlossen, dem WT drückt er als verantwortlicher Redakteur in der Folgezeit weiterhin seinen Stempel auf. Ein zwischenzeitlich von den Liberalen ins Leben gerufener Zonenpresseausschuss unter Leitung des lippischen Landtagsabgeordneten Heinz Krekeler, der als eine Art Schlichtungsstelle zwischen Partei und parteinaher Presse gedacht ist, verläuft im Sande. »Nach einigen vergeblichen Bemühungen, die FDP-Presse zu einer Zusammenarbeit zu bewegen, habe ich die Sache dann als hoffnungslos wieder aufgegeben«, erinnert sich Krekeler ein paar Jahre später.[22] »Es war so, dass nicht nur unsere Zeitungsverleger, sondern auch die von den Landesverbänden zur Mitgliedschaft in diesem Ausschuss ernannten Persönlichkeiten nicht zu einer aktiven Betätigung zu bewegen waren.«

Angesichts des Rufs von Kauffmann und der Querelen um seine Person sowie seine politische Einstellung ist es bemerkenswert, dass es ihm dann doch noch gelingt, kurz vor Ende der Lizenzzeit Fuß in Lippe zu fassen. Ab 22. Juni 1949 wird bei Bösmann die erste Ausgabe des WT mit dem Untertitel »Lippische Zeitung« gedruckt. Ein Mitglied der Geschäftsleitung wird dies später mit der Notwendigkeit begründen, Ersatzdruckaufträge für die wegbrechenden *Volks-Echo*-Auflagen zu generieren. Neben den rein wirtschaftlichen Überlegungen könnte es einen weiteren Grund geben: Für die in Abstimmung mit Max Staercke bereits reifenden Pläne zur Wiederherausgabe der *Lippischen Landes-Zeitung* braucht man in Detmold einen Lieferanten für die überregionalen Nachrichten. Und angesichts der parteipolitischen Präferenzen der wesentlichen Akteure – Krekeler und Staercke sind FDP-Mitglieder, Bösmann-

---

21 Vgl. dazu Schröder (1985), S. 205ff.

22 Krekeler am 4. Januar 1950 in einem Brief an FDP-Bundesschatzmeister Ernst Mayer, IfZ München ED 135/8.

Prokurist Kurt Gasper steht ihr zumindest sehr nahe – bietet es sich an, auf das WT zurückzugreifen, zumal dieses mit erheblichen wirtschaftlichen Schwierigkeiten zu kämpfen hat. Da spielt es zumindest zu diesem Zeitpunkt auch keine große Rolle, dass das auf Ausgleich mit dem Osten bedachte Ex-Mitglied Kauffmann und der stramm dem rechten Flügel der Partei zugeneigte Gasper so gut wie keine Überzeugungen teilen.[23]

Dass Kauffmann nicht wohl bei dieser Kooperation ist und er ihr auch wohl nur unter wirtschaftlichem Druck zugestimmt hat, belegt ein Brief, den er ein paar Monate später, im Januar 1950, an die Informationsabteilung der Briten schreibt.[24] Nach einer allgemeinen Klage über die Benachteiligung der FDP-Presse, zu der Kauffmann seine Zeitung nach wie vor rechnet, sowie mangelnde Druck- und Satzkapazitäten geht er etwas genauer auf die Zusammenarbeit mit Bösmann ein. Rückblickend schreibt er:

> Unser Detmolder Agent, der sich fraglos um die Entwicklung unseres Bezieherstandes in Detmold und Umgebung sehr bemühte, stellte an uns das Ansinnen, ihm die lippische Ausgabe als eigene Zeitung zu übergeben. Als Gegenleistung wurde eine Abnahme der Matern des Westdeutschen Tageblattes gegen eine Lizenzgebühr angeboten. Da die lippische Ausgabe in Detmold gedruckt wurde und ich den Druck nicht selbst vornehmen konnte, befand ich mich in einer Zwangslage. Nach sehr langen und schweren Verhandlungen kam eine Vereinbarung zustande, nach der die lippische Ausgabe des WT vom 19.11.49 an als LZ erscheint. Herr Bösmann [...] ist seit diesem Tag zur Hälfte Miteigentümer der Zeitung.

---

[23] Eine knappe, gut lesbare, wenngleich auch von persönlichen Auffassungen deutlich geprägte »Geschichte der FDP« mit einer Darstellung der innerparteilichen Konflikte in der Nachkriegszeit findet sich auf der Internetseite des Journalisten Udo Leuschner (www.udo-leuschner.de). Dieser war eigenen Angaben zufolge in der Endphase des *Westdeutschen Tageblattes* Volontär und Redakteur für Politik in Dortmund (1963-1965). Zuletzt wurde dort nur noch der Mantel für die *Lippische Landes-Zeitung* hergestellt (bis 31.12.1965).

[24] LAV NRW OWL, D 27, Nr. 5985.

Kauffmann äußert im Weiteren die Befürchtung, dass »durch plötzliche Erhöhung der Druckpreise die Firma Bösmann die Zeitung ganz in ihre Hand bringt«. Eine solche Absicht sei wiederholt zum Ausdruck gebracht worden. Die Briten nehmen dieses Schreiben offensichtlich ernst, schalten die inzwischen eingerichteten Ämter für gesperrte Vermögen auf verschiedenen Ebenen ein. Der lippische Kreisbeauftragte sieht allerdings keinen Anlass zum Einschreiten, denn: »Es ist nicht einzusehen, weshalb Herr Kauffmann befürchtet, dass sein Einfluss auf die LZ gefährdet ist, da er als Mitinhaber des Verlages zu 50 Prozent seine Gesellschafterrechte genügend wahrnehmen kann.«[25]

Allerdings wird die Lokalausgabe des WT, wie auch später die LZ, dem geneigten Abonnenten nicht als FDP-Zeitung offeriert. In einem namentlich nicht gezeichneten, vermutlich aber von Gasper stammenden Geleitwort unter dem Seitenkopf »Unsere Lippische Heimat« heißt es unter anderem, Verlag und Redaktion wollten dem Leser, »hoch über allem Parteigezänk stehend, ein ungetrübtes, von einseitiger Interessenpolitik freies Bild des Zeitgeschehens vermitteln«. Im Folgenden wird unter anderem auf den Druckort Detmold und die damit verbundene höhere Aktualität des Inhaltes verwiesen. Außerdem sehe es die Zeitung als eine »Ehrensache« an, »den Vertriebenen bei der Verwirklichung ihrer Ziele unablässig zu helfen«. Daneben finden sich Grußworte der Präsidenten von IHK und Handwerkskammer, des Vorsitzenden des Landwirtschaftlichen Hauptvereins und von Vertretern beider christlicher Konfessionen.

Vom Redaktionskonzept kommt die »Lippische Zeitung« der künftigen LZ schon recht nahe. Wir finden viereinhalb Seiten Lokales einschließlich Sport und Kultur – auch eine plattdeutsche Ecke ist vorhanden. Die Hauptnachrichten im Lokalteil befassen sich mit Plänen, den Rand des Palaisgartens zu bebauen, und dem Beschluss der Landeskirchen-Synode, die Zahl der Klassen auf sechs zu erhöhen. Das Monatsabonnement kostet 2 Mark einschließlich Botenlohn. »Lokalschriftleiter« ist August Koch, der diese Position später dann auch bei der

---

[25] LAV NRW OWL, D 27, Nr. 5985.

LZ einnimmt. Auch Sportredakteur Albert Hey ist bereits an Bord. Ab 1. November gibt es das Blatt dann viermal die Woche.

Aber auch schon vor der Liaison zwischen Bösmann bzw. LZ und WT werden in Lippe verschiedene Anläufe unternommen, der FDP publizistisch unter die Arme zu greifen. Und immer wieder fallen in diesem Zusammenhang die Namen Staercke und Krekeler. Sehr aufschlussreich ist in diesem Zusammenhang ein Vermerk Staerckes, den er im März 1946 im Anschluss an eine Befragung durch die britische Militärpolizei fertigt, [26] bei der es schwerpunktmäßig um die politische Situation in Lippe gegangen ist. So schreibt der Hofrat:

> Die von mir wiedererstrebte Lippische Landes-Zeitung solle der liberal-demokratischen Ideenwelt dienen, wie das vor 1933 geschehen sei unter Pflege eines guten Verhältnisses zur SPD. Da aber die SPD wie auch die CDU eigene Parteizeitungen zugebilligt erhalten hätten, würde sich eine wieder erscheinende Lippische Landes-Zeitung in erster Linie für die LDP [= die künftige FDP] einsetzen, ohne dass dadurch die Linie des Ausgleichs verlassen zu werden brauchte.

Staercke fügt noch hinzu, dass er momentan nicht über die erforderlichen Mittel zur Herausgabe einer Zeitung verfüge und insofern auf finanzielle Mithilfe seiner Parteifreunde angewiesen wäre. Allerdings erwarte er eine Rückerstattung seines früheren Druckereieigentums »zu erträglichen Bedingungen«.

Schon sehr frühzeitig schaltet sich auch Heinz Krekeler in die Diskussion um die Gestaltung der Presselandschaft in der britischen Zone und insbesondere in Lippe ein. Bereits im Februar 1946 schickt er ein »Memorandum eine liberale Zeitung für das Land Lippe betreffend« an die Informationskontrollabteilung der Briten in Oelde. Unter ausdrücklichem

[26] LAV NRW OWL, D 72 Krekeler, Nr. 2.

Bezug auf das angekündigte Erscheinen der *Freien Presse* und mit Hinweis auf die dann zu erwartende Einstellung der NWZ drängt Krekeler auf eine Zeitungslizenz für die Liberalen in Lippe. Nach seiner Wahl zum Bezirksvorsitzenden im Juni 1946 – das WT ist inzwischen auf dem Markt – vertritt er in einem Versammlungsbericht die Auffassung, dass ohne Kopfblatt mit eigenem Lokalteil »die Verbreitung einer der Partei nahestehenden Zeitung ohne die von uns gewünschte politische Wirkung bleiben würde«.[27]

Wie aus Schriftverkehr hervorgeht, der sich in Krekelers Nachlass in Detmold und München befindet, hat die heimische FDP schon 1946 den Antrag auf Lizenzierung einer eigenen liberalen Zeitung gestellt, allerdings ohne Beteiligung Staerckes, der zu diesem Zeitpunkt, wie auch die von Drake geschilderte Episode verdeutlicht, aufgrund von Denunziationen bei den Briten in Ungnade gefallen war.[28] Erst Mitte 1948 – der Hofrat gehört nach seiner Rehabilitation inzwischen zum potentiellen Herausgeberkreis – befasst sich der Landespresseausschuss in Düsseldorf mit diesem Thema – und schiebt es auf die lange Bank. Zunächst sollen die Lizenzträger bestehender FDP-Zeitungen dazu gehört werden. Zu diesem Zeitpunkt verfügt Staercke seit bereits zwei Jahren gemeinsam mit seinem gleichnamigen Sohn über eine Lizenz zur Herausgabe von Büchern mit »populärwissenschaftlicher und schöngeistiger Literatur« für den nunmehr in der Heidentalstraße in Hiddesen angesiedelten Maximilian-Verlag.[29]

Dass dieser Verfahrensverlauf Staercke enttäuscht, liegt auf der Hand. In einem Schreiben an den FDP-Landesvorsitzenden und Landtagsabgeordneten

---

27 LAV NRW OWL, D 72 Krekeler, Nr. 2.

28 Siehe oben. Deshalb durfte Staercke nach Intervention der Besatzungsmacht zunächst auch nicht Kreisvorsitzender seiner Partei in Detmold werden.

29 Seidel (1949). Nach einer vermutlich aus der Feder Staerckes stammenden Selbstdarstellung aus dem Jahre 1955 ist der Maximilian-Verlag »während der Jahre 1933-1945« entstanden. Er habe während dieser Zeit eine führende Stellung auf dem Gebiet des militärischen Vorschriften- und Vordruckwesens erlangt. Zu seinen weiteren, auch nach dem Krieg fortgeführten Aufgaben zähle die Herausgabe von Adressbüchern. Vgl. auch Beine (1955), S. 172. – Seit dem 1. Januar 1979 gehört der Maximilian-Telefonbuchverlag zur Sutter-Gruppe in Essen.

Friedrich Middelhauve sagt er voraus: »Nach Lage der Dinge ist nicht anzunehmen, dass diese Äußerungen eine Unterstützung des von hier gestellten Antrages enthalten.« In dem Brief nimmt Staercke zwar ausdrücklich Bezug auf seine Tätigkeit als LZ-Verleger vor dem Krieg, spricht in der Folge aber nicht etwa von einer Weiterführung der Zeitung in der Zukunft. Außerdem kursiert im Herbst 1948 in ungezeichnetes Papier, in dem auf viereinhalb eng beschriebenen Seiten das Konzept für die »Gründung einer liberalen Tageszeitung in Detmold« niedergelegt wird. Diese, so heißt es darin unter anderem, solle im gesamten Regierungsbezirk verbreitet werden und »ein einprägsames Einzelwort« als Titel tragen – etwa »Westkurier« oder »Westfalenbote«. Als mögliche Druckerei wird Bösmann erwähnt.

Doch offensichtlich können sich die Beteiligten nicht auf ein gemeinsames Konzept einigen. Wie das damalige Detmolder FDP-Vorstandsmitglied Dr. Kurt Koerlin berichtet,[30] trifft es sich Ende November 1948 mit Bösmann, Gasper, Staercke und dem FDP-Funktionär Hermann Krümpelmann, um die Zeitungsfrage zu erörtern. Dabei werden auch deutliche Differenzen innerhalb der Liberalen deutlich. Während Staercke nämlich das Blatt, zumindest im Anfangsstadium, als »Heimatzeitung« in der Nachfolge der »Landes-Zeitung« positionieren will – ein Konzept, das auch Gasper favorisiert – denken Koerlin und andere an eine weitere Verbreitung in den Raum Minden-Ravensberg hinein. Dies entspreche im Übrigen der Pressepolitik der britischen Militärregierung.

Ein weiterer Streitpunkt ist die voraussichtliche Auflage der neuen Publikation. Während Staercke von 20.000 Beziehern ausgeht, sind Bösmann und Gasper skeptisch. Sie weisen darauf hin, dass die beiden Lizenzzeitungen *Freie Presse* und *Lippische Rundschau* gemeinsam gerade einmal diese Auflage erreichen.

Den größten Knackpunkt aber stellt die Finanzierung dar. Von den für den Start laut Bösmann, Gasper und Staercke notwendigen 100.000 Mark

---

30 Folgende Informationen stammen aus einem Brief von Koerlin an Krekeler, IfZ München ED 135/3.

können Staercke und andere FDP-Mitglieder gerade einmal ein Drittel aufbringen. Zwar bietet Bösmann an, den Rest zu übernehmen, doch beansprucht er dafür auch die Mehrheit der Gesellschafteranteile des zukünftigen Unternehmens. Das aber schmeckt Koerlin und anderen gar nicht, zumal schon erste Gerüchte über eine Aufhebung der Lizenzpflicht in absehbarer Zeit die Runde machen: »Eine Arbeit für diese Zeitung mit Bösmann-Mehrheit wäre ein Kampf gegen Windmühlenflügel«, glaubt Koerlin.

Auch in der Folgezeit kommt dieses Verfahren nicht so recht voran. Als FP-Verleger Emil Groß im Namen des Zonenpresserats dem zuständigen Ausschuss in Düsseldorf am 8. September 1949 dann endlich mitteilt, dass der Lizenzantrag für die von Staercke und zwei Bielefelder Parteifreunden geplante »Lippisch-Westfälische Zeitung« geprüft worden sei,[31] ist der Zug längst abgefahren. Bösmann druckt neben dem *Volks-Echo* bereits die Lokalausgabe des WT, und angesichts der bevorstehenden Erteilung der Generallizenz wäre ein solches Projekt ohne eigenen technischen Betrieb und eine entsprechende Vertriebsorganisation nicht im Ansatz finanzierbar gewesen. Deshalb ist es nur logisch, dass Staercke, trotz noch laufender Restituierungsverfahren mit dem Hause Bösmann in intensive Gespräche eintritt, deren Ergebnisse ja erst die Wiederherausgabe der *Lippischen Landes-Zeitung* und die redaktionelle Mitarbeit Staerckes an derselben ermöglichen sollten.

Wie umtriebig Staercke in Lippe wieder mitmischt, beweist ein anderer Antrag von ihm an den Zonenpresserat.[32] Im Juli 1948 will er im Namen des »Ausschusses für die Vorbereitung der Volksabstimmung in Lippe« allen Ernstes erreichen, dass für einen begrenzten Zeitraum ein Blatt lizenziert wird, das für den Anschluss des Landes an Niedersachsen wirbt. Ersatzweise, so schlägt er vor, könne man auch niedersächsische Zeitungen in Lippe zulassen oder westfälische Zeitungen verpflichten, Raum für die Niedersachsen-Befürworter zur Verfügung zu stellen. Groß lehnt das umgehend mit der

---

31 BA Koblenz Z 23/10.

32 BA Koblenz Z 23/6.

Begründung ab, es handele sich bei dieser Angelegenheit um eine politische Frage, die außerhalb des Bereichs der Presse entschieden werde.

Aber auch die Druckerei Bösmann ist an mehreren Lizenzanträgen für kleinere Publikationen direkt oder indirekt beteiligt. So wird in Detmold unter anderem die Zeitschrift *Deutscher Polizeisport* (Lizenz Nr. 131) mit einer Auflage von 15.000 Exemplaren gedruckt.[33] Ein bereits 1947 gestellter Antrag für die Zeitschrift *Der Musikfreund* wird erst im September 1949 behandelt – über das Schicksal dieses Projektes ist nichts weiter bekannt.[34] Zurückgezogen »wegen betrieblicher Umstellungen« wird von Gasper dagegen der Lizenzantrag für die Zeitschrift *BZ-Sport.*[35] Die Frage des Zonenpresserates, was denn »BZ« bedeute, bleibt unbeantwortet. 1949 trägt Bösmann die Idee an verschiedene Institutionen heran, ein amtliches Verkündigungs- und Verordnungsblatt für die beiden lippischen Kreise, den inzwischen gegründeten Landesverband und die Landwirtschaftskammer herauszugeben. Das Projekt erledigt sich, als der Kreis Lemgo diesen Vorschlag ablehnt. *Freie-Presse*-Verlagschef Otto Tönsgöke begrüßt dies ausdrücklich in einem Schreiben an den »lieben Genossen« Emil Feldmann, seinerzeit Landrat in Lemgo und Landtagsabgeordneter in Düsseldorf.[36]

Ebenfalls noch unter Lizenzbedingungen erscheint bei Bösmann die erste Nachkriegsausgabe (1949) der traditionsreichen Jahresschrift *Lippischer Dorfkalender* mit zahlreichen historischen, volks- und heimatkundlichen Beiträgen sowie Behördenverzeichnissen und auch Anzeigen. Der Verlag arbeitet bei diesem Projekt mit den »Freunden des Landes zwischen Weser und Teutoburger Wald« zusammen. Nach sieben Ausgaben ist im Jahre 1956 Schluss.

Auch bei Tönsgöke schrillen alle Alarmglocken, als die lippische Lokalausgabe des WT angekündigt wird. Er weiß auch genau, worauf das hinauslaufen wird, wenn er in einem Botenrundschreiben Mitte Juni 1949

---

33 BA Koblenz Z 23/6.

34 BA Koblenz Z 23/16.

35 BA Koblenz Z 23/10.

36 StA Bielefeld, Freie Presse 40.

festhält: »In den nächsten Tagen wird [...] das ›Westdeutsche Tageblatt‹ aus Dortmund [...] intensiv um die Gunst des lippischen Lesers werben. Vor allem wird sie sich dabei der Argumentation bedienen, dass sie eine Nachfolgerin der Lippischen Landes-Zeitung sei. Das ist keinesfalls zutreffend.« Es handele sich bei dem Blatt, so Tönsgöke weiter, »lediglich um eine Lokalausgabe des Westdeutschen Tageblattes, die nur aus technischen Gründen in einer Detmolder Druckerei gedruckt werden wird, während der Verlagsort aber Dortmund ist. Sie ist auch keine überparteiliche und unpolitische Zeitung, wie vielfach von Werbern gesagt wurde«.[37]

Im September legt Tönsgöke noch einmal nach. Er schreibt einen vertraulichen Brief an die Vorstände der SPD-Ortsvereine und beklagt »Konkurrenz-Machenschaften übelster Art, die uns aufgrund der politischen Richtung, die diese Zeitung vertritt, nicht weiter verwundern«. Hintergrund ist offensichtlich der Versuch der Detmolder, über den Monats-Abo-Preis von 2 Mark Marktanteile zu gewinnen. Die FP verlangt zu diesem Zeitpunkt 3,20 Mark, erscheint allerdings auch sechsmal die Woche, während es das WT nach wie vor nur an drei Tagen gibt. Dass die FP auf den Tag umgerechnet günstiger ist, verfängt offensichtlich nicht bei allen Abonnenten, die wohl eher die absolut zu zahlende Summe im Blick haben. Tönsgöke bietet deshalb an, »Rentnern und Pensionären sowie Schwerbeschädigten, die nicht mehr im Beruf sind«, das Blatt für 2,50 DM zuzustellen – allerdings nicht über die normale Vertriebsorganisation, »da diese Sonderregelung zugunsten unserer alten Parteifreunde nicht öffentlich bekannt werden darf«. Dann überlegt man es sich in Bielefeld grundsätzlich anders und senkt, wie auch die *Westfalen-Zeitung*, den Abopreis zum 1. November für alle auf 2,85 DM. Wenige Wochen später schlägt die Geburtsstunde der »neuen« LZ.

---

37 StA Bielefeld, Freie Presse 109/1.

6. Die Lippische Landes-Zeitung ist zurück

Am 19. November 1949, einem Samstag, ist es soweit: Die erste Nachkriegsausgabe der *Lippischen Landes-Zeitung - Ältestes und unabhängiges Heimatblatt für das Land Lippe* wird den Abonnenten zugestellt beziehungsweise am Kiosk verkauft. Das in der Folgezeit bis zu 16 Seiten umfassende Blatt erscheint bis Jahresende viermal in der Woche - danach werktäglich - und kostet zunächst pro Monat 2,25 DM.

Programmatisch knüpfen die Herausgeber Hermann Bösmann und Herbert Kauffmann - letztgenannter fungiert auch als Chefredakteur - an die Grundsätze an, die sie auch schon wenige Monate zuvor für die lippische Lokalausgabe des WT formuliert hatten. Die LZ wolle, heißt es unter der Überschrift »Vor neuem Beginnen« auf Seite 1, »ein ungetrübtes, von einseitiger Interessenpolitik freies Bild des Zeitgeschehens vermitteln«. »Oberste Richtschnur« solle »der Dienst an den Menschen unserer lippischen Heimat sein«. Zu den Zielgruppen zählen neben »Köttern und Einliegern, Handwerkern und Gewerbetreibenden, Arbeitern und Beamten« ausdrücklich auch »unsere Ostvertriebenen, Flüchtlinge und Evakuierten«.

Im Innern findet sich neben Lokal-, Wirtschafts-, Sport- und Politiknachrichten sowie einem über zwei Seiten ausgebreiteten »pressepolitischen Rückblick auf Geschichte und Werdegang der LZ« ein Grußwort von Max Staercke. Darin gibt dieser seiner Freude über das Wiedererscheinen Ausdruck und betont seine »restlose Übereinstimmung mit unseren Herausgebern«. Der Rest ist eher eine geschichtsphilosophische Betrachtung über den Stellenwert Lippes in einem künftigen Deutschland. Dass der ehemalige Verleger, wenn auch nur auf einer hinteren Seite, ein paar Worte beitragen darf, zeigt zum einen, wie wichtig den neuen Eigentümern das Anknüpfen an die lange Tradition des Blattes ist. Nüchterner betrachtet, geht der Text auf einen privatrechtlichen Vertrag zurück, der nur wenige Tage zuvor abgeschlossen worden war und die Herausgabe unter dem Titel *Lippische Landes-Zeitung* überhaupt erst ermöglichte – wenn auch unter Missachtung der übergeordneten Rechtslage.

Die kompliziert zu lösende Titelproblematik hat ihren Ursprung in den vertraglichen Vereinbarungen, die Staercke im Februar 1936 beim Verkauf seines Zeitungsverlages an die NS-Machthaber getroffen hatte. Darin ist unter anderem festgeschrieben, dass neben Grundstücken, Gebäuden und Maschinen auch das »Verlagsrecht« an die Staatszeitung für 25.000 RM verkauft wird.[1] Unter Verlagsrecht wird danach »verstanden das Recht auf Ausnutzung des Zeitungstitels, auf den Kundenkreis im Anzeigen- und Vertriebsgeschäft sowie auf die übrigen Absatzgelegenheiten des gesamten Zeitungsgeschäftes«. Damit fällt die Verfügungsgewalt über das Verlagsrecht nach dem Krieg in den Verantwortungsbereich des Landesamtes für gesperrte Vermögen. Bis zur Entscheidung des Landes, die sich Ende 1949 noch nicht einmal andeutet, kann also weder Staercke noch Bösmann über das Verlagsrecht verfügen. Sie tun es trotzdem.

Es sollte noch ein paar Jahre dauern, bis die Herausgabe der LZ auf rechtlich einwandfreier Basis erfolgen kann. Den Behörden ist dieser Schwebezustand wohl bekannt. Nur ein paar Tage nach dem Wiedererscheinen der LZ schreibt der Kreisbeauftragte für gesperrte Vermögen die Firma Bösmann an und weist darauf hin, dass das »Verlagsrecht der ›Staatszeitung‹ mit dem Untertitel ›Lippische Landes-Zeitung‹« nicht genutzt werden dürfe, weil darüber noch keine Entscheidung gefällt worden sei. Er warnt: »Alle

---

[1] LAV NRW OWL, D 70, Nr. 57.

Weiterungen, die aus dem unerlaubten Gebrauch entstehen, gehen auf Ihr eigenes Risiko.«[2] Weitere Folgen hat dieser Gesetzesverstoß, soweit bekannt ist, aber nicht.

Erst Anfang 1951 wendet sich Staercke an das Land und beantragt das Verlagsrecht für LZ und Meyersche Hofbuchdruckerei. Im Mai 1952 kündigt dann das NRW-Finanzministerium an, darüber eine Unbedenklichkeitsbescheinigung beim Allgemeinen Organisations-Ausschuss (AOA) in Celle anzufordern, vor dem die SPD ein Rückerstattungsverfahren für das Grundstück Paulinenstraße 14 betreibt. Dieses Papier wird auch einen Monat später ausgestellt.[3] Am 24. September 1952 schließt dann *Staatszeitung*-Treuhänder Ernst Schilp einen Vertrag mit Staercke, der diesem das Verlagsrecht an der LZ und der Meyerschen Hofbuchdruckerei gegen die Zahlung von 2.500 DM zuerkennt. Aber erst am 31. Juli 1953 wird der Deal perfekt, als Staercke die Summe, nach vorheriger Mahnung, an das Land überweist.[4]

Zu diesem Zeitpunkt ist eine Vereinbarung zwischen Staercke und Bösmann, der Erstgenanntem ein regelmäßiges Einkommen und sogar Einfluss auf die redaktionelle Arbeit garantiert, bereits seit mehr als dreieinhalb Jahren in Kraft.[5] Darin überträgt Staercke »alle ihm aus verlags-, urheber- und wettbewerbsrechtlichen Bestimmungen zustehenden oder später zuzuerkennenden Rechte an dem Titel ›Lippische Landeszeitung‹«[6] auf seinen Vertragspartner. Gleichzeitig verpflichten sich der Hofrat und sein Sohn Max, »weder unter eigenem noch unter fremdem Namen für Lippe eine Tageszeitung herauszugeben«. Dafür räumt ihm Bösmann unter anderem das Recht ein, »an

2 LAV NRW OWL, D 27, Nr. 5985.

3 BA Koblenz Z 36I/528a.

4 LAV NRW OWL, D 27, Nr. 5985.

5 Die in der Folge zitierten Vereinbarungen befinden sich im Firmenarchiv MCG (unverzeichnet). Der Ursprungsvertrag wird am 1.11.1949 unterzeichnet.

6 Der Zeitungstitel wird in den Papieren durchweg falsch geschrieben (»Lippische Landeszeitung«). Auch in der Zeitung selbst ist man bezüglich der Schreibweise durchaus nicht immer textsicher.

bedeutsamen Redaktionskonferenzen teilzunehmen, an der Einstellung redaktioneller Führungskräfte beratend mitzuwirken sowie »größere Aufsätze« in der LZ zu publizieren – gegen Honorar natürlich. Dies ist aber nicht die einzige Zahlung, die Staercke zusteht. Außerdem erhält er bis zu seinem Tode eine monatliche Zahlung von 500 Mark, die auflagenbedingt sogar noch steigen kann, sowie, ebenfalls bis zum Ableben, 10 Prozent »von dem nach kaufmännischen Grundsätzen zu ermittelnden Reingewinn der Zeitung«. Es kommt sogar noch besser: Falls Staercke die Rechte am Zeitungstitel wiederbekommen sollte, winken ihm weitere Boni, die sich, je nach Auflage, auf bis zu 20 Prozent Anteil am Reingewinn summieren können, sobald die Abonnentenauflage für die Dauer von drei aufeinander folgenden Monaten auf mehr als 17.000 steigt.[7] Schließlich gibt es noch die Vergütung »verauslagter Barbeträge« in Zusammenhang mit dem Rückerstattungsverfahren in Höhe von bis zu 7.000 DM.

Als Privatmann geht Hermann Bösmann noch weitere Verpflichtungen ein. So gibt er die Zusage, Staercke bei seinem Bemühen um Wiedererlangung des ehemaligen Druckereibetriebes zu unterstützen. Außerdem vereinbaren beide eine Art Vorkaufsrecht. Diese Klauseln erledigen sich sehr schnell durch den frühen Tod des Verlegers im August 1950. So kann Staercke dann auch, ohne vertragsbrüchig zu werden, Anfang 1951 eine Allianz mit Emil Groß schmieden. Allerdings wird mit Bösmanns Ableben auch die Zusage hinfällig, »Druckaufträge des Maximilian-Verlages [...] preislich und terminlich bevorzugt zu behandeln«.

Eine Woche später tritt Herbert Kauffmann dieser Vereinbarung bei – mit Ausnahme der persönlichen Absprachen zwischen Bösmann und Staercke.

---

7 Dieser Passus dürfte sich für den 1959 gestorbenen Staercke richtig ausgezahlt haben. Nach einer Aufstellung von Gerd Meier (1999), S. 185f., bewegt sich die Auflage der LZ in den 1950er Jahren durchweg deutlich über der 20.000er-Grenze. Meier beruft sich auf Statistiken des *Freie-Presse*-Vertriebs. An anderer Stelle (S. 187) gibt er aufgrund von IVW-Zahlen die Auflage der *Freien Presse* in Lippe im Jahre 1952 mit 12.353 an, die des *Westfalen-Blattes* mit 7.636.

Erst im Oktober 1956 findet der Vertrag seine endgültige Fassung. Gleichzeitig wird die Vereinbarung vom November 1949 einvernehmlich aufgehoben.

In dem finalen Papier sichern die Geschäftsführer des Zeitungsverlages, Bösmann-Schwiegersohn Helmut Giesdorf und Herbert Kauffmann, Staercke eine Abschlusszahlung in Höhe von 25.000 DM für die Überlassung aller Rechte an der LZ zu. Ansonsten bleibt Staerckes Zusage bestehen, sich aus der lippischen Zeitungslandschaft komplett herauszuhalten – ebenso wie seine Söhne, die das noch einmal in einer besonderen Erklärung bestätigen. Zur »Abgeltung der persönlichen Leistung« des Hofrates gibt es dann noch einmal 122.000 DM obendrauf – also 1000 Mark für jeden Monat zwischen November 1949 und Dezember 1959. Knapp 50.000 Mark davon sind bereits überweisen, für den Rest wird ein Zahlungsplan vereinbart, dessen Ende Staercke nicht mehr erleben sollte. Er stirbt kurz vor Vollendung des 79. Lebensjahres im Juli 1959, seine Erben erhalten den Rest des Geldes.

Dem Vertrag vorausgegangen waren offensichtlich juristische Auseinandersetzungen über die Auslegung der Ursprungsvereinbarung. Jedenfalls verpflichtet sich Staercke, seine beim Landgericht eingereichte Klage gegen den Zeitungsverlag sofort zurückzuziehen. Dieser übernimmt nicht nur die eigenen Anwaltskosten, sondern zahlt dem Hofrat noch einmal 2.000 DM für dessen Beratungsaufwendungen. Und damit alles wasserdicht ist, bestätigen Verlagsleiter Kurt Gasper und Staercke-Sohn Pieter Klaas per Unterschrift, dass die Vertragspartner auch wirklich persönlich unterzeichnet haben. Ein Notar, wie man es bei einer solch elementaren Angelegenheit hätte erwarten können, war nicht eingeschaltet.

Sorgte schon die »Umwidmung« des WT zur »Lippischen Zeitung« für erhebliche Unruhe bei den Mitbewerbern, so wiederholt sich das ein paar Monate später nach der Ankündigung des Wiedererscheinens der LZ. Diesmal sind es die *Freie Presse* und – als lautstarke Vorhut – die lippische SPD, die kräftig vom Leder ziehen. Unterbezirksgeschäftsführer und Bundestagsabgeordneter

August Berlin bezeichnet es in einem Flugblatt »an die Bevölkerung von Lippe«[8] als »grobe Täuschung«, wenn die Herausgeber den Eindruck erweckten, es handele sich bei dem Objekt um die Fortsetzung der »alten« LZ. Da der Nachrichtenteil nach wie von dem der FDP nahestehenden WT komme, könne sich das neue Blatt auch nicht als »einzige unabhängige Heimatzeitung des Lipperlandes« titulieren. Nachdem er auf Staerckes Verkauf des Verlagsrechtes der LZ an die *Staatszeitung* hingewiesen hat, fährt Berlin fort:

> In unserer jungen Demokratie möchten wir bei allen öffentlichen Vorgängen Klarheit haben, und die Presse ist ein Teil des öffentlichen Geschehens. Wir haben nichts gegen neue Zeitungen einzuwenden, wenn sie nicht ausdrücklich aus Gelderwerbsgründen erscheinen oder mit unlauteren Mitteln verwerfliche Praktiken betreiben.

Dass die LZ nichts anderes als die Fortsetzung der Lokalausgabe des WT sei, zeige schon die Tatsache, dass sie nur viermal in der Woche erscheine, weil die Dortmunder auch nur viermal die entsprechenden Matern anlieferten. Im Übrigen handele es sich bei den Verlagsräumlichkeiten in der Paulinenstraße 14 nicht etwa um eigenen Besitz, sondern lediglich um eine gepachtete Liegenschaft, auf die die SPD wegen der Einziehung des »mit lippischen Arbeitergroschen« errichteten *Volksblattes* durch die Nazis Anspruch erhebe.

Ende Oktober eilt FP-Verleger Emil Groß persönlich zu einer Botenversammlung ins Detmolder Volkshaus, um Argumentationshilfe gegen das neue Blatt zu geben und die angekündigte Preissenkung zu erläutern. Die Boten sind zu jener Zeit nicht nur für die Verteilung der Zeitung und das Kassieren des Abo-Preises zuständig, sie stellen auch das wesentliche Standbein der Vertriebswerbung dar. Dies alles hat offensichtlich nicht den erwarteten Erfolg. Die Vertriebsleitung jedenfalls empfiehlt in einem vertraulichen

---

8 LAV NRW OWL, D 72 Krekeler, Nr. 16.

Schreiben an alle Geschäftsstellenleiter der FP, sich von den »Nieten« zu trennen.[9]

Auch die *Neue Lippische Rundschau* der *Westfalen-Zeitung* versucht nach Ankündigung des Wiedererscheinens der LZ, die Reihen zu schließen. In einer Mitteilung »an unsere Leser«[10] bezeichnet sich das Blatt zwar eingangs als »ruhende[n] Pol in der Erscheinungen Flut«, belegt durch die dann folgende Wortwahl genau das Gegenteil. Da ist von »seltsamen Werbemethoden« der LZ die Rede und auch von »billigen Versprechungen«. Zudem rühme sich das Blatt, das »zur Abwechslung« den Titel »Lippische Landeszeitung« annehmen wolle, damit, »keinen politischen Standpunkt zu haben«. Die WZ-Verantwortlichen hauen dann in dieselbe Kerbe wie August Berlin, wenn sie das Anknüpfen an die LZ-Tradition als »allzu irreführend« bezeichnen, handele es sich bei der Zeitung doch um nichts anderes als die Fortsetzung des aus Dortmund kommenden WT. Im Übrigen solle die Leistung entscheiden.[11]

Dass Hermann Bösmann neben der LZ auch weiterhin – bis in das Jahr 1950 hinein – das *Volks-Echo – Die Zeitung der Werktätigen in Westfalen und Lippe* druckt, sollte für ihn persönlich nicht ohne Folgen bleiben. Wegen eines Artikels über die seiner Auffassung nach unverhältnismäßige Verurteilung von Redakteuren einer anderen kommunistischen Zeitung, die einen Demontagestopp für die ehemaligen Reichswerke Hermann Göring bei Salzgitter[12] gefordert hatten, wird nicht nur *Volks-Echo*-Chefredakteur Ernst

---

9 Stadtarchiv Bielefeld, Freie Presse Nr. 109/1.

10 *Westfalen-Zeitung – Neue Lippische Rundschau* vom 15.11.1949.

11 Und dabei schneidet die *Rundschau* in den folgenden Jahren gar nicht so schlecht ab. Im Gegensatz zur *Freien Presse*, die bis zu ihrer Fusion mit der *Westfälischen Zeitung* Auflagenverluste in Lippe zu verkraften hat, macht die *Rundschau* beträchtlich Boden gut und ist 1964 bereits die Nummer 2 auf dem heimischen Markt. In diesem Jahr verkauft sie laut Meier (1999), S. 187, 11.143 Exemplare im Kreisgebiet, die FP aber nur 10.338. 1970 vertreibt sie sogar knapp 14.000 Exemplare in Lippe, die LZ liegt zu diesem Zeitpunkt bei gut 35.000 Stücken.

12 Eine gute Zusammenfassung der damaligen Ereignisse steht im Nachrichten-Magazin *Der Spiegel* vom 25.8.1949.

Nagel[13] von der britischen Justiz wegen »Behinderung« derselben verhaftet. Auch Hermann Bösmann als Drucker muss sich wegen desselben Deliktes vor Gericht verantworten, kommt aber mit einem blauen Auge davon. Während Nagel in Herford zu vier Monaten Gefängnis verurteilt wird, verlässt der Detmolder das Gericht als freier Mann.

Wie knapp er allerdings einer Verurteilung entkommt, ist dem Protokoll der Verhandlung vor dem Obergericht der britischen Kontrollkommission in Herford zu entnehmen.[14] Bösmanns Anwalt hatte zur Verteidigung seines Mandanten auf eine Klausel im Vertrag mit dem *Volks-Echo* hingewiesen, wonach der Drucker »keine Verantwortung für die Veröffentlichungen in der von ihm gedruckten Zeitung« habe. Dies aber ist laut Richter ein »Irrtum«, weil sich Bösmann nicht per Vertrag von seiner Haftung vor dem Gesetz befreien könne. Obwohl also sich auch Bösmann der »Missachtung« schuldig gemacht habe, sei er, der Richter, bereit anzunehmen, »dass er in gutem Glauben handelte, dass sein Beitrag ein technischer war«. Diese Ausführung sei als Warnung an alle Drucker zu verstehen, Artikel 2 des Gesetzes Nr. 5[15] zu beachten, und ihre Geschäfte derart zu gestalten, dass sie keine Verstöße begehen.

Gegen Bösmann war am ersten von zwei Prozesstagen ein gleich wieder aufgehobener Haftbefehl erlassen worden, weil er angeblich nicht zur

---

13 Nagel, 1912 in Lage geboren, arbeitet 1945 auf Empfehlung von Wilhelm Mellies zunächst als Sekretär von Landespräsident Heinrich Drake. 1946 geht er zum *Volks-Echo*, wo er im Juni 1947 Chefredakteur wird. Im August 1950, nach mehreren Verurteilungen und einem längeren Veröffentlichungsverbot für das *Volks-Echo*, verlässt er das Blatt.

14 LAV NRW OWL, D 107, Nr. 9.

15 Der Richter bezieht sich hier auf das Gesetz Nr. 5 der Alliierten Hohen Kommission für Deutschland. Dieses ist Teil des Besatzungsstatuts, das im September 1949 mit Gründung der Bundesrepublik in Kraft tritt und Sonderrechte für die Westalliierten festschreibt. Das hier maßgebliche Gesetz trifft Regelungen »über die Presse, den Rundfunk, die Berichterstattung und die Unterhaltungsstätten« und lautet in Artikel 2 unter anderem: »Jedem Unternehmen und jeder Person, die an einem Unternehmen beteiligt ist oder dessen Einrichtungen benutzt, ist es verboten, so zu handeln, dass das Ansehen und die Sicherheit des alliierten Personals gefährdet wird oder gefährdet werden könnte.«

Verhandlung gekommen war.[16] Das Kapitel *Volks-Echo* wird dann 1950 beendet (Verbot der Zeitung vom 11.8. bis 8.11.1950), holt das Haus im Zuge des KPD-Verbotsverfahrens im Jahre 1957 aber noch einmal ein – obwohl im Verlag dies kaum jemand mitbekommen haben dürfte. In dem »Einziehungsbescheid« des Innenministers über das Vermögen des inzwischen in Bielefeld ansässigen *Volks-Echo*-Zeitungsverlages [17] ist von einem Forderungserlass der Firma »Bössmann« in Höhe von 23.429 Euro gegenüber dem KPD-Verlag die Rede – und zwar noch zum 30. Oktober 1950. Die Behörden werten dies als »mittelbare Subvention« der Zeitung, da der Drucker mutmaßlich »von der KPD anderweitig entschädigt worden« sei - möglicherweise mit von der Partei bezahlten Papierlieferungen aus Polen. Irgendwelche Folgen für das Detmolder Unternehmen haben diese Spekulationen aber wohl nicht.

Mit dem Wiedererscheinen der *Lippischen Landes-Zeitung* – und erst recht nach dem frühen Tod des Firmengründers Hermann Bösmann – gewinnt in den Unternehmen ein Mann an Bedeutung, der kurz nach dem Krieg aus dem Lüneburger/Hamburger Raum nach Detmold kommt und vermutlich am 13. Februar 1946 bei Bösmann anheuert: der Prokurist und spätere Verlagsleiter Kurt Gasper.[18] Mit seinem Namen sollte die wirtschaftliche Entwicklung der

---

16 Die Schilderung der Ereignisse stützt sich auf die Berichterstattung des *Volks-Echos* über den Prozess (im Wesentlichen am 4., 12., 13. und 19. April 1950). Auch die LZ berichtet kurz am 14. April. Ende Mai wird Nagel wegen der Beleidigung von Richtern vom Bielefelder Landgericht zu weiteren fünf Monaten Gefängnis verurteilt. Er hatte scharfe Kritik an einem seiner Meinung nach zu milden Urteil gegen ehemalige Gestapo-Beamte geübt. Am 14. August berichtet die LZ, dass 8 KPD-Zeitungen, darunter auch das *Volks-Echo*, zu diesem Zeitpunkt verboten seien.

17 LAV NRW OWL, D 29, Nr. 61.

18 Zu dem Eintrittsdatum Gaspers in das Unternehmen gibt es unterschiedliche Angaben. Der 13. Februar 1946 wird in einer kurzen Notiz genannt, mit der die LZ Gasper für die jahrzehntelange Gestaltung der Meinungsseite dankt (LZ vom 2.7.1988). Ein weiterer Hinweis deutet auf den 26. Februar 1946 hin. Im Firmenarchiv finden sich zu diesem Datum Briefe des Gründungschefredakteurs der *Neuen Westfälischen*, Heinz Liebscher, des NW-Geschäftsführers Alois Hüser und der Chefredaktion. Darin gratulieren diese 1971 Gasper zur 25-Jährigen Betriebszugehörigkeit. In den Unterlagen der MCG-Gehaltsbuchhaltung wird Gasper allerdings erst seit dem 1.4.1946 geführt. Gasper war noch bis zum 23.3.1946 in Bevensen offiziell gemeldet, danach in der Hauptstraße 324 in

Lippischen Landes-Zeitung und die inhaltliche Ausrichtung vor allem des Lokalteils, mitunter aber auch der überregionalen politischen Seiten, für die nächsten Jahrzehnte auf das Engste verbunden sein. Er selber sieht das in einem Schreiben an den Mindener-Tageblatt-Verleger Hansheinrich Thomas, verfasst zwei Tage nach der 200-Jahr-Feier der LZ, überaus selbstbewusst wie folgt:[19] »Sie meinen, dass ich mehr Anteil am Verlagsgeschehen habe, als nach außen hin zu erkennen ist. Das ist zweifellos richtig, zumal [...] der leider viel zu früh verstorbene Herr Bösmann kein Zeitungsverleger gewesen ist. [...] Ohne sein Wirken irgendwie schmälern zu wollen, möchte ich doch in aller Bescheidenheit sagen, daß sowohl der Gedanke der Herausgabe einer unabhängigen Tageszeitung und seine Durchführung und der Aufbau des LZZG auf meinem Mist gewachsen sind.« Kurz darauf, im Januar 1968, heißt es in einem Brief an den ehemaligen Detmolder Stadtdirektor und Bürgermeister Dr. Richard Moes sogar unter Hinweis auf das Ableben Hermann Bösmanns: »Sein Tod kam nicht zuletzt deshalb mindestens zwei Jahrzehnte zu früh, weil die Geschäftsleitung unseres Hauses schon seit langem überfordert ist und es nur unter Zurückstellung aller persönlichen Wünsche bisher möglich gewesen ist, mit einem relativ kleinen Team das gesamte Unternehmen weiter auszubauen.«

Hiddesen (heute Friedrich-Ebert-Straße), ab dem 27. Mai 1949 dann in der Lönsstraße 17 in Detmold. Vermutlich hat Gasper den Agenturvertrag Bösmanns für die Zeitung *Die Welt*, der 1946 geschlossen wurde, aufgrund früherer Verbindungen eingefädelt. Dieser Vertrag wird später, in einem nicht gekennzeichneten Beitrag zum Einzug in das neue Gebäude an der Orbker Straße 111 (heute Ohmstraße 7) im Jahre 1983, als »Keimzelle« der Firma LZZG bezeichnet. Das Blatt *Die Welt*, erstmals am 2. April 1946 erschienen, wird damals allerdings noch nicht vom Springer-Verlag herausgegeben, der es erst 1953 erwirbt, sondern von der britischen Besatzungsmacht. Liebscher, der 1971 bereits als »freiberuflicher Berater der NW-Verlagsleitung« fungiert, und Gasper pflegten übrigens einen regen Austausch auch über Firmeninterna. Der Detmolder hält zudem die Laudatio bei einem Empfang zu Liebschers 60. Geburtstag am 1. September 1969 in Bielefeld. Einen Tag später wird auf einer Sonderseite der *Neuen Westfälischen* eines der seltenen Fotos veröffentlicht, auf dem Gasper abgebildet ist. Informationen eines ehemaligen LZ-Mitarbeiters, wonach sich Gasper bei Bösmann eigeninitiativ mehrfach beworben haben soll, ließen sich nicht verifizieren.

19 Das Schreiben befindet sich in einer der »Privatakten« Gaspers.

Intern und extern eher zurückhaltend agiert demgegenüber Bösmann-Schwiegersohn Helmut Giesdorf, ein ehemaliger Berufssoldat und seit 1948 ebenfalls Prokurist. Nach dem Tod des Unternehmensgründers wird er 1950 nach dessen testamentarischem Willen Geschäftsführer von Druckerei, Großvertrieb und Verlag sowie Generalbevollmächtigter von Alleinerbin Dore Bösmann. Vor allem die Gesellschafterstruktur des Verlages, der zu 50 Prozent Herbert Kauffmann gehört, wird ihn in den folgenden Jahren stark beschäftigen.

Gasper, dessen Schwiegereltern seit 1941 in Detmold beziehungsweise Hiddesen leben, greift von Beginn an regelmäßig selbst zur Feder, seine ungezeichnete Wochenkolumne »Wie wir es sehen« wird zu einem festen Bestandteil der Wochenendausgabe. Beträchtlichen Einfluss in Honoratiorenkreisen gewinnt er durch die Mitgliedschaft im Lions Club Detmold, den er 1959 mitbegründet, und – bereits seit 1955 – als treibende Kraft hinter dem »Wirtschaftspolitischen Arbeitskreis Lippe-Ostwestfalen (in Verbindung mit dem Rhein-Ruhr-Club)«. Ausschließlich vor geladenen Gästen referieren dann über mehr als eineinhalb Jahrzehnte zumeist im Bad Meinberger Kurhaus »Zum Stern« mehr oder weniger namhafte Gäste – darunter Dr. Josef Augstein (»Spiegel-Affäre«), Conrad Ahlers (»Verteidigungspolitik«) oder Hjalmar Schacht (»Finanzpolitik«).[20]

Gasper ist auch derjenige in der Führungsetage, der über eine einschlägige Vorbildung im Verlags- beziehungsweise Pressegeschäft verfügt. Erworben hat er sich diese in der Zeit des Nationalsozialismus – unter anderem ab 1933 als Volontär und dann Schriftleiter bei einer Heimatzeitung und schließlich als Mitarbeiter im »politischen und pressepolitischen Apparat des

---

[20] Ein besonderer Coup gelingt Gasper und seinem Mitstreiter Dr. Horst Hohensee, einem vormaligen Mitarbeiter des auf Börseninformationen spezialisierten Detmolder Curt-L.-Schmitt-Verlages, im November 1957. Der Vortrag des seinerzeitigen Botschafters der Sowjetunion in der Bundesrepublik Deutschland, Andrej Smirnow, über »Außenhandelsbeziehungen der UdSSR« ist sogar dem Wochenblatt *Die Zeit* einen Artikel wert (7.11.1957).

Gaupresseamtes Osthannover« in Lüneburg.[21] Am 30. Juni 1914 in Bevensen geboren, besteht Gasper im März 1933 das Abitur am Reformrealgymnasium Uelzen. Nahezu zeitgleich tritt er in die NSDAP ein und geht anschließend für ein paar Monate in den Freiwilligen Arbeitsdienst, wo er sich eine schwerere Fußverletzung zuzieht. Gasper nimmt zum 1. Oktober 1933 sein Volontariat auf. Nach einigen Jahren bei der Tagespresse – unter anderem der *Allgemeinen Zeitung der Lüneburger Heide* in Uelzen – wechselt er zum 1.12.1938 zum Presseamt der NSDAP-Gauleitung Osthannover und ist damit offiziell als Schriftleiter[22] bei der Partei angestellt. Auf Ortsgruppenebene ist er laut eigener Auskunft zeitweilig als politischer bzw. Schulungsleiter tätig. Als besondere Qualifikation benennt er 1940 in einem Fragebogen des Reichspropagandaministeriums »die volle Beherrschung des technischen Zeitungsapparates«.

Gasper, der wegen seiner Verletzung als einfacher Soldat der Fahr-Ersatz-Abteilung 11 in Hannover zugeordnet ist, verstärkt Mitte Juni 1940, also

---

21 Die folgenden Angaben fußen auf den Inhalten einer Akte, die unter der Signatur R55/23479 (Bd. 1) in der Abteilung Berlin-Lichterfelde des Bundesarchivs aufbewahrt wird. Es handelt sich dabei um Unterlagen über das Personal von Propagandakompanien aus dem Reichsministerium für Volksaufklärung und Propaganda. Das Archivgut befand sich bis zur Wende in der Obhut des Ministeriums für Staatssicherheit der DDR. Es besteht im Falle Gasper unter anderem aus einem Lebenslauf, einem Fragebogen des Reichspropagandaministeriums sowie verschiedenen Schriftwechseln. Weitere Details finden sich in der Akte NW O 23360 im Landesarchiv NRW, Abt. Rheinland, in Duisburg, die anlässlich einer geplanten Bundesverdienstkreuzverleihung an Gasper Mitte der 1970er Jahre angelegt wurde.

22 Gasper ist im »Handbuch der deutschen Tagespresse« von 1937 neben drei anderen Redakteuren als Schriftleiter (ohne näher definierten Aufgabenbereich) verzeichnet. Der Begriff Schriftleiter bezeichnet nicht, wie man annehmen könnte, eine führende Position in einer Redaktion, sondern die eines normalen Journalisten. Nach dem 1934 in Kraft getretenen Schriftleitergesetz durfte diesen Beruf nur ausüben, wer in eine entsprechende Liste der Reichspressekammer, die wiederum dem Propagandaministerium unterstand, eingetragen war. Damit war der Schriftleiter auf Loyalität zum NS-Staat verpflichtet und nur noch nachrangig auf die von einem Verleger vorgegebene Linie. Das erleichterte natürlich die Gleichschaltung der Presse. Gasper war eigenen Angaben zufolge in die sogenannte A-Liste eingetragen, die ihn berechtigte, »auf allen Gebieten unbeschränkt journalistisch tätig zu sein«.

während des Westfeldzuges, seine Bemühungen um Aufnahme in eine der Propagandakompanien der Wehrmacht. Als das Ministerium seine Tauglichkeit anzweifelt, bringt er ein Attest des zuständigen Truppenarztes bei, das ihm volle Einsatzfähigkeit bescheinigt. Als dann in einem internen Vermerk »die Arbeiten des Herrn Gasper als vorzüglich« eingestuft werden, steht der gewünschten Verwendung nichts mehr im Wege. Ministerialrat Werner Stephan[23] sieht ihn dann im August für einen Einsatz in Frankreich vor.

Zwei Jahre später wendet sich Gasper von Saint-Germain bei Paris aus erneut an das Propagandaministerium mit der Bitte, ihn für einen dreimonatigen Fronteinsatz vorzusehen, damit er zum Offizier befördert werden kann. Als »Leiter der Gruppe Presse der Propagandastaffel Nordwest-Frankreich« beklagt er, zu diesem Zeitpunkt lediglich Wachtmeister und Offiziersanwärter zu sein. Gasper ist als »Sonderführer Z« eingestuft, was etwa dem Dienstgrad eines Leutnants oder der Funktion eines Zugführers entsprach.[24] Sein Wunsch geht in Erfüllung, als er im November 1942 zum »Sondereinsatz in Afrika« abkommandiert wird.[25] Mit der Ernennung zum Leutnant wird es allerdings so schnell nichts, weshalb Gasper im April 1943 noch einmal in Berlin nachfragt. Die Beförderung erfolgt dann endlich zum 1. Dezember 1943; im Februar 1944 meldet er sich mit neuem Dienstgrad aus

---

23 Stephan, der nach dem Krieg in der FDP unter anderem als Bundesgeschäftsführer Karriere machen sollte, ist als Büroleiter von Reichspressechef Otto Dietrich ab 1939 für die Ausstattung der Propagandakompanien mit sogenannten Wortberichterstattern zuständig. Der Ministerialrat, vor der Nazi-Zeit bei der linksliberalen DDP aktiv und schon in der Weimarer Zeit im Reichspresseamt tätig, soll bis 1945 mehrfach zugunsten des späteren Bundespräsidenten Theodor Heuss interveniert haben.

24 Sonderführer hatten in der Regel keine militärische Befehlsbefugnis, sondern waren aufgrund von Spezialkenntnissen verpflichtet worden. Der Wunsch Gaspers, ein »echter« Offizier zu werden, hat wohl auch mit der Tatsache zu tun, dass Sonderführer in der Wehrmacht gerne »Schmalspuroffiziere« genannt wurden.

25 Vor dem Afrika-Einsatz wird Gasper im September 1942 dem Propagandazug im »Sonderstab F« zugewiesen worden. Diese von Fliegergeneral Hellmuth Felmy geleitete Truppe war 1941 zur Durchführung von Sonderaufträgen im Nahen Osten (»Militärmission Irak«) aufgestellt worden. Die geplanten Aktionen werden aber nie durchgeführt. Die Soldaten werden anderweitig eingesetzt – teils in Afrika, teils in Südrussland.

Italien vom »Landekopf N.«,[26] dann wieder, nach der Räumung von Rom, aus dem Raum Volterra in der Toskana.

Das erstaunlichste und zugleich verstörendste Dokument findet sich am Ende der Akte im Bundesarchiv. Am 17. Oktober 1944 schreibt der persönliche Presseadjutant von Joseph Goebbels, Wilfred von Oven, an Stephan:

> Wie ich befürchtete, hat Dr. Fochler-Hauke[27] den Posten eines persönlichen Pressereferenten beim Herrn Minister abgelehnt. Ich wäre Ihnen daher außerordentlich dankbar, wenn Sie mich bei der Suche nach einem Nachfolger weiter unterstützen würden. Dr. F. benannte als eventuell infrage kommend einen Kameraden, Leutnant Kurt Gasper. Darf ich Sie bitten, mir Personalunterlagen zur Verfügung zu stellen?

Daraus ist dann allerdings nichts geworden, von Oven blieb im Amt und arbeitete später unter anderem für *Spiegel* und FAZ sowie den Bundesnachrichtendienst. Allerdings war Gasper mit Wirkung vom 16. November 1944 von der Propaganda-Ersatz-Abteilung in Potsdam ins Ministerium versetzt worden – mit unbekanntem Auftrag.

Durch die Aktenlage kann als bestätigt gelten, dass Kurt Gasper ein überzeugter Nationalsozialist war. Die Tatsache, dass er bei der Partei angestellt war und dort auch Funktionen auf regionaler Ebene bekleidete, spricht eindeutig dafür – ebenso seine relativ frühe Mitgliedschaft im Jahre 1933 noch vor dem Abitur. Die Wortwahl in den Dokumenten zeugt aber auch von einem stark ausgeprägten Opportunismus. Gasper will in der Partei, mehr noch in der Wehrmacht, unbedingt Karriere machen und schreckt dabei auch nicht vor dem Umgehen des Dienstweges zurück – viel herausgekommen ist nach vier Jahren

---

26 Gemeint ist offensichtlich Nettuno südlich von Rom, wo die Alliierten im Januar 1944 gelandet waren. Diese amphibische Operation steht in engem Zusammenhang mit der berühmten Schlacht um Monte Cassino.

27 Während des Krieges und danach Geographie-Professor in München, später bekannt geworden durch Herausgabe des Fischer-Weltalmanachs.

mit dem Oberleutnant-Dienstgrad nicht unbedingt. Allerdings muss die Linientreue bis zum Schluss groß gewesen sein, sonst wäre er im Oktober 1944 – also nach der Befreiung Frankreichs und dem Vorstoß der Roten Armee bis Warschau – nicht als persönlicher Presseadjutant für Goebbels gehandelt worden. Hätte er die ganz große Karriere gemacht, würde sein Name wohl auch öfter bei der Archiv-, Bibliotheks- und Internet-Recherche auftauchen.[28]

Auch nach dem Krieg tut sich Gasper schwer, Distanz zu dieser Zeit zu gewinnen. Nahezu jeder, der dienstlich oder privat mit ihm zu tun hatte, kennt die immer wieder mit dem Unterton der Begeisterung erzählten Geschichten vornehmlich aus Paris und vom Afrika-Feldzug. Ein kritischer Blick auf das eigene Verhalten in der Nazi-Zeit – oder etwa ein Bedauern darüber – war bei ihm nicht auszumachen. Im Gegenteil: Wenn er sich im Dezember 1966 in einem Brief an einen Freund aus Pariser Tagen als Angehörigen »unserer verlorenen Generation« bezeichnet, über eine zu hohe berufliche Belastung klagt und mit gerade einmal 50 Jahren darüber sinniert, »wie alt man geworden ist und was alles hinter uns liegt«,[29] dann schwingt da schon eine gehörige Portion Larmoyanz mit.

Zu diesem Selbstmitleid passt dann allerdings nicht so recht der von Arroganz geprägte, respektlose Umgang, den er gegenüber Mitarbeitern, Dienstleistern, Kooperationspartnern und teilweise auch Angehörigen der

---

[28] Deutlich wird beim Aktenstudium und der anschließenden Recherche aber wiederum, wie viele Journalisten, die im »Dritten Reich« aktiv waren, nahtlos ihre Tätigkeit zum Teil schon während der Besatzungszeit, aber dann um so mehr in der Bundesrepublik fortsetzen konnten. Auch Augstein, Springer, Nannen und andere haben bekanntlich NS- und SS-Angehörige ohne Bedenken weiterbeschäftigt – nicht unbedingt ein Ruhmesblatt in der deutschen Pressegeschichte. Verleger und Journalisten waren diesbezüglich kein Stück anders als Juristen, Mediziner, Lehrer oder sonstige Stützen des NS-Systems. Einen knappen, gut lesbaren Überblick zu diesem Thema geben Frei und Schmitz (1989), S. 181-196. Darin heiß es auf S. 189 unter anderem: »Den wenigen, die 1933 den Journalismus wegen Berufsverbot oder aus eigenem Entschluß verlassen hatten, zum Teil emigriert und nun als demokratische Gewährsleute zurückgekehrt waren, blieb im Grunde gar keine andere Wahl als zu akzeptieren, daß auch ein ›neuer‹ Journalismus auf das Gros der ›alten‹ Profis angewiesen sein würde.«

[29] Aus Briefen, die sich im MCG-Firmenarchiv befinden.

Eigentümerfamilie bis zuletzt an den Tag legt. Auch scheut sich Gasper nicht, in privaten Streitigkeiten mit Veröffentlichungen in der LZ zu drohen.[30] Bereitwillig entwirft und textet er Kandidatenbriefe für die Schieder-Schwalenberger Liberalen (die natürlich bei Bösmann gedruckt werden). Autoren mit durchaus beachtlicher nationalsozialistischer Vergangenheit kommen in der LZ immer wieder mit längeren Beiträgen zu Wort, so der frühere Detmolder und Lemgoer »Kreissportlehrer« Heinrich Röhr oder der in Heipke geborene ehemalige Hauptlektor der »Prüfungskommission zum Schutze des NS-Schrifttums« und Gauwirtschaftsberater, Professor Heinrich Hunke. Auch an verschiedenen Buchprojekten des Bösmann-Verlages waren beide beteiligt.

Die nationalsozialistische Vergangenheit ist Heinrich Drake ebenfalls bekannt. Im September 1959 schreibt der seinerzeitige Landesverbandsvorsteher an den niedersächsischen Ministerpräsidenten Hinrich Kopf:

> Seit zwölf Jahren sitzt hier in Detmold als Manager (Prokurist) der LZ Herr Kurt Gasper, der nach einer vor etwa zehn Jahren vorgenommenen polizeilichen Feststellung erklärter Vertrauter der NSDAP war und nach dieser mir vor Kurzem vom RP erteilten Auskunft im Propagandaministerium mit Goebbels zu tun gehabt hat. [...] Er schreibt anonym, sein Name tritt nie hervor, der »Sitz«redakteur ist ein anderer. Die LZ veröffentlicht von Zeit zu Zeit hier überall und besonders in Parteikreisen als gehässig, sensationell und unwahrhaftig empfundene ziemlich unbeachtete Unterstellungen gegen den Landesverband Lippe und natürlich auch gegen mich.[31]

---

30 In den »Privatakten« im Firmenarchiv findet sich ein entsprechendes Schreiben, in dem es um möglicherweise schadhafte Klinker der Dörentruper Sand- und Tonwerke geht, die auf Gaspers privater Terrasse verlegt worden sind.

31 LAV NRW OWL, D 72 Drake, Nr. 84.

Diese Vertraulichkeit unter Genossen ist umso bemerkenswerter, als sich beide nach dem Kriege über die Eingliederung Lippes in eines der Bundesländer zerstritten hatten. Kopf hat zeitweilig sogar den Plan verfolgt, dem Land Niedersachsen nicht nur Lippe, sondern auch noch Minden-Ravensberg einzugliedern. In dieser Beziehung steht Kopf[32] übrigens dem gebürtigen Niedersachsen Gasper sehr viel näher als seinem Parteifreund Drake.

Das Verhalten Gaspers während der Zeit des Nationalsozialismus wird von den NRW-Landesbehörden ab 1974 noch einmal gründlich untersucht, nachdem der FDP-Kreisverband Lippe angeregt hatte, den Verlagsleiter, Geschäftsführer und Prokuristen mit dem Bundesverdienstkreuz auszuzeichnen.[33] Begründet haben dies die Liberalen unter anderem mit Gaspers angeblichem Verdienst um die Erhaltung der kommunalen Einheit des früheren Landes Lippe, seinem Einsatz für Aufbau und Entwicklung des lippischen Realschulwesens sowie seinem ehrenamtlichen Wirken im Kuratorium der »Schaumburger Märchensinger« und als Motor des Wirtschaftspolitischen Arbeitskreises. Besonders hervorgehoben wird die von Gasper wöchentlich veröffentlichte Meinungsseite, deren Ziel es gewesen sei, »den Bürger zur konstruktiven Mitarbeit am kommunalen Geschehen zu veranlassen«. Nicht zuletzt auf seine Initiative sei es zurückzuführen, dass Landespräsident Drake das Bundesverfassungsgericht in Karlsruhe angerufen habe, »um den Charakter der ›Punktationen‹ juristisch definieren zu lassen«.[34]

---

32 Alles Wesentliche zu Kopf in der Biographie von Teresa Nentwig (2013).

33 Der gesamte Vorgang kann im Landesarchiv NRW, Abt. Rheinland, in Duisburg eingesehen werden. Die Akte trägt die Kennzeichnung NW O Nr. 23360.

34 In der Fachliteratur findet sich diese Auffassung nicht bestätigt. Im Juli 1955 stellt das Bundesverfassungsgericht fest, dass der Landesverband und die beiden lippischen Kreise berechtigt sind, die lippische Bevölkerung zu vertreten. Alle anderen Anträge der Lipper, darunter der Versuch, die Durchsetzung des NRW-Schulgesetzes in Lippe zu verhindern, scheitern, weil die »Punktationen« nicht als Staatsvertrag angesehen werden könnten. Immerhin bezeichnet das Gericht diese als Versprechen der Landesregierung, auf dessen Einlösung das ehemalige Land Lippe einen moralischen Anspruch habe. Näheres dazu bei Niebuhr (1999). – Zum Schulstreit u. a. Ernst (1994).

Nahezu drei Jahre sollte es dauern, bis sich das Land durchringen konnte, dem Bundespräsidenten einen entsprechenden Vorschlag zu unterbreiten. Dabei hatte der mit der Prüfung des Anliegens beauftragte Sachbearbeiter in seinem Abschlussbericht noch gewarnt:

> Zusammenfassend ist festzustellen, dass Herr Gasper während des ›Dritten Reichs‹ bei der NSDAP-Führung als besonders zuverlässiger Nationalsozialist und Journalist galt, dem man – wenn auch nur vorübergehend – die Leitung des Gaupresseamtes der NSDAP in Lüneburg anvertrauen konnte. Es muss auch davon ausgegangen werden, dass er aufgrund seiner journalistischen Berufserfahrung und seiner erkennbar positiven Einstellung zum Nationalsozialismus 1940 zur Propagandatruppe versetzt wurde. Während des Kriegsdienstes konnte die Teilnahme an kriegsverbrecherischen Handlungen nicht nachgewiesen werden. [...] Schließlich ist die Abordnung zum Reichsministerium für Volksaufklärung und Propaganda als eine weitere politische Belastung anzusehen. Es ist allgemein bekannt, das gerade das Ministerium Dr. Goebbels mit allen Mitteln die sinnlose Fortsetzung des Krieges propagandistisch unterstützte. Wenn auch die Tätigkeit des Herrn Gasper in diesem Ministerium [...] nicht mehr festgestellt werden kann, so kann nicht ausgeschlossen werden, daß noch heute gerade in Pressekreisen sein Wirken in der Zeit von 1933 bis 1945 bekannt ist und dementsprechend im Fall einer Ordensverleihung mit Reaktionen gerechnet werden muß.

Leicht macht es sich die Staatskanzlei von Ministerpräsident Heinz Kühn (SPD) wirklich nicht. So richtet sie – zum größten Teil erfolglos – Anfragen unter anderem an das Bundesarchiv Koblenz, das Militärarchiv Freiburg, das damals noch unter amerikanischer Leitung stehende Berlin Document Center (BDC), die Zentralnachweisstelle militärischer Dienstzeiten in Aachen, die Staatsanwaltschaft Lüneburg oder die in Berlin ansässige »Deutsche Dienststelle für die Benachrichtigung der nächsten Angehörigen von Gefallenen der ehemaligen deutschen Wehrmacht«. Die niedersächsische Staatskanzlei wird ebenso kontaktiert wie das Hauptstaatsarchiv Hannover, die Zentrale Stelle der Landesjustizverwaltungen in Ludwigsburg oder das Krankenbuchlager Berlin. Zwar gelingt es, einige Daten und Informationen zusammenzutragen, doch scheitern die Rechercheure letztlich, weil sie die Entnazifizierungsakten nicht finden können.[35]

Doch die ganze Mühe ist letztlich umsonst. Nachdem Orden und Urkunde bereits bei Regierungspräsident Ernst Graumann in Detmold eingetroffen sind, lehnt Gasper im Dezember 1977 die Ehrung ab. Der LZ-Manager, meldet Graumann nach Düsseldorf, halte die Auszeichnung – auch im Verhältnis zu anderen Erstverleihungen höherer Ordensstufen im Raum Lippe in der letzten Zeit – für eine persönliche Demütigung und fühle sich durch die »Rückstufung« auf das Verdienstkreuz am Bande bewusst schlecht behandelt. Ministerialdirigent Hans Wolfgang Rombach (Staatskanzlei) gewinnt in einem Telefongespräch mit Graumann den Eindruck, dieser sei der Auffassung, »dass die Verleihung des Verdienstkreuzes an Herrn Gasper im lippischen Raum auf Schwierigkeiten und Unverständnis stoßen wird«.

Interessant ist in diesem Zusammenhang, dass sich Graumann, ebenso wie Oberkreisdirektor Hilmar Lotz, ursprünglich dafür stark gemacht hatten, Gasper mit dem Verdienstkreuz 1. Klasse auszuzeichnen. Die entsprechende Begründung wird von der Staatskanzlei allerdings als »etwas dürftig« bezeichnet, so dass es beim Verdienstkreuz am Bande bleibt, der zweitniedrigsten Stufe nach der Verdienstmedaille. Gaspers Reaktion lässt darauf schließen, dass er über den Lauf der Dinge bestens informiert war. Auffällig zurückhaltend hatte sich zu Beginn des Verfahrens übrigens Detmolds Stadtdirektor Dr. Johann Kross geäußert, der feststellt, der

---

35 Trotz intensiver Recherchen ist es auch dem Verfasser dieses Berichtes nicht gelungen, festzustellen, ob es diese Akten gibt, und wenn ja, wo sie aufbewahrt werden. Es ist noch nicht einmal bekannt, wo ein entsprechendes Verfahren stattgefunden haben könnte (in NRW oder Niedersachsen oder sonst wo). Bleibt noch die Möglichkeit, dass die Akten gezielt vernichtet wurden. Oder Gasper konnte sich, wie auch immer, dem Verfahren entziehen, so dass gar keins stattgefunden hat.

Verleihungsvorschlag »wird hauptsächlich mit Verdiensten begründet, die sich Herr Gasper auf Gebieten erworben hat, die die Stadt Detmold nicht berühren. Ich bin deshalb nicht in der Lage, dazu Stellung zu nehmen. Weitere Verdienste, die eine Auszeichnung rechtfertigen könnten, sind mir nicht bekannt geworden.«

7. Das Verfahren in Celle

Als die *Lippische Landes-Zeitung* am 19. November 1949 erstmals nach dem Zweiten Weltkrieg wieder erscheint, stehen die Gesellschafter der neu gegründeten »Lippischer Zeitungsverlag GmbH« gleich vor mehreren gravierenden Problemen. Zum einen ist es ihr erklärtes Ziel, die LZ nach dem inzwischen erfolgten Fortfall der Lizenzierungspflicht als »einzige unabhängige Heimatzeitung« in den Kreisen Detmold und Lemgo zu positionieren und – möglichst als Marktführer – zu etablieren. Dass dies nicht leicht werden würde gegen drei Blätter, die sämtlich rund dreieinhalb Jahre früher an den Start gegangen waren und demzufolge als eingeführt gelten konnten, ist von vornherein klar. Die Berufung auf die lange Tradition, eine angeblich im Gegensatz zu den anderen Zeitungen »über allem Parteigezänk stehende« Grundausrichtung und die Betonung des absoluten Einvernehmens mit Vorkriegs-Verleger Max Staercke in der Erstausgabe[1] sind vorerst die einzigen Pfunde, mit denen sich wuchern lässt.

Doch es kommt noch etwas hinzu: Existenziell bedrohlich für die »neue« LZ ist ein Verfahren, das der seinerzeit noch in Hannover residierende SPD-Bundesvorstand am 6. Oktober 1949 in die Wege geleitet hatte und welches mehr als drei Jahre wie ein Damoklesschwert über der LZ hängen sollte. In

---

1 LZ vom 19.11.1949.

einem Antrag an den Allgemeinen Organisationsausschuss[2] (AOA) in Celle verlangt die Partei nämlich die Übertragung des von Bösmann gepachteten Grundstückes Paulinenstraße 14 in ihren Besitz – und zwar mitsamt der Druckerei.[3] Das Bemerkenswerte dabei: Dieses Grundstück, auf dem sich bis 1936 die Druckerei der »alten« LZ und danach die der NS-»Staatszeitung« befunden hatte, war zu keinem Zeitpunkt im Eigentum der Partei oder einer ihrer Presse-Betriebe. Das SPD-Vorkriegsorgan *Volksblatt* hatte man bis zum letzten Erscheinungstag (2. März 1933) im Gebäudekomplex Weinbergstraße 19/ Wall 9 gedruckt.

Die SPD greift über ihre Anwälte von der Allgemeinen Treuhand GmbH (ATH, Hamburg) zu einer gewagten Behauptung, um diesen Anspruch zu begründen. Sie argumentiert: Zweck des 1941 erfolgten Verkaufs des 1933 konfiszierten *Volksblatt*-Areals durch das Land Lippe sei es gewesen, das Grundstück Paulinenstraße 14 zu erwerben. Mithin müsse das gesamte Vermögen der NS-*Staatszeitung* auf die SPD – zu Händen ihrer Treuhänderin, der Phoenix-Verlag GmbH in Bielefeld – übertragen werden. Tatsache ist allerdings, dass große Teile des Grundstücks dem NS-Blatt bereits seit 1936 gehörten, nachdem Staercke – unter wirtschaftlichem wie politischem Druck stehend – den LZ-Betrieb samt Verlagsrecht veräußert hatte. Zum Zeitpunkt dieses Antrages gibt eben der Bielefelder SPD-Verlag schon seit dreieinhalb Jahren in Lippe die *Freie Presse* (FP) mit dem Untertitel *Lippisches Volksblatt* heraus.

---

2 Der »Prüfungsausschuss für Ansprüche von Organisationen aller Art« – kurz »Allgemeiner Organisationsausschuss« – wird durch die Verordnung Nr. 159 der britischen Militärregierung vom 1.8.1948 ins Leben gerufen und nimmt am 25. Februar 1949 in Celle seine Arbeit auf. Er hat die Aufgabe, die Ansprüche verschiedener Organisationen – darunter Parteien, jüdische Kultusgemeinden, das Deutsche Rote Kreuz, das Jugendherbergswerk oder auch Freimaurerlogen – auf von den Nationalsozialisten nach 1933 eingezogenes Vermögen zu prüfen und gegebenenfalls per Beschluss auf diese rückzuübertragen. Neben dem AOA gibt es in Düsseldorf und Hamburg weitere Ausschüsse, die sich mit Enteignungen von Gewerkschaften und Konsumvereinen beschäftigen. Sie werden sämtlich 1954 aufgelöst.

3 Der Antrag befindet sich im Bundesarchiv Koblenz, BA Z 36 I/528a.

Ist die Lösung einer solchen Rechtsfrage schon kompliziert genug, so kommt in diesem Fall eine Besonderheit hinzu. Nicht nur die Genossen, sondern auch Staercke sowie eine Vielzahl weiterer Personen erheben Ansprüche auf das Grundstück oder Teile desselben – allerdings nicht beim AOA, sondern beim für Privatpersonen zuständigen Wiedergutmachungsamt (WGMA) beim Landgericht Detmold. Diese Tatsache führt nun wiederum dazu, dass Celle die Notbremse zieht.

Der Hamburger Amtsgerichtsdirektor Braun, Berichterstatter des fünfköpfigen AOA-Beschlussgremiums, schreibt im März 1950 an das WGMA mit Sitz in Lage Bemerkenswertes.[4] Das von mehreren Seiten begehrte Areal an der Ecke Paulinen-/Ecke Luisenstraße (heute Bielefelder Straße) sei zunächst nicht als durch die Nationalsozialisten »entzogenes, sondern als anderweitig erworbenes Vermögen« anzusehen. Sollte es anderen Personen – beispielsweise Staercke – widerrechtlich fortgenommen worden sein, würden deren Ansprüche zunächst zum Zuge kommen. Erst falls alle anderen Forderungen vor dem WGMA scheiterten, sei der AOA an der Reihe, um seinerseits die SPD-Ansprüche zu prüfen.

Und dann noch dies: Auch über die künftige Eigentümerschaft am Grundstück Weinbergstraße19/Wall 9, das ebenfalls von der SPD beansprucht wird, müsse zunächst Klarheit herrschen. Hier sieht Braun ebenfalls das WGMA am Zug, da es sich hierbei nach dem Verkauf von 1941 an eine Privatperson nicht mehr um beschlagnahmtes NS-Vermögen handele. Halte man diese Reihenfolge nicht ein, könne es nämlich sein, dass die SPD mehr erhalten würde als ihr entzogen worden sei und sie den Wertzuwachs an das Land Nordrhein-Westfalen zahlen müsste. Dass es genauso kommen würde, auch unter Befolgung dieses Verfahrensvorschlages, ahnt Braun zum Zeitpunkt der Abfassung seines Briefes wohl nicht ...

Bereits lange vor Beginn der Rückerstattungsverfahren zeigen etliche Personen und Organisationen Interesse an den beiden Grundstücken, die von

---

[4] BA Koblenz, BA Z 36 I/528a.

dem von der britischen Besatzungsmacht eingesetzten Treuhänder Ernst Schilp verwaltet werden. Zunächst Hermann Bösmann selbst, der bereits im Juni 1947 vergeblich beantragt, den bestehenden Pachtvertrag für das Paulinenstraße-Areal um eine Klausel zu ergänzen, die ihm ein Vorkaufsrecht einräumt. Die Begründung Bösmanns, er habe erheblich investiert und sei »bemüht, die Früchte meiner Aufbauarbeit auch selbst zu ernten«, hinterlassen bei der britischen »Property Control« in Minden in Kenntnis bereits angemeldeter SPD-Forderungen wenig Eindruck. Allerdings geht die Militärverwaltung knapp zwei Jahre nach Kriegsende noch davon aus, dass die SPD lediglich Maschinen und Einrichtungsgegenstände zurückverlangt, die früher zum *Volksblatt*-Betrieb gehört haben.[5] Auch Pläne verschiedener Organisationen, im Bereich der zum Grundstück gehörenden und in den letzten Kriegstagen ausgebombten Fabrikantenvilla ein Heim für Kinder, Senioren oder Russlandheimkehrer zu errichten, werden niemals weiterverfolgt.

Während es in diesen Fällen aus offensichtlichen Gründen und mangels gesetzlicher Grundlagen zu keinem Rückerstattungsverfahren kommen kann, setzt Staercke alle Hebel in Bewegung, um sein ehemaliges Eigentum zurückzuerlangen.[6] Auch er wendet sich zunächst Mitte Mai 1949 – also mehrere Monate vor der SPD – an den AOA, der sich allerdings für nicht zuständig erklärt, da es sich um einen Anspruch von Privatpersonen handelt. Am 22. Oktober 1949, rund vier Wochen vor Wiedererscheinen der LZ, schiebt der ehemalige Hofrat einen Antrag gegen das Land NRW und die Firma Bösmann nach, in dem er erneut behauptet, »heftige Verfolgungsmaßnahmen« hätten seinerzeit zum zwangsweisen Verkauf von Druckerei, Buchhandlung und LZ-Verlagsrechten an die Nationalsozialisten geführt. Der Pachtbetrieb kommt als Antragsgegner ins Spiel, weil es in Artikel 11 des von der Militärregierung erlassenen Rückerstattungsgesetzes[7] heißt: »Rückerstattungspflichtig [...] ist in

---

5 LAV NRW OWL, D 27, Nr. 5985.

6 LAV NRW OWL, D 20 B, Nr. 3263.

7 Das »Gesetz Nr. 59«, von der britischen Militärregierung am 12. Mai 1949 in Kraft gesetzt, regelt die Rückerstattung von Vermögensgegenständen an Opfer nationalsozialistischer

erster Linie, wer bei Inkrafttreten des Gesetzes oder bei Erlaß einer Rückerstattungsanordnung das entzogene Vermögen besitzt oder darüber verfügen kann.« Wenige Tage später reicht Bösmanns Anwalt beim WGMA eine Generalvollmacht für alle Verfahren ein, die sich aus dem Rückerstattungsgesetz ergeben.

Zum Nachweis seiner »Verfolgung« scheut sich Staercke nicht, ausgewiesene Nationalsozialisten als Kronzeugen zu benennen. So finden sich in den Unterlagen Schreiben des ehemaligen NSDAP-Kreisleiters Adolf Wedderwille, des Hauptschriftleiters der *Staatszeitung*, August Prüßner, oder des zeitweiligen Presseamtsleiters des NSDAP-Gaus Westfalen-Nord, Dr. Arno Schröder (Bad Salzuflen). Die Dissertation des Letztgenannten über die »Geschichte des Zeitungswesens in Lippe« war 1932 im Verlag der Meyerschen Hofbuchhandlung erschienen.[8] Schröder bescheinigt Staercke unter anderem, NSDAP-Ortsgruppe und SA hätten die LZ – »eine der führenden politischen Zeitungen Westfalens« – boykottiert. Ihr Ende sei »einzig und allein durch ihre anti-nationalsozialistische Tendenz« herbeigeführt worden. Allerdings erhält Staercke auch moralische Unterstützung von unverdächtiger Seite. Lance Pope, Direktor der Informationsabteilung der britischen Militärregierung, schreibt, seiner Behörde sei durchaus bekannt, dass die LZ zu einer Gruppe von Zeitungen gehört habe, »die in Opposition zu den Nationalsozialisten stand«.[9]

Unterdessen drängt die ATH auf eine schnelle Beendigung des Verfahrens, damit es in Celle weitergehen kann. Sie bedient sich dabei nicht gerade feiner Methoden, wenn sie im Juni 1950 in einem Schreiben an das WGMA einfach behauptet: »Nach der Gleichschaltung ist Staercke weder

---

Unterdrückungsmaßnahmen. Es betrifft Personen, denen »aus Gründen der Rasse, Religion, Nationalität oder politischen Überzeugung« zwischen dem 30. Januar 1933 und dem 8. Mai 1945 Vermögenswerte entzogen worden sind. Das »Bundesrückerstattungsgesetz« gilt bis heute.

8 Schröder war am 1. April 1931 in die NSDAP eingetreten. Von ihm stammt auch die 1938 erschienene Nazi-Jubelschrift »Hitler geht auf die Dörfer... - Der Auftakt zur nationalen Revolution. Erlebnisse und Bilder von der entscheidenden Januarwahl 1933 in Lippe.«

9 LAV NRW OWL, D 20 B, Nr. 3263.

persönlich noch in seiner Zeitung irgendwie als Gegner der NSDAP hervorgetreten.« Und ausgerechnet die Rechtsvertreter der SPD berufen sich zum »Beweis« ebenfalls auf einen Alt-Nazi, den *Staatszeitung*-Geschäftsführer Eduard Preißler, wenn sie darlegen: »Staercke hat sich aufgedrängt, die LZ-Grundstücke 1936 zu verkaufen.« Seine Bekämpfung durch die NSDAP habe wirtschaftliche, nicht politische Gründe gehabt. Im Übrigen sei der Hofrat von der *Staatszeitung* »äußerst großzügig« behandelt worden. Die seinerzeit für Grundstück, Maschinen und Verlagsrecht gezahlten 100.000 Reichsmark seien »mehr als angemessen« gewesen.

Als sich dann einen Monat später auch noch der Oberfinanzpräsident von Westfalen aus Münster ans WGMA wendet und Widerspruch gegen Staerckes Forderungen ankündigt, sind die Würfel gefallen. Das Finanzministerium stützt sich dabei auf ein Gutachten des von ihm selbst eingesetzten Sondertreuhänders und Rechtsanwalts Dr. Karl Viering aus Bielefeld, der in der Expertise unter anderem feststellt, »dass der Zusammenbruch der LZ nicht auf Verfolgungsmaßnahmen zurückzuführen ist«. Im weiteren fällt er ein vernichtendes Urteil über die Managerqualitäten Staerckes, der das Unternehmen schon 1925 bis an die Grenze der Rentabilität belastet und in der Folgezeit den Betrieb heruntergewirtschaftet habe. Ein 1934 geschlossener Vergleich habe nicht zu einer Sanierung geführt, die zugleich erfolgte Gründung einer KG unter Beteiligung der Nationalsozialisten könne nicht als Entziehungsmaßnahme angesehen werden. Viering: »Das Unternehmen hätte liquidiert werden müssen, wenn sich nicht ein Käufer gefunden hätte.« Mit 100.000 Reichsmark sei Staercke bestens bedient gewesen.[10]

---

10 LAV NRW OWL, D 27, Nr. 2650. Viering offenbart in seinem Gutachten ein Presseverständnis, das heute irritierend wirkt. So schreibt er, wohlgemerkt unter Bezugnahme auf die Nazi-Herrschaft, unter anderem: »Maßnahmen von Parteistellen zwecks Erweiterung der eigenen Presse scheiden ganz allgemein als Verfolgungsmaßnahmen aus. Es ging darum, noch bestehende Unternehmen in die Gewalt der Parteistellen zu überführen, um die propagandistische Stellung der Partei ausschließlich zu gestalten. Diese Maßnahmen pressepolitischer Art richteten sich nicht gegen den politischen Gegner, sondern gegen die Unabhängigkeit der Presse als solcher.

Staercke sieht das natürlich weiterhin anders, wechselt noch einmal den Anwalt und bekräftigt in einem weiteren Schriftsatz an das WGMA seine Position. Am 17. Januar 1951 zieht er dann aber seinen Antrag ohne Begründung zurück. Und das nicht nur, weil die Erfolgsaussichten schlecht stehen. Einen Tag zuvor nämlich hatte Staercke in Bielefeld mit *Freie-Presse*-Verleger Emil Groß einen notariell beglaubigten Vertrag geschlossen, mit dem er sich verpflichtet, auf eigene Ansprüche zu verzichten und die SPD-Forderungen vor dem AOA »nach besten Kräften zu unterstützen«. Als Entschädigung winkt im Erfolgsfall eine Prämie in Höhe von bis zu 20.000 Mark, abhängig von den Einschränkungen, mit denen die Übertragung verbunden sein sollte.[11]

Zur gleichen Zeit hat Staercke vertragliche Vereinbarungen finanzieller Art mit dem Lippischen Zeitungsverlag, dessen Führung alles versucht, eine Übertragung des gepachteten Grundstücks an die SPD zu verhindern, weil sie dadurch die weitere Herausgabe der LZ als in höchstem Maße gefährdet ansieht. Dass Staercke nicht wohl bei der ganzen Sache ist, beweist eine weitere Klausel in dem Bielefelder Vertragswerk: Der ehemalige Hofrat würde nämlich weitere 5.000 DM bekommen, »sobald Herrn Staercke infolge dieser Vereinbarung seine derzeitigen Bezüge von der Lippischen Landes-Zeitung GmbH etwa gesperrt werden«.

Die von Groß vertretene Presse-Druck GmbH erklärt sich außerdem bereit, nach erfolgreichem Abschluss des Verfahrens Staercke verschiedene Druckerei-Utensilien zu übertragen, darunter eine Linotype-Setzmaschine, 1000

Es waren auch Druckereien und Verlage betroffen, die in Besitz von Parteigenossen waren. [...] Es darf nicht verkannt werden, dass die Presse ein Instrument der Politik ist. Der Staat kann auf dieselbe nicht verzichten und jeder politische Umschwung bringt dank der Verbindung von Politik und Presse Verlagerungen im Zeitungswesen mit sich. Jeder Verleger, der sich für eine politische Richtung entscheidet, geht damit ein dem Zeitungswesen innewohnendes Risiko ein, da die jeweilig im Staat herrschende Richtung in der Presse ein Organ gebraucht, dessen Lebensbedingungen von den jeweils herrschenden Interessen abhängen.«

[11] LAV NRW OWL, D 20 B, Nr. 3263. – Eine Abschrift des Vertrages befindet sich auch im Kreisarchiv Lippe.

Kilogramm Schriften und 500 Kilogramm Setzmaschinenblei. Außerdem sichert Groß in einem persönlichen Schreiben zu, Staercke »für die von Ihnen geplante Druckerei« zwei Betriebsräume nach der Restituierung zu vermieten.[12]

Sechs Wochen nach dem Rückzieher Staerckes, Ende Februar 1951, meldet das WGMA beim AOA Vollzug: Alle Anmeldungen auf das Grundstück Paulinenstraße 14 seien erledigt – durch Abweisung der jeweiligen Anträge. Das stimmte für die reine Immobilie, nicht aber für Maschinen und Einrichtungsgegenstände. Denn erst 1952 schmettert das WGMA Ansprüche der Erben des früheren *Lippischer-Kurier*-Verlegers Georg Ernst Münnich auf eine Linotype-Setzmaschine ab, die bei der Verschmelzung der Blätter von der NS-*Staatszeitung* 1933 »übernommen« worden war.[13] Im selben Jahr scheitern die Erben des früheren LZ-Eigentümers Adolf Neumann-Hofer mit gegen die Druckerei Tölle & Co. (später »Merkur«) gerichteten Forderungen.[14] Die Tölle-&-Co.-Gründer hatten 1937 Maschinen aus der Konkursmasse der Meyerschen Hofbuchdruckerei erworben, an der die Familie Neumann-Hofer Anteile hielt.

Schon im Dezember 1950 hatten die Neumann-Hofer-Erben sich mit einem ähnlich begründeten Ansinnen hinsichtlich der Immobilie Paulinenstraße 14 nicht durchsetzen können.[15] Gut ein Jahr später wird ein weiterer Anspruch ad acta gelegt, der bereits Ende Mai 1948 gestellt worden war und sich auf das so genannte Villengrundstück, inzwischen eine Ruine, neben dem Druckereibetrieb bezieht. Darauf reflektieren die Eheleute Friedrich und Minna Schildknecht,[16] die diese Teilfläche des Gesamtkomplexes 1938 aus der Liquidationsmasse der Meyerschen Hofbuchdruckerei erworben, dann aber sofort an die SS-Standarte 72 vermietet hatten. Nach einer Ende 1941 durch Reichsstatthalter Dr. Alfred Meyer erlassenen Enteignungsandrohung habe er

---

[12] BA Koblenz Z 36 I/528a.

[13] LAV NRW OWL, D 27, Nr. 2662.

[14] LAV NRW OWL, D 27, NR. 2664.

[15] LAV NRW OWL, D 27, Nr. 2663.

[16] LAV NRW OWL, D 20 B, Nr. 3212.

das Objekt notgedrungen an die NS-*Staatszeitung* abgeben müssen »und dadurch erhebliche Vermögenswerte verloren«, meint Friedrich Schildknecht.

Nicht verwunderlich, dass Staercke den Vorgang ganz anders beurteilt. Der NS-Verlag, so schreibt er, sei seinerzeit in einer »Notlage« gewesen, weil es in dem benachbarten Zeitungsverlag und in der Druckerei keine Luftschutzräume gegeben habe. Schildknecht soll danach 45.000 Reichsmark für den Bau erhalten haben. Woher Staercke diese Informationen haben will, bleibt sein Geheimnis; er hält sich zu diesem Zeitpunkt nicht mehr in Lippe auf, sondern leitet von Güstebiese im Oderbruch aus den neu gegründeten Maximilian-Verlag.

Trotz allem ist er aber offensichtlich Anfang 1950 bereit, sich mit Schildknecht und Bösmann an einen Tisch zu setzen, um über die Verwendung dieses Teilgrundstücks zu sprechen. Darauf jedenfalls deutet ein Schreiben von Bösmann-Anwalt Ley an das WGMA hin, mit dem er um Aufschub der endgültigen Entscheidung bittet. Diese Gespräche verlaufen aber wohl ergebnislos, der Schildknecht-Antrag wird schließlich im Februar 1951 zurückgewiesen. Begründung: Dass sich Schildknecht durch eine angedrohte Enteignung zum Verkauf habe bewegen lassen, reiche zur Anwendung des Rückerstattungsgesetzes nicht aus. Rasse, Religion, Nationalität oder politische Auffassung hätten offensichtlich keine Rolle gespielt. Im Übrigen sei es wenig wahrscheinlich, dass Schildknecht – immerhin Direktor der Landwirtschaftsschule in Lage – ein politischer Gegner des Systems gewesen sei und ausgeschaltet werden sollte.

Und was passierte mit dem ehemaligen Druckhaus des *Volksblattes* am Wall bzw. der Weinbergstraße? Dieses geht, allerdings erst im Januar 1954 ebenfalls an die SPD.[17] Ein entsprechender Antrag war bereits im Juni 1948, seinerzeit noch unter Bezugnahme auf das Militärratsgesetz (MRG) Nr. 52,[18] von

17 LAV NRW OWL, D 27, Nr. 264.

18 Mit dem Gesetz Nr. 52, bereits am 18. September 1944 vom Obersten Befehlshaber der Alliierten Streitkräfte (SHAEF) erlassen und von der britischen Militärregierung übernommen am 14. Juli 1945, werden sämtliche Vermögen der NSDAP und ihrer

Carl Severing[19] persönlich im Namen der Volksblatt GmbH gestellt worden. Die Behörden hatten das Areal 1941 an eine auswärtige Privatperson verkauft, die von der Vorgeschichte dieser Immobilie nichts gewusst haben will.[20]

Als der AOA nach Erledigung der übrigen Rückerstattungsanträge das Verfahren zum Grundstück Paulinenstraße 14 wieder aufnimmt, versuchen die Nachfolger des im August 1950 verstorbenen Hermann Bösmann mehrfach und auf verschiedenen Wegen, Einfluss auf die Entscheidungsfindung zu nehmen. Besonders erfolgreich scheinen diese Bemühungen – zumal im politischen Raum – nicht zu sein. So zeigt sich Verlagsleiter Kurt Gasper im März 1951 in einem Brief an Heinz Krekeler enttäuscht vor allem über das Verhalten der eigenen Partei:

> Der Generalangriff auf unseren Pachtbetrieb und die LZ hat vor etwa vier Wochen eingesetzt. Dass die Gegenseite sich aller Mittel bedient, um sich in den Besitz unseres Pachtbetriebes zu bringen, bedarf keiner besonderen Unterstreichung. Zu meinem Bedauern aber möchte ich Ihnen sagen, dass ich eigentlich allein auf weiter Flur stehe und von Kreisen, die normalerweise ein besonderes Interesse an dem Weitererscheinen unserer Zeitung haben sollten, kaum unterstützt werde. Es würde aber wohl zu weit führen, Sie auf

---

Organisationen, des Deutschen Reiches und seiner Untergliederungen sowie der wichtigsten deutschen Industriebetriebe beschlagnahmt und unter Aufsicht der Militärbehörden gestellt. Darin inbegriffen ist auch das der jüdischen Bevölkerung zwangsweise entzogene Vermögen.

19 Carl Severing, in der Weimarer Republik Innenminister des Deutschen Reiches bzw. des Freistaates Preußen, war erster Chefredakteur der *Freien Presse*. Er stirbt am 23. Juli 1952 in Bielefeld noch bevor die Restitutionsverfahren in Detmold und Celle abgeschlossen sind.

20 LAV NRW OWL, D 27, Nr. 2649. Das Grundstück war im April 1920 von dem SPD-Verlag erworben worden, der anschließend ein Druckereigebäude (Weinbergstraße 19/heute Paulinenstraße 9) angrenzend an das Wohnhaus Wall 9 (Fassade heute unter Denkmalschutz) errichtet hatte. Nachdem das *Volksblatt* am 2. März 1933 letztmalig erscheinen konnte, wurde der gesamte Komplex unter Verweis auf Gesetze zur Einziehung kommunistischen bzw. volks- und staatsfeindlichen Vermögens zu Gunsten des Landes Lippe eingezogen.

> diesem Wege mit Sorgen zu belasten, die mir gerade in letzter Zeit manche schlaflose Nacht bereitet haben.[21]

Auch in der Folgezeit thematisiert Gasper in Briefen an Krekeler, der inzwischen als Generalkonsul, Geschäftsträger und schließlich Botschafter oberster Repräsentant der Bundesrepublik Deutschland in den Vereinigten Staaten war, das AOA-Verfahren immer wieder und spart dabei nicht mit Kritik an der SPD (...will »die Landes-Zeitung mundtot machen«), dem Richter-Ausschuss in Celle sowie dem FDP-Landesvorsitzenden Dr. Friedrich Middelhauve (»Ich habe die Hoffnung aufgegeben [...], so tatkräftig unterstützt zu werden, dass dabei etwas Positives herauskommt«). Schließlich bittet er Krekeler sogar offen um politische Einflussnahme: »Ich möchte Sie in der für mich so unendlich schwierigen Situation bitten, einmal zu überlegen, ob sie irgendwelche Möglichkeiten der Hilfe sehen.«

Krekeler hält sich als Angehöriger des diplomatischen Dienstes merklich zurück, antwortet überhaupt nicht auf die mehr oder minder deutlich vorgetragenen Bitten, sich für die Interessen Gaspers zu verwenden. Ohne auf das Thema auch nur mit einem Wort einzugehen, platzt ihm schließlich der Kragen. So schreibt er:

> Was die politische Seite anbelangt, so habe ich durch meinen Eintritt in den Auswärtigen Dienst unseres Landes die äussere und, was ich besonders betonen möchte, die innere Verpflichtung übernommen, mich aus der Innenpolitik meines Landes herauszuhalten. Wir stehen [...] erst am Anfang des Aufbaus des Auswärtigen Dienstes. Er kann nur dann für unser Vaterland Erspriessliches leisten, wenn er von vornherein nach sauberen Grundsätzen begonnen wird. Einer davon

21 Dieses und alle weiteren Zitate stammen aus verschiedenen Briefwechseln, die Gasper und Krekeler zu Beginn der 50er-Jahre geführt haben, als sich Letztgenannter schon hauptsächlich in den USA aufgehalten hat. Beide müssen sich ab und an aber auch persönlich getroffen haben, wenn Krekeler dienstlich oder privat in Deutschland zu tun hatte. Aufbewahrt werden die Unterlagen im Münchener Institut für Zeitgeschichte unter der Signatur ED 135/85. Dort findet sich auch ein umfangreicher Nachlass Krekelers.

> ist, dass kein Angehöriger des Auswärtigen Dienstes der Parteipolitik dienen darf.

Mitte Juli 1952 stellt Gasper – wie er es schon ein Jahr zuvor vergeblich getan hatte – einen weiteren förmlichen Antrag, als Beteiligter zu den Verhandlungen zugelassen zu werden, weil der »Ausgang des Verfahrens für die Existenz des Betriebes von wesentlicher Bedeutung« sei.[22] Eine solche Tatsache rechtfertige keineswegs die gewünschte Beteiligung, heißt es in der Zurückweisung des Begehrens. Im Gegensatz zu Wiedergutmachungsverfahren nach dem Rückerstattungsgesetz, bei denen Pächter oder Mieter hinzuzuziehen seien, handele es sich bei den AOA-Beratungen um ein Verteilungsverfahren, geboren aus der Fürsorge der Besatzungsmacht für demokratische Organisationen. Der AOA habe lediglich zu prüfen, ob bei dem jeweiligen Fall die entsprechenden Voraussetzungen zur Rückübertragung vorlägen. Falls nicht, falle das betreffende Vermögen an das jeweilige Bundesland.

Bereits im Juni 1950, als die Angelegenheit in Celle wegen der übrigen Rückerstattungsverfahren ruhte, hatte sich Bösmann-Anwalt Ley erstmals mit einem entsprechenden Ansinnen an den AOA gewandt, in dem – durchaus selbstbewusst – die Aufbauleistung des Unternehmers herausgestrichen wird. Als Bösmann die ehemalige *Staatszeitung*-Druckerei[23] am 8. Mai übernommen habe, heißt es darin unter anderem, habe sich in Lippe weder eine Druckerei befunden, die betriebsfähig gewesen wäre, noch ein Druckereifachmann, der den Betrieb ins Laufen hätte bringen können. Und weiter: »Die Unterhaltung der Druckerei erschien in öffentlichem Interesse unentbehrlich für die Herausgabe von Bekanntmachungen, Vorschriften der Militärregierung und der von ihr eingesetzten deutschen Behörden.« Ausführlich wird auch der Zustand der Druckerei geschildert. Der Betrieb der *Staatszeitung* sei verwüstet

---

22 BA Koblenz, Z 36 I/528a.

23 Die *Lippische Staatszeitung – Amtliches Organ des Gaues Westfalen-Nord der NSDAP. Amtliche nationalsozialistische Zeitung der Landesregierung und sämtlicher Behörden* erscheint zum letzten Mal am 31. März 1945, einem Karsamstag. Am 4. April marschieren amerikanische Truppen in Detmold ein. Wenige Tage später wird die Stadt den Briten übergeben.

und geplündert, die Maschinen seien zum großen Teil unbrauchbar gemacht worden, Setzmaterial und Rohstoffe hätten gefehlt. »Dieser Druckereibetrieb war kein Betrieb mehr.« Bösmann habe sich der Aufgabe, den Betrieb wieder herzurichten »mehr im öffentlichen Interesse als in der Aussicht auf Gewinn« unterzogen.

Außerdem, behauptet Ley, habe Bösmann – von wem auch immer, in Frage käme eigentlich nur Treuhänder Ernst Schilp, der damit aber seine Kompetenzen deutlich überschritten hätte – die mündliche Zusage erhalten, er werde den Betrieb als Eigentümer bewirtschaften können, sobald über das Betriebsvermögen verfügt werden könne. »Das Betriebsvermögen in seiner derzeitigen Gestalt«, heißt es abschließend, »ist nicht der unzulässige Gewinn einer Vermögensentziehung, sondern das Werk des Pächters Bösmann«. Zur Untermauerung dieser Aussage folgen dann noch ein paar Zahlen. So wird dargelegt, dass die Zahl der Beschäftigten von 29 Männern und Frauen Ende 1946 auf 128 drei Jahre später gestiegen sei. In diesem Zeitraum habe sich die Höhe der Löhne und Gehälter von 27.000 Reichsmark auf 391.000 Deutsche Mark erhöht. Zudem habe man 1949 53.000 DM an Gewerbe-, 233.000 Mark an Körperschafts- und 108.000 Mark an Umsatzsteuer bezahlt.[24]

Gasper scheitert gleichzeitig mit einem weiteren Vorstoß, den mit der Verfahrensbearbeitung beauftragten Berichterstatter, Oberlandesgerichtsrat Dr. Zündorf, für befangen zu erklären und von dem Fall abziehen zu lassen. Der Verlagsmanager wirft dem AOA-Vertreter in einem siebenseitigen Schreiben[25] unter anderem vor, sich bei einem Ortstermin am 28. Juni 1952 gegenüber Zeugen einseitig verhalten, seine Sympathie für den SPD-Antrag mehr oder weniger offen gezeigt und zu allem Überfluss, wie auch einige SPD-Leute, im Hotel »Fürst Leopold« genächtigt zu haben. Gasper, der genau wie Bösmann-Nachfolger Helmut Giesdorf zumindest zeitweilig an dem Termin teilgenommen hatte, stößt sich vor allem an der Tatsache, dass zwei als Zeugen

---

24 BA Koblenz, Z 36 I/528a.

25 BA Koblenz, Z 36 I/528f.

geladene LZ-Angehörige, die zuvor bei der *Staatszeitung* gearbeitet hatten, von Zündorf nach ihrer Nazi-Vergangenheit befragt wurden. [26] Während Sportredakteur Albert Hey laut Protokoll aussagt, 1931 in die Partei eingetreten zu sein, verweigert Anzeigenleiter Ludwig Meier die Auskunft über den Zeitpunkt seiner Aufnahme mit dem Hinweis, das tue nichts zur Sache.

Zündorf macht in einem Vermerk an den seinerzeitigen AOA-Senatspräsidenten Dr. Paul Thieme unter anderem darauf aufmerksam, dass am Verfahren Unbeteiligte keine Richter ablehnen könnten. Er selbst, Zündorf, fühle sich jedenfalls nicht befangen. Außerdem weist er die »Unterstellung« zurück, er kungele mit der SPD. Er habe im Vorfeld mit niemandem über die Angelegenheit gesprochen. Die Tatsache, dass er seine antinazistische Einstellung zu erkennen gegeben habe, dürfte kaum geeignet sein, seine Objektivität in Zweifel zu ziehen. Wenn dies getan werde, handele es sich dabei um eine »eindeutige neonazistische Unverschämtheit«. Mit der Frage nach der Parteizugehörigkeit habe er, Zündorf, nur feststellen wollen, ob es sich bei den Zeugen um sogenannte alte Kämpfer der NSDAP gehandelt habe, die möglicherweise Anti-SPD eingestellt seien.

Aber Gasper gibt sich damit nicht zufrieden, setzt weitere Hebel in Bewegung, um die sich mittlerweile abzeichnende Übertragung von Grundstück und Betrieb an die SPD zu verhindern. Er wendet sich direkt an das Büro des Britischen Hochkommissars in Porz-Wahn bei Köln und damit an den höchsten diplomatischen Vertreter des Vereinigten Königreichs in Deutschland. Die dortigen Beamten halten zwar schriftliche und vermutlich auch mündliche Rücksprache mit dem AOA, doch verläuft diese Initiative letztendlich im Sande. Zu diesem Weg geraten haben dürfte Gasper dessen Parteifreund und FDP-Landesvorsitzender Friedrich Middelhauve. Jedenfalls beantwortet NRW-Finanzminister Adolf Flecken (CDU) am 28. Juli 1952 ein Schreiben Middelhauves wie folgt: »Ich habe keine Möglichkeit, gegen Mitglieder des AOA etwas zu unternehmen. Der AOA ist der Landesregierung nicht unmittelbar

[26] BA Koblenz, Z 36 I/528a.

unterstellt, sondern der früheren Militärregierung.«[27] Ausdrücklich benennt Flecken dann den Hohen Kommissar als möglichen Ansprechpartner für weitere Eingaben.

Gasper wird am 7. August aber auch noch einmal persönlich im Düsseldorfer Finanzministerium vorstellig. Wie aus einem Vermerk von Oberregierungsrat Dr. Günther Gnodtke darüber hervorgeht,[28] hat Gasper dabei sowohl die Dienstaufsichtsbeschwerde gegen Zündorf als auch die Einschaltung der Briten thematisiert. Der LZ-Verlagsleiter soll dabei auch angedeutet haben, dass die Druckerei Interesse an dem Villengrundstück habe, falls dieses vom AOA nicht der SPD zugesprochen werde. Im Anschluss an diesen Besuch wird Gnodtke die Angelegenheit offensichtlich zu heiß, und er erlässt eine Art Informationssperre. In einem weiteren Vermerk schreibt er ein paar Tage später: »Wegen der gegebenenfalls politischen Auswirkungen sind keine Erklärungen an Herrn Gasper oder sonst wen abzugeben [...].«[29] Und an anderer Stelle warnt er: »Die Angelegenheit wird hochpolitisch aufgezogen.«

Was die Bürokraten vorsichtig werden lässt, ist offensichtlich auch das widersprüchliche Verhalten der eigenen Behörde in dieser Angelegenheit. Im November 1950 nämlich hatte Ministerialdirektor Dr. Heinrich Troeger, immerhin Stellvertreter von Finanzminister Heinrich Weitz (CDU), seinem Parteifreund und Landtagsabgeordneten Emil Groß folgendes mitgeteilt: »Sollte das [...] Objekt Paulinenstraße 14 nicht in [Staerckes] Eigentum übergehen, so würde der AOA über dieses Objekt zu verfügen haben und die SPD könnte ihren Antrag auf Austausch des Grundstückes Am Wall gegen das Grundstück Paulinenstraße 14 beim AOA beantragen. Der Landesbeauftragte für gesperrte Vermögen würde diesem Antrag nicht widersprechen.« In späteren offiziellen Stellungnahmen zum AOA-Prozess vertritt das Land aber bis zuletzt die

---

27 LAV NRW OWL, D27, Nr. 266.

28 Ebd.

29 Ebd.

Auffassung, dass sich der Rückerstattungsantrag keinesfalls auf das Grundstück an der Paulinenstraße beziehen könne.[30]

In der Folgezeit erhält Gnodtke noch mindestens zweimal Besuch in dieser Angelegenheit. Ende August 1952 macht ein Vertreter des Britischen Hochkommissariats deutlich, dass er die ablehnende Haltung des Landes zum SPD-Antrag stützt. Der AOA, so meint er sogar, überschreite seine Befugnisse, wenn er der SPD Grundvermögen zuteile, das ihr nie gehört habe. Ein paar Tage darauf erscheinen Groß und Staercke bei Gnodtke und versichern, dass die Betriebseinrichtungen in der Paulinenstraße auch weiterhin, falls gewünscht, dem gegenwärtigen Pächter zur Verfügung stünden. Groß wird dann mit der Aussage zitiert, den Bösmann-Verantwortlichen gehe es nicht darum, eine bürgerliche Zeitung vor der Vernichtung der Existenz zu bewahren, sondern um die Durchsetzung privater Interessen.[31]

Jetzt, wo die Entscheidung naht, wenden sich auch andere, bisher völlig Unbeteiligte, direkt an Celle. Auf Betreiben Gaspers interveniert etwa der FDP-Bundestagsabgeordnete und niedersächsische Landesvorsitzende Artur Stegner aus Holzminden (NSDAP-Mitglied von 1931 bis 1945) beim AOA. Er bekommt vom seinerzeitigen Senatspräsidenten Dr. Thieme allerdings keinen Termin, »da man dies als Einflussnahme verstehen könnte«. Nahezu zeitgleich tritt auch Reinhard Kaeller, Verleger der *Westfälischen Zeitung* in Bielefeld, auf den Plan und fragt – wie übrigens auch der Verband deutscher Zeitungsverleger – den AOA nach dem Verhandlungstermin in Celle. Nebenbei teilt er mit, dass die SPD über ausreichende Druckkapazitäten in Bielefeld verfüge. Auch Groß kann sich nicht zurückhalten und nimmt zu alldem selbst noch einmal Stellung, verweist auf geschäftliche Verbindungen zwischen Bösmann und der niedersächsischen FDP sowie die Konkurrenzsituation in seiner Heimatstadt. Dann folgt noch ein Schlenker auf die Kontakte Kaellers zu

---

30 Ebd.

31 Ebd.

dem ehemaligen Reichspresseleiter und Entwickler der Zeitung *Das Reich*, Rolf Rienhardt.[32]

In ganz anderer Sache wendet sich kurz vor Weihnachten der Detmolder Landgerichtspräsident Ernst Bauer an Thieme. Falls die SPD das Grundstück Paulinenstraße nicht bekomme, käme dies für den Neubau des Amtsgerichts in Frage, schreibt er.

Nachdem der AOA den Verhandlungstermin in Celle auf den 7. Januar 1953 festgesetzt hat – der Termin wird auch der Firma Bösmann mitgeteilt –, nutzen die SPD-Anwälte und das Land NRW noch einmal die Gelegenheit, ihre Positionen darzulegen.[33] Der Finanzminister bekräftigt in einer 19-seitigen Stellungnahme seine Auffassung, dass die SPD Anspruch auf allenfalls 50 Prozent des Inventars habe – bekomme sie es ganz, werde ein Wertausgleich fällig. Einer Übertragung des Grundbesitzes wird entschieden widersprochen, da es niemals der SPD gehört habe. Der Gesichtspunkt der Fortführung eines erworbenen Betriebes komme ebensowenig zum Tragen wie der der Ersetzung eines verlorenen Vermögens durch ein anderes (»Surrogation«). Auf jeden Fall solle das Ruinengrundstück herausgenommen werden, da es nie Betriebszwecken gedient habe.

SPD-Anwalt Dr. Helmut Schenzer, inzwischen in Bonn ansässig, sieht das komplett anders. Der *Volksblatt*-Betrieb, so stellt er fest, sei 1933 komplett auf die *Staatszeitung* übertragen worden – »wie er stand und lag«. Somit handele es sich um einen typischen Fall der Fortführung einer betrieblichen Einheit. Im Übrigen sei es ständige Praxis des AOA, Antragstellern eine lebens- und leistungsfähige Einheit zurückzugeben. Ansonsten wäre die SPD ja gezwungen, die Druckerei abzubauen und im ehemaligen *Volksblatt*-Gebäude wieder einzurichten – damit aber würde der vom Gesetzgeber bezweckte Rückerstattungserfolg weitgehend zunichte gemacht. Später schiebt Schenzer, der auch auf die Übertragung des Villengrundstücks besteht, noch eine

---

32 Alle Schriftstücke ebd.

33 BA Koblenz, Z 36 I/528f.

Stellungnahme der Gewerbeaufsicht nach, wonach die Einrichtung einer Druckerei an der Weinbergstraße nicht genehmigungsfähig sei.

Der AOA folgt in seinem am 9. April veröffentlichten Beschluss[34] wie erwartet im Wesentlichen der Argumentation des SPD-Anwaltes. Lediglich das ausgebombte Villengrundstück bleibt der Partei verwehrt und fällt an das Land NRW. Für den Wertzuwachs beim Grundstück muss die SPD 200.000 DM an das Düsseldorfer Finanzministerium zahlen. Nutznießer ist konkret die »Presse-Druck GmbH« in Bielefeld, wirtschaftlich zu 100 Prozent kontrolliert von der SPD. Dem Beschluss angehängt ist eine Maschinen- und Inventar-Aufstellung, die insgesamt 153 Positionen umfasst.

Im Einzelnen stellt sich der AOA auf den Standpunkt, dass »auch Maschinen und sonstige Inventarstücke, die zur Verbesserung und Erweiterung des Betriebs in der Zwischenzeit angeschafft worden sind, [...] als sogenanntes demokratisches Altvermögen [...] anzusehen und damit zu übertragen ist«. Das fünfköpfige Gremium bezieht dabei ausdrücklich auch »die von der NS-Organisation anstelle der früher der SPD gehörenden Rotationsmaschine angeschaffte neue Rotationsmaschine« ein. »Im Rahmen eines fortgesetzten Betriebes« – und um einen solchen handele es sich hierbei trotz mehrmonatiger Unterbrechung zwischen Enteignung und Übernahme durch die *Staatszeitung* – könnten die »von der NS-Organisation angeschafften Vermögenswerte restitutionsrechtlich als Vermögenswerte der demokratischen Organisation gewertet« werden. Dieser Auffassung liege der Gedanke zugrunde, dass eine Organisation, der ein einsatzfähiger technischer Betrieb entzogen worden sei, einen eben solchen auch zurück erhalte. Andernfalls wäre das Ergebnis, »dass das Opfer nationalsozialistischer Verfolgung nur einige Bruchstücke seines früheren Eigentums zurückerhält, die noch dadurch von minderem Wert sind, dass sie aus der Betriebseinheit herausgerissen werden«. Fazit: »Das frühere Betriebsvermögen des SPD-Unternehmens wurde von der NS-Gesellschaft als wirtschaftliche Einheit übernommen und als solche [...] von ihr fortgeführt.«

---

[34] BA Koblenz, Z 36 I/528b.

Dieser Linie bleibt der AOA treu, wenn es um die Grundstücksübertragung geht. Durch die Verlagerung des Maschinenparks an die Paulinenstraße sei auch dieses Grundstück zu einem Betriebsgrundstück geworden und habe an dieser Stelle eine »neue wirtschaftliche Betriebseinheit« gebildet. Die Juristen drücken das so aus: »Die von der NS-GmbH neu erworbenen Grundstücke wurden [...] durch die Betriebsverlagerung ein Teil des Betriebsvermögens, das als Ganzes den zu restituierenden Vermögensfonds [...] bildet.« Und dann fällt auch wieder das Wort von der Surrogation: Das neue Grundstück sei an die Stelle des alten am Wall getreten. Schließlich heißt es: »Der SPD ist im Jahre 1933 ein einsatzfähiger Druckereibetrieb, nämlich ein Betriebsgrundstück mit Maschinenpark und sonstigem Inventar, entzogen worden. Nach dem Gedanken der Zweckrestitution, der den Bestimmungen der Kontrollratsdirektive Nr. 50[35] zugrunde liegt, muss ihr daher aus der Masse der NS-GmbH, in die ihr Betriebsvermögen überführt wurde, ein entsprechender Betrieb, nämlich ein Betriebsgrundstück mit Betriebsinventar, zurückerstattet werden.«

Schließlich kann sich der AOA auch einen Seitenhieb auf Bösmann nicht verkneifen, wenn er feststellt:

> Insbesondere ist im vorliegenden Fall völlig unerheblich das Interesse der augenblicklichen Pächterin des Betriebes an einer

---

[35] Die Kontrollratsdirektive Nr. 50, in Kraft gesetzt am 29. April 1947, regelt für die Westzonen, wie mit Vermögenswerten der NSDAP bzw. ihrer Gliederungen und Unterorganisationen zu verfahren ist. In Artikel II heißt es: 1. Das Eigentum an Vermögenswerten, die nicht der Verfügung oder dem Gebrauch gemäß Artikel VIII unterliegen und vor ihrer Übertragung an eine der in Artikel I bezeichneten Organisationen einer Gewerkschaft, Genossenschaft, politischen Partei oder sonstigen demokratischen Organisation gehört haben, ist auf die betreffende Organisation zurückzuübertragen, vorausgesetzt, dass diese Organisation zugelassen und ihre Betätigung von dem zuständigen Zonenbefehlshaber genehmigt ist. 2. Falls eine Rückübertragung des Eigentums nicht möglich ist, weil keine gegenwärtig bestehende Organisation mit dem früheren Eigentümer völlig identisch ist, so ist das Eigentum an den Vermögenswerten einer oder mehreren neuen Organisationen zu übertragen, deren Ziele nach dem Dafürhalten des Zonenbefehlshabers denen der früheren Organisation ähnlich sind.

> Dauernutzung. Wer kurzfristig einen [...] beschlagnahmten Vermögenswert pachtet, geht von vornherein das Risiko ein, das Pachtobjekt nach Aufhebung der Sperre wieder abgeben zu müssen. Die früheren Eigentümer der hier in Betracht kommenden Grundstücke haben ausdrücklich auf eine Restitution [...] verzichtet und sich mit der Übertragung auf die Antragstellerin einverständlich erklärt.

Diese Passage zeigt deutlich, wie sehr Staercke, denn dieser ist gemeint, den Bösmann-Interessen durch seinen Vertrag mit Emil Groß geschadet hat. Dieser Sachverhalt wird hier ausdrücklich zur Begründung des Beschlusses angeführt.

Angesichts des durchschlagenden Erfolgs ihrer Bemühungen ist für die SPD zu verschmerzen, dass das Villengrundstück an das Land fällt. Dieses gilt dem AOA als so genanntes »NS-Neuvermögen«, da es niemals für Druckereizwecke genutzt wurde und auch nicht zur Arrondierung des Betriebsgeländes, wie von den SPD-Anwälten behauptet, gedacht gewesen sein. Sonst hätte man das Objekt nach Auszug der SS im Jahre 1943 wohl kaum neu vermietet. Die Ausgleichszahlung, das stellen die Richter noch einmal ausdrücklich fest, bezieht sich keineswegs auf das Inventar, sondern ausschließlich auf das erheblich größere Grundstück. Nicht eingerechnet wurde auch der mögliche Erlös für das Areal Am Wall/Weinbergstraße. Die Festsetzung in Höhe von 200.000 DM begründet das Gericht mit den Aussagen mehrerer Gutachten.

Das ist es dann – bis auf einige Nachhut-Scharmützel. So fragt die Rückerstattungsabteilung des britischen Hohen Kommissars – nachdem offensichtlich »FDP-Kreise« dort vorstellig geworden sind – Anfang Mai beim Finanzministerium nach, ob dieses Einspruch gegen den Beschluss von Celle einlegen werde. In einem internen Vermerk begründet Gnodtke, warum dies nicht geschehen wird: Rechtsmittel gegen die Beschlüsse des AOA seien ohnehin nicht vorgesehen, so dass nur eine Dienstaufsichtsbeschwerde in Frage kommen könne. Allerdings habe das Finanzministerium »politische Bedenken«, gegen den Spruch deutscher Richter bei der Besatzungsmacht vorstellig zu werden.[36]

Auch Gasper startet einen letzten Versuch, das AOA-Verfahren – selbst wenn es rechtlich nicht angreifbar ist – zumindest publizistisch nachzubereiten.[37] Mit Schreiben vom 2. Juni 1954 – Druckerei und Verlag hatten längst neue Standorte in Detmold bezogen – beantragt er in Celle Akteneinsicht. Die Öffentlichkeit, so Gaspers Begründung, habe ein Anrecht darauf, Einblicke in das Verfahren zu gewinnen, »das unseres Erachtens einen Präzedenzfall in der Rechtsprechung des AOA darstellt«. Der AOA lehnt erwartungsgemäß ab, indem er darauf hinweist, dass aufgrund der Rechtslage nur Beteiligte das Recht dazu haben.

Bereits am 23. Juli 1953 war das letzte Kapitel des Verfahrens, soweit es die SPD betrifft, offiziell geschlossen worden. An diesem Tag unterzeichnen Emil Groß und seine Mitarbeiterin Marta Nolte auf der einen sowie Treuhänder Ernst Schilp und der Kreisbeauftragte für gesperrte Vermögen, Buschkamp, auf der anderen Seite das Übergabeprotokoll für die Liegenschaft Paulinenstraße 14.[38] Darin findet sich auch ein Passus über die Pachtverträge, die seitens des Treuhänders mit den Firmen Bösmann und Vogt & Co., einer Ledergroßhandlung, abgeschlossen worden sind. Bösmann hat zu diesem Zeitpunkt auch noch zwei Untermieter, die Firmen Beckmann, Wirtz & Co. sowie Rothenberg OHG. Erfreulich für die SPD außerdem: Sie erhält 83.000 DM an Nutzungsüberschuss aus dem treuhänderischen Vertrag. Das Land muss noch ein paar Monate warten, bis der AOA ihm im August das Villengrundstück zuspricht.[39]

Bösmann verlässt den Standort noch in demselben Jahr, um in der Lageschen Straße einen neuen Betrieb zu eröffnen. Die Geschäftsstelle der LZ wird 1953 ebenfalls verlegt, und zwar in seinerzeit noch angemietete Räume am

36 LAV NRW OWL, D 27, Nr. 2660.

37 BA Koblenz, Z 36 I/528b.

38 LAV NRW OWL, D27, Nr. 5985.

39 Ebd.

Kaiser-Wilhelm-Platz. In dem Gebäude ist außerdem das Hotel-Restaurant »Zum Hermann« untergebracht, das zunächst auch noch weitergeführt wird. In den darauffolgenden Jahren breitet sich die LZ zunehmend in den Räumlichkeiten aus, bis sie schließlich das gesamte Objekt erwirbt. So lässt der Verlag 1959 unter Hinweis auf die »erheblichen baulichen Anstrengungen der Freien Presse« im gegenüber liegenden Haus vier zusätzliche Aushangkästen an der Paulinenstraße anbringen. 1963 übernimmt der Verlag die Hotelräume in der ersten Etage, 1967 den Gaststättenraum, in dem bis vor einigen Jahren noch die Geschäftsstelle untergebracht war. Zu diesem Zeitpunkt wird auch der Publikumseingang an die Ecke Paulinenstraße/Grabbestraße verlegt.

Der Druckereibetrieb wird von der Presse-Druck zwar noch einige Zeit am Standort weitergeführt, dann aber im April 1959 an die damalige Kreissparkasse verkauft, die in den darauffolgenden Jahren an dieser Stelle ihre neue Zentrale errichtet. Später ändert sich die Adresse in Paulinenstraße 34. Die *Freie Presse*, die im Mai 1962 ein neues Akzidenz-Druckhaus in der Sennestadt einweiht, erhält im Rahmen eines Tauschgeschäftes neue Räume in einer aufgegebenen Geschäftsstelle der Sparkasse an der Paulinenstraße/Ecke Grabbestraße – und damit genau neben der LZ.[40] Diese werden am 16. Dezember 1959 eingeweiht. Auch der Maximilian-Verlag von Max Staercke zieht zum Januar 1960 in das Haus. Der SPD-Unterbezirk dagegen sperrt sich vorerst: Er will seine Räume in der Wittjestraße nicht aufgeben.

Wie dem Protokoll einer Gesellschafterversammlung der Firma Presse-Druck vom März 1959 zu entnehmen ist, soll die Sparkasse 680.000 Mark für das ehemalige Brüggemeyersche Areal an die SPD bezahlt haben – einschließlich des Trümmergrundstückes mit der Fabrikantenvilla, das die Partei 1956 für 40.000 Mark vom Land erworben hatte. 80.000 gehen davon runter für das Gebäude an der Grabbestraße. Ein großer Teil davon wird für den Neubau des Druckhauses Sennestadt verwendet.

---

40 Broschüre der Kreissparkasse zur Einweihung des Neubaus am 19.7.1963.

Das »Trümmergrundstück« mit der zerstörten Fabrikantenvilla wird vom Land noch eine Zeit lang für eigene Zwecke vorgehalten. Das Justizministerium übernimmt das Gelände, um dort Raum vor allem für das Amtsgericht zu schaffen. Mitte der 1950er Jahre gibt es trotz des problematischen Grundstückszuschnitts sogar konkrete Planungen des Staatshochbauamtes zur Errichtung eines fünfstöckigen Bürogebäudes mit 59 Räumen auf rund 1000 Quadratmetern Nutzfläche. Etwas voreilig berichtet die LZ im Januar 1955, dass dieses Neubauprojekt zeitnah in Angriff genommen werden solle. Doch dann kommt alles ganz anders: Die Justiz mietet noch im selben Jahr für einen Übergangszeitraum einen ursprünglich als Wohnhaus konzipierten Neubau in der Elisabethstraße an, und zum Ende des Jahrzehnts beginnt der Umzug mehrerer Dienststellen der Bezirksregierung in den Neubaukomplex an der Leopoldstraße.[41] Da sich auch die Kreissparkasse mit Neubauplänen trägt – und diese in den 1960er Jahren verwirklicht –, finden Landgericht, Amtsgericht und Staatsanwaltschaft am Kaiser-Wilhelm-Platz eine endgültige Bleibe – bis heute. Ab 1989 entsteht dann zwischen Bielefelder und Freiligrathstraße die Zentrale der inzwischen aus Kreis- und Stadtsparkasse fusionierten Sparkasse Detmold.

[41] LAV NRW OWL, D 23 Detmold, Nr. 7333 und 7336.

Abb. 1 — Gesamtansicht der Meyerschen Hofbuchdruckerei seit 1926

Abb. 2 — Teilansicht des Maschinensaales

8. Druckerei-Standort Paulinenstraße 14

Das Areal Paulinenstraße 14, auf dem sich viele Jahre lang Verlag und Druckerei der LZ beziehungsweise des NSDAP-Organs *Lippische Staatszeitung* befanden, ist vergleichsweise gut dokumentiert. Das hat vor allem damit zu tun, dass in Zusammenhang mit den Rückerstattungsverfahren verschiedene Gutachten erstellt worden sind, um den Wert dieser Liegenschaft zu ermitteln. So stützt sich beispielsweise der AOA im Wesentlichen auf eine Expertise, die von den Sachverständigen August Rang (Essen) und Richard Schepke (Kassel) im Jahre 1952 angefertigt worden ist.[1]

Auf dem Bild von 1926[2] (Abb. 1) ist in der Mitte des insgesamt rund 5.300 Quadratmeter großen Grundstücks das an der Paulinenstraße liegende und im Zweiten Weltkrieg durch Brandbomben zerstörte Wohnhaus zu sehen. Auch für den Rest der Gebäudesubstanz, die zum Teil noch aus dem Jahr 1878 stammt, fällen die Gutachter ein im Grunde vernichtendes Urteil: Die Anordnung der Gebäude, so schreiben sie, eigne sich mit ihrer unübersichtlichen Zufahrt in keinem Fall für eine Druckerei beziehungsweise einen Zeitungsverlag – eine Tatsache, die Staercke beim Erwerb des Areals eigentlich selbst hätte erkennen müssen. Hinzu kämen nach ihrer Meinung zum

1 Bundesarchiv Koblenz Z 36 I/528d.

2 Vier Jahrhunderte Meyersche Hofbuchdruckerei, Detmold 1934.

Teil schwere Baumängel oder zu dünn ausgelegte Decken. Fazit: am besten abreißen und neu bauen.

Vorn rechts, an der Ecke zur damaligen Luisenstraße (heute Bielefelder Straße), ist vor dem anschließenden Bürogebäude der charakteristische halbkreisförmige Verkaufsraum von 1926 zu erkennen. Bei dem viergeschossigen Querbau (links) handelt es sich um das eigentliche Druckereigebäude aus dem Jahre 1910. Hinter dem alten Fabrikgebäude (rechts) befanden sich Garagen, Lagerräume, Kesselhaus und die Stereotypie. Der Fabrikschornstein wurde 1931 mit Einführung einer Zentralheizung beseitigt. In demselben Jahr, und deshalb auf dem Bild nicht zu sehen, wurde an das Druckhaus ein Papierlager angebaut. Das Grundstück wird begrenzt durch die Toloptwete, die auch heute noch als öffentlicher Gehweg hinter dem Sparkassen-Komplex verläuft.

Alles in allem ist das Grundstück nach Ansicht der Gutachter im Jahr 1952 etwa 43.000 Mark wert, für die Gebäude setzen sie knapp 185.000 Mark an. Die Bewertung von Maschinen und Inventar gehörte nicht zu ihrem Auftrag.[3]

Teil der LZ-Historie, wenn auch zunächst nur indirekt, wird dieses Areal im Jahre 1926, als Verleger Max Staercke das Grundstück der Tabakfabrik Brüggemeyer an der Paulinenstraße kauft, um Erweiterungsmöglichkeiten für die Meyersche Hofbuchdruckerei und den Verlag zu schaffen, die sich bis dato noch in der Leopoldstraße 12[4] – gegenüber der alten 55er-Kaserne (heute

---

3 Sehr wohl aber haben die Fachleute das ehemalige *Volksblatt*-Grundstück zwischen Wall und Weinbergstraße in Augenschein genommen. Den Wert dieses rund 650 Quadratmeter großen Grundstücks beziffern sie auf 12.000 DM. Für das 1926 an der Weinbergstraße – ohne Grundstückszufahrt und ohne Lastenaufzug – errichtete Druckereigebäude setzen sie einen Gebäudewert von 80.000 DM an. Für das anschließende »ungepflegte und verwohnte« Mietshaus rechnen sie mit 57.000 DM. Vor allem der Grundstückswert erscheint im Vergleich relativ hoch angesetzt. Bundesarchiv Koblenz, Z 36 I/528d.

4 Eine sehr anschauliche Beschreibung der Arbeitsbedingungen in der Leopoldstraße 12 gibt der Setzer und spätere Mitbegründer der Druckerei Tölle & Co. (zuletzt »Merkur«), Wilhelm Lückermann, in einer nicht veröffentlichten Erinnerungsschrift, die sich in seinem Nachlass im Landesarchiv in Detmold befindet. LAV NRW OWL, D 72 Lückermann 1, S. 19-23.

Bezirksregierung) – befinden. Nachdem der Hofrat zunächst nur Teile seines Betriebes verlagert und nebenher die Tabakfabrik weitergeführt hatte, zieht die *Lippische Landes-Zeitung* dann 1930 an den neuen Standort um. Diese Betriebsverlagerung – und vor allem die damit eingegangene Verschuldung bzw. finanzielle Abhängigkeit zu den Erben des LZ-Vorbesitzers Adolf Neumann-Hofer und der Familie Brüggemeyer – sollte sich später noch als verhängnisvoll für das Unternehmen erweisen. Der langjährige Setzer Wilhelm Lückermann mutmaßt, dass ein solcher Erweiterungsplan nur hätte aufgehen können, wenn Staercke »mehr Fachmann, mehr Kaufmann« als Politiker gewesen wäre.[5]

Nach Lückermanns Angaben hat sich Staercke nach dem ersten Weltkrieg noch weitere Immobilien zugelegt. Darunter, das bestätigt auch Meinhard, befindet sich das Eckhaus Grabbestraße/Paulinenstraße, das später die Kreissparkasse erwirbt und es dann – Ironie des Schicksals – an die SPD weiterreicht, nachdem diese das Grundstück Paulinenstraße 14 Ende der 1950er Jahre aufgegeben hatte.[6]

Folgt man Lückermann weiter, hat Staercke 1927 zunächst die Werk- und Akzidenzabteilung verlegt, und zwar in den Querbau von 1910 und zum Teil auch in das lang gestreckte Haus der Tabakfabrik. Wörtlich heißt es bei ihm:

> Die Druckerei hatte nun gute, helle Arbeitsräume: Im Erdgeschoss der Druckmaschinensaal, in der ersten Etage die Handsetzerei, im oberen Geschoss die Großbuchbinderei. Die [...] Setzmaschinen [...] bekamen ihren Standort im alten Gebäude, oberes Stockwerk, ebenso die Umbruchabteilung für die meist grossen, umfangreichen Werke und Zeitschriften. Der Boden im langen, alten Gebäude wurde Rohbogenlager für Bücher.[7]

---

5 Ebd., S. 36.

6 Ebd., S. 42.

7 Ebd., S. 43.

Im Juli 1930 folgt die LZ, deren Anzeigenannahme und Abonnentenverwaltung bereits 1926 den halbrunden Pavillon an der Ecke Paulinen-/Luisenstraße bezogen hatte. Für die Zwecke des Verlages samt Rotation, Stereotypie und Redaktion muss kräftig umgebaut werden (Abb. 2).[8]

Mit dem Verkauf der LZ und der Verlagsrechte an die NS-*Staatszeitung* im Februar 1936 ist eine erste Teilung des Betriebsgrundstückes verbunden. An die *Staatszeitung* fallen rund 1.600 Quadratmeter »rechts der Mitte«, die restlichen 2.300 Quadratmeter bleiben in Staerckes Eigentum – wie auch das Wohnhaus. Mit der endgültigen Liquidation der zunächst weitergeführten Hofbuchdruckerei im Jahre 1937 – Staercke hielt zuletzt lediglich noch 8 Prozent an dem Unternehmen, während die NSDAP mit 26 Prozent beteiligt war – übernimmt die *Staatszeitung* weitere Teile der Fläche. Mit Teilen des Inventars eröffnen Lückermann und andere am 1. Januar 1938 die »Buchdruckwerkstätte Tölle & Co.« in der Woldemarstraße. Später – nach dem Intermezzo Schildknecht – gelangt das NS-Blatt in den Besitz des vollständigen Grundstücks.[9]

Das sind dann auch die Eigentumsverhältnisse, wie sie die britische Besatzungsmacht vorfindet, die das Grundstück – und nicht nur dieses – als ehemaliges NS-Vermögen in die Treuhänderschaft des Detmolder Steuerberaters Ernst Schilp übergibt, der für die kommenden gut sieben Jahre die Verwaltung des Grundstücks übernehmen sollte. Denn erst im September 1953 bestätigt das Amtsgericht Detmold dem AOA die Eigentumsübertragung des Fabrikgrundstückes an die SPD.[10]

Es bleibt Hermann Bösmann vorbehalten, den in der Tradition der Meyerschen Hofbuchdruckerei stehenden Betrieb fortzuführen und an Ort und Stelle im November 1949 die *Lippische Landes-Zeitung* wiederzubegründen. Druckerei und Verlag befinden sich zwar nur bis 1953 auf dem Gelände und

---

8 Das Bild vom Maschinensaal stammt aus der Broschüre von 1934, siehe Anm. 2.

9 BA Koblenz, Z 36 I/528.

10 BA Koblenz, Z 36 I/528b.

verlegen den Firmensitz dann in die Lagesche Straße. Dennoch bleibt dieses Areal – auch weil der Lippische Zeitungs- und Zeitschriften-Großvertrieb (LZZG) 1946 dort gegründet wurde – die Keimzelle des heute an der Ohmstraße in Jerxen-Orbke angesiedelten »Medien Centrum Giesdorf«.

9. Der Kampf ums Überleben

Mit der Wiederherausgabe der LZ im November 1949 ist deren wirtschaftliches und publizistisches Überleben keineswegs gesichert. Vor allem Helmut Giesdorf und Kurt Gasper haben in den darauffolgenden Jahren nach Hermann Bösmanns frühem Tod mit drei grundlegenden Problemen zu kämpfen, deren Lösung zum Teil erst Mitte der 1960er-Jahre gelingt:

- die Etablierung der Zeitung in einem Markt, der durch die Lizenzblätter weitgehend aufgeteilt zu sein scheint;
- der zähe Kampf um die Selbstständigkeit gegen den Mitgesellschafter Herbert Kauffmann;
- die Finanzierung eines eigenen Druckereibetriebes samt Anpachtung bzw. Erwerb einer neuen (gebrauchten) Rotation infolge der Celler AOA-Entscheidung.

Die Verantwortlichen der drei maßgeblichen Blätter in Lippe – das *Volks-Echo* kann angesichts rapiden Leserschwundes vernachlässigt werden – misstrauen sich in der Folgezeit zutiefst und gehen, wenn überhaupt, allenfalls Zweckbündnisse ein. Dabei verlaufen die Interessenlagen nicht nur entlang politischer Grenzen, sondern auch, wie überall in der noch jungen Bundesrepublik, zwischen der »Lizenzpresse« und den »Altverlegern«, die, anders als die Zeitungen aus der Besatzungszeit, in der überwiegenden Zahl der Fälle über eigene Druckereien verfügen.[1] Die LZ ist dennoch, vor allem wegen der Fortführung eines eingeführten Titels, als eine »Altverleger«-Zeitung zu betrachten, obwohl Bösmann zuvor niemals als Tagespresse-Verleger tätig war und die von ihm betriebene Druckerei auch nur gepachtet ist. Im Gegensatz zu FP und WZ, die jeweils 250.000 Mark erhalten,[2] profitiert die LZ auch nicht von einem 1951 aufgelegten Förderprogramm zur Ausstattung von Tageszeitungen mit der erforderlichen technischen Ausstattung.

Wie stark die LZ schon in den ersten Monaten ihres (erneuten) Bestehens den heimischen Markt aufrollt, beweist ein Rundschreiben der FP-Vertriebsleitung aus dem Herbst 1950.[3] Danach verkauft die LZ nach knapp einem Jahr ihres Bestehens bereits 14.100 Exemplare in Lippe. Die FP kommt im 3. Quartal auf 24.600 Stück, die *Westfalen-Zeitung* auf 17.800. Doch das ist nur der Anfang. Während die LZ ab 1953 (ältere Angaben liegen nicht vor) Jahr für Jahr mehr als 20.000 Zeitungen an den Mann bringt und sich bis 1967 auf 23.620 Exemplare steigert, sinkt die Auflage der FP bis 1964 auf gut 10.000. Das WB behauptet sich deutlich besser, legt im selben Zeitraum von 7.600 auf knapp 14.000 zu.[4] Trotz möglicher Ungenauigkeiten im Detail ist die Tendenz

---

1 Eine gute Zusammenfassung dieser Zeit – bezogen auf Ostwestfalen-Lippe - findet sich bei Meier (1999), S. 124 ff.

2 Meier (1999), S. 130.

3 StA Bielefeld, Nr. 210,11 Freie Presse.

4 Meier, S. 185ff. Die Zahlenangaben sind mit Vorsicht zu genießen, weil sie aus unterschiedlichen Quellen stammen. Die Angaben zur LZ fußen auf internen Statistiken der FP-Vertriebsabteilung, wobei nicht klar ist, wie diese Ergebnisse zustande gekommen

eindeutig: Die LZ mausert sich in den 1950er Jahren sehr schnell zum Marktführer in Lippe – und dies vor allem zu Lasten der FP. Das WB mit seiner ausgesprochen konservativen Ausrichtung entwickelt sich deutlich besser, insbesondere im Lemgoer und nordlippischen Raum, wo es der strammen CDU-Kurs fahrenden Rundschau gelingt, sich als Nachfolgerin der ehemals fortschrittlich-liberalen *Lippischen Post* aus dem Hause Wagener zu positionieren. Noch heute (2017) kursieren falsche Angaben im Internet, wonach die *Rundschau* die Nachfolgerin der *Post* sei. Der *Westfalen-Blatt*-Ableger profitiert dabei von dem seinerzeit noch starken Antagonismus zwischen Lemgo und Detmold. Erst Anfang der 1980er Jahre sollte es der LZ gelingen, auch in der alten Hansestadt und ihren Ortsteilen die Marktführerschaft zu übernehmen.

Wie nach dem Vorgeplänkel nicht anders zu erwarten, setzt gleich nach Wiedererscheinen der LZ ein harter Konkurrenzkampf ein. Zwar sind alle drei Verleger sich darin einig, keine »Wanddeko« für das Pressefest der Arbeitsgemeinschaft lippischer Journalisten im Januar 1950 zu finanzieren,[5] doch halten andere Vereinbarungen nicht lange – etwa wenn es darum geht, »Amtliche Mitteilungen« oder die »Kirchlichen Nachrichten« nicht im Lokalteil zu bringen oder »Veranstaltungen, für die ein Eintritt erhoben wird, oder die in irgendeiner Form eine finanziellen Nutzen für den Veranstalter abwerfen«, grundsätzlich nur im Anzeigenteil zu veröffentlichen. Über solche Fragen gibt schon mal scharfe Briefwechsel zwischen FP-Verlagschef Otto Tönsgöke und Gasper.

Auch die Journalisten vor Ort halten sich nicht zurück. So ist ein internes Schreiben der Detmolder FP-Redaktion an Tönsgöke überliefert, in dem behauptet wird, die LZ sei »unter den lippischen Kollegen dafür bekannt, dass sie journalistische Vereinbarungen in keiner Weise einhält«.[6] Andererseits

sind. Die Zahlen für FP und WB wiederum fußen auf IVW-Meldungen. Meier nennt aber leider keine IVW-Zahlen für die LZ.

5 StA Bielefeld, Nr. 210,11 Freie Presse/40.

6 StA Bielefeld, ebd.

ist es wohl mehr als eine Floskel, wenn Emil Groß und Tönsgöke Ende August 1950 in einem Kondolenzbrief an LZ-Verleger-Witwe Dore Bösmann schreiben: »Wir [...] bedauern, aus dem Kreis unserer ostwestfälischen Verleger einen geschätzten Mitarbeiter und Kollegen verloren zu haben, mit dem im Interesse der Lösung einer Reihe von Aufgaben zusammenzuarbeiten uns ein besonderes Bedürfnis gewesen wäre.«[7]

Mehrfach werden – auch schon in den 1950er Jahren und vorwiegend mit dem WB beziehungsweise der *(Neuen) Lippischen Rundschau* (NLR) – Meinungsverschiedenheiten auf dem Gerichtswege ausgetragen.[8] So untersagt das Landgericht Detmold auf Antrag der LZ dem WB im Frühjahr 1955, »Familienanzeigen aus der ›Lippischen Landeszeitung‹ zu entnehmen und ohne – direkte oder indirekte – Quellenangabe im Anzeigenteil der von ihr herausgegebenen ›Neuen Lippischen Rundschau‹ unter der Überschrift ›Wir hörten aus Familienkreisen‹ zu veröffentlichen«. Dies ist keineswegs ein voller Erfolg für die LZ, deren Anwälte der NLR das Weiterführen besagter Rubrik gleich ganz untersagen lassen wollten. Demzufolge bleibt das Detmolder Haus, das eine vergleichbare Praxis in der Anfangszeit der LZ selbst verfolgt hatte, auch auf der Hälfte der Prozesskosten sitzen.

Noch schlechter (und kostspieliger) läuft es für die LZ in der zweiten Jahreshälfte 1957. Zunächst untersagt ihr das Landgericht Detmold auf Antrag des WB per Einstweiliger Verfügung die Verwendung des Titelkopf-Eindrucks »Das überlegene Heimatblatt: Weitaus höchste Auflage! Größter Anzeigenteil«, weil der Begriff »überlegen« nicht nur quantitativ, sondern auch qualitativ zu verstehen sei und damit vergleichende Werbung darstelle. Die darauf erfolgte Änderung »Das größte Heimatblatt: Weitaus höchste Auflage! Überlegener Anzeigenteil«, ebenfalls angegriffen vom WB, hat zwar in Detmold noch Bestand, wird dann aber vom Oberlandesgericht Hamm einkassiert, das sich in seiner Begründung eingehend mit den unterschiedlichen semantischen

---

7 StA Bielefeld, ebd.

8 Unterlagen zu sämtlich erwähnten Prozessen befinden sich im Firmenarchiv des MCG.

Bedeutungen der Wörter »groß« und »überlegen« beschäftigt. Gasper ist enttäuscht, bemerkt dazu: »Armes, deutsches Recht!!!«

Hinzu kommt, während dieses Verfahren noch läuft, weiterer Ärger wegen des von der LZ benutzten Frankierstempels mit der Aussage »Die führende Zeitung in Lippe«. Auch hierin sieht das WB einen Verstoß gegen das Gesetz gegen den unlauteren Wettbewerb. Noch bevor es zur Verhandlung über die bereits eingereichte Klage kommt, zieht Gasper den Stempel zurück und ersetzt ihn durch einen mit dem Vermerk »Die größte Heimatzeitung«. In einem Beschluss verdonnert eine Zivilkammer des Landgerichts die LZ dennoch zur Begleichung der Verfahrenskosten.

Besser läuft es dann ein paar Monate später. Im April 1958 untersagt das Landgericht dem Verlag Vereinigte Westfalen-Zeitungen in Bielefeld, Anzeigen aus der LZ auszuschneiden und diese dann an potentielle Anzeigenkunden unter gleichzeitigem Hinweis auf die (niedrigeren) Preise der LR zu versenden. Dabei handele es sich um »unzulässige vergleichende Werbung«.

Auf die Nase fällt der Verlag dann aber erneut 1964 in einem Streitfall mit dem WB, der wiederum bis vor das Oberlandesgericht geht. Diesmal werfen die LZ-Vertreter dem Bielefelder Verlag vor, er habe davon gewusst, dass als Prämie an einen privaten Werber weitergereichte Fußballschuhe in Wirklichkeit dem VfL Schlangen zugute gekommen sind. Dies lässt sich nach Auffassung der Richter nicht hinreichend beweisen, so dass sie die Klage abschmettern. LZ-Anwalt Hans-Georg Kirchhof wundert sich nicht ohne Grund darüber, denn immerhin hatte das OLG bemerkt, dass der Werber wohl kaum etwas mit Fußballschuhen unterschiedlicher Größe anfangen könne.

Dieses Beispiel zeigt aber auch, wie hart der Wettbewerb – insbesondere unter den drei Blättern in Bielefeld – Anfang der 1960er Jahre geworden war. In dieser Zeit, so berichtet Gerd Meier in seinem Standardwerk über die Zeitungen in Ostwestfalen, soll die Bezieherwerbung vollkommen aus dem Ruder gelaufen sein. Prämien im dreifachen Wert eines Jahresabos und das Verlosen von Autos hätten dafür gesorgt, dass an den Stichtagen zeitweilig bis zu 20.000 Neu- bzw. Abbestellungen vorgelegen hätten. Eingeführt wird die aggressive Wettbewerbspolitik wohl von *Westfälische-Zeitung*-Verleger Kaeller. Das WB macht mit, die FP muss sparen, weil sie sich gerade ein neues Akzidenz-Druckzentrum in Sennestadt leistet. Nicht wenige meinen, dass schon in dieser Zeit alles auf die spätere Fusion zuläuft, weil die FP spürbare Auflagen- und Anzeigenverluste hinnehmen muss.[9]

Auf redaktioneller – und zum Teil auch auf kaufmännischer – Ebene setzen die LZ-Verantwortlichen auf »bewährte Kräfte«, die allesamt schon in der Nazizeit im regionalen Pressewesen tätig waren.[10] So taucht Lokalchef August Koch im »Handbuch der deutschen Tagespresse« von 1937 als stellvertretender Hauptschriftleiter der *Lippischen Staatszeitung* auf. Als Schriftleiter für Kultur und Sport sind dort Erich Meinhard und Albert Hey aufgeführt – und genau in diesen Bereichen sind sie auch ab 1949 wieder dabei. Hinzu kommt Anzeigenleiter Ludwig Meier,[11] der diesen Aufgabenbereich auch schon bei der *Staatszeitung* verantwortet hatte.

---

9 Gerd Meier (1999), S. 189 f.

10 Die LZ war in dieser Beziehung kein Einzelfall. Gerd Meier (1999) widmet den »personellen Kontinuitäten zwischen NS- und Lizenzpresse« ein ganzes Kapitel (S. 306 ff). Grund für die schnelle Rehabilitation der NS-Schriftleiter war danach vor allem der Mangel an qualifizierten, aber unbelasteten Journalisten. Ein Redakteur mit NS-Vergangenheit soll in der Lizenzzeit sogar nacheinander für die *Westfalen-Zeitung*, das *Volks-Echo* und die *Freie Presse* gearbeitet haben. Apropos FP: Das Blatt soll in der Lizenzzeit insgesamt 16 Redakteure beschäftigt haben, die in einer der zahlreichen NS-Organisationen Mitglied waren. Was sie dennoch qualifizierte: Bis auf einen waren vor 1933 oder ab 1945/46 alle Mitglied der SPD. Allerdings wurde diese Gruppe schwerpunktmäßig im Mantel eingesetzt, hatte also kaum Publikumskontakt. Auch anderswo in der Britischen Besatzungszone sieht es nicht anders aus. »Für Journalisten gab es 1945 keine ›Stunde Null‹«, stellt der Münsteraner Kommunikationswissenschaftler Bernd Blöbaum dazu fest. Nur 20 Prozent der Tageszeitungsjournalisten im späteren Bundesland Nordrhein-Westfalen sei seinerzeit die Zulassung wegen ihrer Tätigkeit im Nationalsozialismus versagt worden. Zehn Jahre nach Kriegsende hätten mehr als 55 Prozent dieses Personenkreises schon vor 1945 in ihrem Beruf gearbeitet. Vgl. dazu auch Frei, Schmitz (1989), S. 181-196.

11 Meinhard war, von der *Göttinger Zeitung* kommend, in den Jahren 1922 bis 1936 schon einmal bei der LZ beschäftigt, zunächst als Alleinredakteur, später dann als Hauptschriftleiter. Auf Staerckes Empfehlung wird er 1925 Protokollführer im lippischen Landtag, ein Amt, das er bis 1933 nebenbei ausübt. Ab dem Jahrgang 1939 fungiert er als Nachfolger von August Koch als Schriftleiter des »Nationalsozialistischen Heimatkalenders für Lippe«. Hey und Meier kommen 1933 vom *Lippischen Kurier*, dem

Kann man in diesen Fällen die Personalpolitik des Verlages mit viel gutem Willen noch als im Rahmen des in der deutschen Presselandschaft allgemein Üblichen ansehen – wenn auch die Häufung schon frappierend ist –, so liegt die Sache bei August Prüßner sen. anders. Der ehemalige Kreisleiter der NSDAP in Lemgo (bis zur Zusammenlegung der beiden lippischen Kreise im März 1938), frühere Hauptschriftleiter der *Lippischen Staatszeitung* und zeitweilige kommissarische Presseamtsleiter des NSDAP-Gaus Westfalen-Nord (bis 1945) wird von Gasper als Geschäftsstellenleiter der LZ in Bad Salzuflen verpflichtet. Prüßner, bereits am 1. April 1931 in die Nazipartei eingetreten, war von Kriegsende bis Dezember 1947 unter anderem in Staumühle bei Paderborn interniert und von einem Spruchgericht zu einem Jahr Gefängnis verurteilt worden. [12] Im Rahmen des Entnazifizierungsverfahrens waren ihm Berufsbeschränkungen auferlegt worden, weshalb er, zumindest zunächst, nicht als schreibender Mitarbeiter beschäftigt werden kann. Später interessiert das ohnehin keinen mehr, so dass der Mann für die LZ auch wieder zur Feder greift.

Auffällig ist der geradezu herzliche Umgang, den Gasper[13] mit Prüßner und seiner Familie pflegt. Nicht nur wird im Nachruf in der LZ (31. Juli 1970) seine Betätigung als Salzufler Ratsmitglied und Landtagsangehöriger geradezu

---

vormaligen NSDAP-Parteiblatt, zur *Staatszeitung*. Hey bekleidete auch das Amt eines Presseverantwortlichen in den NSDAP-Kreisleitungen Detmold und (später) Lippe. Meinhard und Koch wurden auf Betreiben Gaspers 1963 bzw. 1967 trotz ihrer langjährigen Tätigkeit für die NS-Presse mit dem Bundesverdienstkreuz ausgezeichnet. Weder bei diesem Anlass noch in dem Nachruf auf Koch aus dem Jahre 1970 wird diese Verstrickung auch nur ansatzweise erwähnt – bei Autoren wie Meinhard, Gasper oder Koch-Nachfolger Heinz Faupel auch kein Wunder. Natürlich schreibt Koch – obschon nicht mehr im Amt – auch eine Lobhudelei zum 75. Geburtstag Meinhards. Wie der frühere Detmolder Stadtarchivar Dr. Andreas Ruppert (2011) in einem längeren Aufsatz über Staercke feststellt, hat sich Meinhard »nie von seiner nationalsozialistischen Vergangenheit distanziert«.

12 Weitere Informationen über Prüßner und seine Kreisleiter-Kollegen bei Wolfgang Stelbrink (2003).

13 Einen nicht weniger herzlichen Kontakt pflegt übrigens auch WZ- und NW-Chefredakteur Heinz Liebscher, wie aus einem Kondolenzschreiben an die Witwe hervorgeht.

dreist umgedeutet – natürlich ohne seine damalige NSDAP-Mitgliedschaft zu erwähnen –, sondern er wird auch indirekt zum Opfer erklärt (»Mannigfache Enttäuschungen vor, im und nach dem Zweiten Weltkrieg und persönliche Schicksalsschläge trafen ihn hart«). In das Bild passt, dass Gasper in persönlichen Kondolenzschreiben an seine Witwe und seinen zu dieser Zeit als LZ-Geschäftsstellenleiter arbeitenden Sohn August Prüßner jun. als einen Mann bezeichnet, den er »verehrt« habe. Der Verlag stehe »in seiner Schuld«, heißt es weiter. Historiker Ruppert dagegen charakterisiert Prüßner als einen »der schlimmsten antisemitischen Hetzer in Lippe bis zur letzten Stunde«.[14]

Diese personelle Konstellation lässt den Schluss zu, dass der Lizenznehmer und Chefredakteur Kauffmann so gut wie keinen Einfluss auf die Personalien genommen hat bzw. nehmen konnte. Offensichtlich hat Gasper sich seine Mannschaft nach seinen Vorstellungen rekrutieren können. Auffällig ist zudem, dass alle diese Männer, die ja über beträchtliche Erfahrungen im lippischen Pressegeschäft verfügten, bei keinem der anderen Lizenzblätter eine Anstellung gefunden hatten. Dem Erfolg der Zeitung hat dies keineswegs geschadet, ganz im Gegenteil. Diese Männer sind es, die die LZ wieder auf Erfolgskurs bringen. Weder hat es dabei die LZ-Verantwortlichen gestört, dass viele dieser Mitarbeiter bis 1936 massiv gegen das eigene Blatt zu Felde gezogen sind, noch haben sich wohl in irgendeiner Weise Leser an dieser Massierung von *Staatszeitungs*-Personal gerieben. Sonst wären nicht alle diese Leute als LZ-Mitarbeiter in den Ruhestand gegangen.

Dies deckt sich mit den Aussagen der damaligen LZ-Mitarbeiterin Carola Kleesiek. Sie bestätigt gegenüber dem Verfasser, dass die Nazi-Vergangenheit der redaktionellen oder anderen Mitarbeiter niemals eine Rolle in öffentlichen oder internen Diskussionen gespielt habe. Auch seitens der Bevölkerung habe sie niemals irgendwelche Nachfragen dazu gehört.

Gut dokumentiert aus der Mitte der 1950er Jahre sind diverse Schriftwechsel zwischen Kauffmann und Gasper, in denen Erstgenannter unter

---

[14] Ruppert (2011), S. 51.

dem Briefkopf LZ mal als »Verlagsleiter«, mal als »Schriftleiter« firmiert – je nach Anliegen. Auffallend ist, dass in dieser Zeit Kauffmann die bestimmende Person ist. Ob Einstellung von Personal (auch Lehrlingen), Einsatz von Bezieherwerbern oder wirtschaftliches Ergebnis – stets muss sich Gasper rechtfertigen bzw. um Genehmigung bitten, sogar für den Erwerb einer Rechenmaschine für die Vertriebsbuchhaltung (wird 1956 abgelehnt). Mehrmals wird Gasper wegen angeblich zu niedriger Neuleserzahlen gerüffelt. Dieser revanchiert sich mit einer Flut von Beschwerden über verspätete Maternlieferungen, linkslastige Artikel oder einseitiges Redigieren von Meldungen im überregionalen Teil.

Auch die Differenzen, die Kauffmann mit seiner ehemaligen Partei, der FDP, hat, bilden sich im Verhältnis beider Gesellschafter ab. 1955 zeigt sich eine geistige Nähe zwischen den Detmoldern und dem Bielefelder Verleger Kaeller, der am 17. Juni 1955, dem zum zweiten Male begangenen »Tag der deutschen Einheit«, seine *Westfälische Zeitung* großflächig in Lippe verteilen lässt. Dieses Blatt, das »sich in vaterländischen Kreisen und nicht zuletzt unter den Anhängern der FDP einer stetig wachsenden Wertschätzung erfreut«, entfalte in Lippe »eine nicht mehr zu übersehende Aktivität«, schreiben Giesdorf und Gasper an Kauffmann. Man selbst müsse auf eine solche Werbung leider verzichten, heißt es dann unter Bezugnahme auf einen Kauffmann-Artikel vom 16. Juni, in dem dieser West-Berliner Agentenorganisationen als »die Hauptverantwortlichen an dem Tod der bedauernswerten Opfer des Aufstandes« (vom 17. Juni 1953) ausgemacht hatte.

Wie vergiftet das Klima ist, zeigt eine weitere Begebenheit aus dem August 1955. Darin kritisiert Kauffmann scharf eine Entscheidung der Detmolder, wegen gleichzeitiger Abwesenheit von zwei Redakteuren einen freien Mitarbeiter mit der Bearbeitung des Lokal- und des Sportteils zu betrauen. Auf keinen Fall will er, dass sich, wie vorgeschlagen, Gasper in die redaktionelle Arbeit einschaltet, weist aber zugleich darauf hin, dass ein freier Mitarbeiter presserechtlich nicht verantwortlich sein kann. Für den Wiederholungsfall droht der »Chefredakteur und Mitinhaber« eine Klage an,

»wenn derartige Übergriffe von Ihrer Seite noch einmal erfolgen«. Gasper und Giesdorf rudern in diesem Fall dann auch schnell zurück.

Kurz darauf droht Kauffmann wiederum mit einem Strafantrag, weil angeblich ein persönlich an ihn gerichteter Brief von LZ-Mitarbeitern geöffnet worden ist. Weitere Streitpunkte sind über Jahre das Gehalt von Verlagsleiter Gasper, dessen Festsetzung ebenfalls die Juristen beschäftigt, und die Frage, wer in Abwesenheit von Chefredakteur Kauffmann die Entscheidungen in der Lokalredaktion trifft. So beklagt sich Kauffmann unter anderem darüber, dass die Redaktionsleitung die Gesellschafter des Verlages gegeneinander ausspiele.

Ein Schlaglicht auf das zerrüttete Verhältnis zwischen den Gesellschaftern des Zeitungsverlages werfen ebenfalls mehrere Zivilverfahren aus der ersten Hälfte der 1950er Jahre, die vor dem Landgericht Detmold – zum Teil auch vor dem Oberlandesgericht Hamm – ausgetragen werden und jeweils mit auf Dauer wenig tragfähigen Vergleichen enden.[15] Im Prinzip geht es in allen diesen Fällen um die Frage, für welche politische Richtung die LZ steht und wer letztendlich die Inhalte festlegt – im zugelieferten überregionalen Teil ebenso wie im Lokalteil.

Im August 1953 beantragt Kauffmann eine Einstweilige Verfügung gegen Mitgesellschafterin Dore Bösmann und Mitgeschäftsführer Helmut Giesdorf, nachdem Gasper auf der in Detmold produzierten Meinungsseite in der Rubrik »Wie wir es sehen« den Beitrag »Wortgeklingel um Selbstverständlichkeiten« veröffentlicht hatte. Dieser Text, der nach Bekunden des Verfassers dazu beitragen will, »das Ansehen des anständigen deutschen Soldaten wiederherzustellen«, nimmt – zwar nicht explizit, aber deutlich erkennbar – Bezug auf verschiedene kritische Beiträge zur geplanten deutschen Wiederbewaffnung, die Kauffmann im *Westdeutschen Tageblatt*, und damit auch im Mantel der LZ, publiziert hatte.

Kauffmann will nun auf juristischem Wege erreichen, dass im Lokalteil eine »Mitteilung der Chefredaktion« erscheint, wonach »dieser Aufsatz [...] eine

---

15 Die Gerichtsakten zu den Verfahren befinden sich im LAV NRW OWL im Bestand D 20 B. Sie sind dort unter den Nummern 5809, 5955 und 5956 einzusehen.

persönliche Meinungsäußerung darstellt, für die die Schriftleitung weder eine Verantwortung übernimmt noch in allen Punkten einstehen möchte«. Gleichzeitig fordert er die Zustimmung zur Entbindung des Lokalredakteurs August Koch von seinem Amt, zumindest, solange er sich weigere, den Weisungen von ihm, Kauffmann, als Chefredakteur nachzukommen. Hintergrund ist, dass sich Koch als im Impressum stehender Verantwortlicher geweigert hatte, die »Mitteilung der Chefredaktion« mitzunehmen. Ein erster Versuch der Entlassung Kochs war am Widerspruch von Helmut Giesdorf gescheitert. Auch Anweisungen Kauffmanns, Artikel über »Soldatenfragen« nur noch mit seiner Zustimmung zu veröffentlichen und die Beiträge in der Rubrik »Wie wir es sehen« grundsätzlich bis Mittwoch vorzulegen, folgt der Detmolder Redakteur nicht.

Aufschlussreicher als die gesellschafts- und presserechtlichen Erörterungen in den Schriftsätzen der Anwälte sind die darin enthaltenen Unterstellungen. Insbesondere LZ-Anwalt Helmuth Petri[16] wirft Kauffmann vor, den ursprünglichen Charakter des *Westdeutschen Tageblattes* »als ein der FDP nahestehendes, im Übrigen unabhängiges Organ« massiv verändert zu haben. Angeblich, so Petri weiter, sei man sich noch zu Lebzeiten Bösmanns nicht nur über »die entschlossene Gegnerschaft gegen die SPD« einig gewesen, sondern

---

16 Helmuth Petri, dem Landespräsident Heinrich Drake wegen Zweifels an dessen Verfassungstreue die Aufnahme in den Landesdienst verweigert, war in der Endphase der Weimarer Republik Landesvorsitzender der DNVP in Lippe und ein enger Gefolgsmann von Alfred Hugenberg, zu dessen Konzern unter anderem die *Lippische Tageszeitung* gehörte. Im Landtagswahlkampf 1933 schloss Petri einen »Burgfrieden« mit der NSDAP, um gemeinsam die SPD zu bekämpfen. 1936 trat er in die NSDAP ein. Nach dem Krieg war er unter anderem Vorsitzender des Lippischen Anwaltsvereins und neben Gasper Mitbegründer des Lions Clubs Detmold, der in einer Anzeige zu seinem Tod (1968) Petris »hohes Rechtsempfinden« und die »Lauterkeit seines Charakters« preist. Der ehemalige Leiter des Stadtarchivs Detmold, Andreas Ruppert (2007b, S. 506), urteilt: »Ohne die Hugenbergs [...] auf nationaler und die Petris auf regionaler Ebene hätte die NSDAP nicht regieren können. Darin liegt [...] eine politische Verantwortung, der sich die Vertreter dieser Politik später nicht gestellt haben. Sie fehlte im Angebot der Erklärungsmodelle, weil genau diese Konservativen, anders als es das Bild von der Stunde Null suggeriert, den Nachkriegsdiskurs über die Geschichte zwei Jahrzehnte lang wesentlich mitbestimmt haben.«

auch darüber, »energisch für die Interessen derjenigen einzutreten, die ungerechterweise nach dem Zusammenbruch in Deutschland verfolgt wurden, der Opfer der Entnazifizierung, der zu Unrecht angegriffenen Wehrmachtsangehörigen, der Vertriebenen, der Kriegsgefangenen«. Stattdessen veröffentliche Kauffmann jetzt Artikel, die »in geradezu unglaublicher Weise« Gemeinheiten über »die alten Soldaten und die frühere deutsche Wehrmacht als Institution« enthielten. Solche Inhalte hätte Koch allein schon aus Gründen der Selbstachtung zu Recht abgelehnt. Bezeichnend an diesen Äußerungen ist vor allem, wer von Petri im Namen von Giesdorf und Gasper, allesamt ehemalige Wehrmachtsoffiziere, als Opfer bezeichnet wird. Dass die wahren Opfer von NS-Staat und Weltkrieg über Jahrzehnte keine Lobby hatten, sondern die Untaten lieber verdrängt wurden, ist allerdings keine Spezialität der LZ-Verantwortlichen.

Kauffmann weist dies nicht nur zurück und behauptet, nicht er, sondern die FDP habe die Richtung geändert, er stellt die Beziehung zwischen beiden Verlagen sogar folgendermaßen dar: »Die LZ ist wie das WT eine ›Gesinnungszeitung‹. Ihre Gestaltung erfolgt im Wesentlichen in Dortmund, während in Detmold lediglich nach den Anweisungen des Chefredakteurs der Lokalteil bearbeitet wird.«

Vor Gericht bekommt allerdings (vorläufig) die LZ Recht. Dieses verweist auf den Gesellschaftervertrag vom 9. November 1949, in dem unter anderem Maternlieferung, technische Herstellung und Vertrieb geregelt sind. Darin heißt es unter § 6, dass Kauffmann und Bösmann – und in dessen Nachfolge Giesdorf – gleichberechtigte Geschäftsführer sind und die Gesellschaft durch gemeinsame Erklärung und Zeichnung vertreten. Außerdem sei dort festgelegt, dass die Gesellschafterversammlung über Bestellung und Abberufung von Redakteuren zu beschließen habe. Äußerst bemerkenswert ist eine weitere Feststellung der Richter: Der Chefredakteur, so meinen sie, sei überhaupt nicht befugt, Koch Anweisungen zu erteilen, weil dieser laut Arbeitsvertrag auf die Haltung der GmbH verpflichtet sei. Da der umstrittene Artikel im Lokalteil gestanden habe, sei für diesen deshalb auch Koch presserechtlich verantwortlich.

Im Dezember 1953 kommt es dann vor dem von Kauffmann angerufenen Oberlandesgericht Hamm ohne weitere Verhandlung zu einem Vergleich auf Zeit. Dieser lautet: »Falls eine Weisung oder Anordnung des Herrn Kauffmann für die Redaktion des lokalen Teils ergehen sollte, die von Herrn Koch beanstandet wird, sollen über die Rechtmäßigkeit der Weisung angerufen werden Herr Gasper und Frl. Andlauf.[17] Einigen sich diese in einer Besprechung, zu der Herr Kauffmann und Herr Koch hinzugezogen werden, nicht, so soll als entscheidender Schiedsrichter hinzugezogen werden Herr Landgerichtsdirektor Bünemann.« Diese Regelung solle gelten, bis ein bereits angerufenes Schiedsgericht in der Grundsatzfrage der inhaltlichen Verantwortung entschieden habe.

Dies geschieht just in diesem Monat – mit einem relativen Erfolg für Kauffmann. Das dreiköpfige Schiedsgericht, dem Senatspräsident Dr. Gerhard Buhrow vom Oberlandesgericht Hamm vorsteht, stellt nämlich fest, dass die Detmolder nicht berechtigt sind, angelieferte Matern »eigenmächtig zu verändern« – ausdrücklich auch dann nicht, wenn sie der Meinung sind, die Inhalte entsprächen nicht »der vertraglichen Grundlinie« der *Lippischen Landes-Zeitung*. Aber auch Kauffmann muss ein paar Federn lassen: Er wird verurteilt, im politischen Teil eine Abweichung »von der bisherigen Generallinie der LZ« zu unterlassen.

Das Schiedsgericht – ein im Gesellschaftsvertrag zur Beilegung von Streitfällen vorgesehenes dreiköpfiges Juristen-Gremium – war ursprünglich von Kauffmann eingeschaltet worden, nachdem Gasper und Co. unliebsame Artikel aus den Matern des *Westdeutschen Tageblattes* herausgeschnitten hatten. Er hatte damit durchsetzen wollen, dass er, Kauffmann, in seiner Funktion als Chefredakteur allein berechtigt sei, die politische Linie der LZ zu bestimmen. Deshalb dürften die Matern auch nicht verändert werden. Die Detmolder hatten dann in einer Gegenklage behauptet, Kauffmann habe den ursprünglich vereinbarten politischen Kurs verlassen, indem er sich etwa der Haltung der

---

17 Hildegard Andlauf war wie Gasper Prokuristin des Lippischen Zeitungsverlages, versah ihren Dienst aber von Dortmund aus.

Gesamtdeutschen Volkspartei angenähert habe, die seinerzeit die von Bundeskanzler Konrad Adenauer betriebene Westintegration und damit die Wiederbewaffnung der Bundesrepublik ablehnte.

Da offensichtlich niemand so recht definieren kann, was denn einmal die Grundlinie der LZ gewesen ist – schriftliche Unterlagen dazu sind nicht aufzufinden, es ist zudem zweifelhaft, ob es sie jemals in der gebotenen Klarheit gegeben hat – öffnet der Schiedsspruch Tür und Tor für individuelle Interpretationen des Gesagten bzw. Gemeinten durch die Gesellschafter. Deshalb ist es auch nur wenig überraschend, dass wenige Monate darauf ein weiteres Zivilverfahren in dieser Sache vor dem Landgericht Detmold beginnt. Im April 1954 beantragt Petri im Namen von Giesdorf und Gasper eine Einstweilige Verfügung gegen Kauffmann, mit der er verhindern will, dass bestimmte Artikel per Mater der LZ zugeliefert werden. Sie wollen die Ermächtigung, notfalls Matern zu beschneiden, zudem soll es dem Dortmunder untersagt werden, von der LZ als »meiner« Zeitung zu sprechen und sich selbst als »der« Herausgeber zu bezeichnen.

Mit einem insgesamt 22-seitigen (!) Schriftsatz versucht Petri, die Auffassung zu untermauern, dass Kauffmann gegen seine Verpflichtung aus dem Schiedsspruch verstoßen habe, die ursprünglich vereinbarte Generallinie der LZ einzuhalten. Besonders deutlich werde dies in Artikeln, in denen es um die »neue Wehrmacht« – gemeint ist offensichtlich die Bundeswehr – gehe, meint der Anwalt. Während die FDP im Bundestag der Wiederbewaffnung »bedingungslos zugestimmt« habe, ziehe Kauffmann gegen eben diese Position dauernd zu Felde und ziehe unzulässige Parallelen zur NS-Zeit.

Solche Beiträge, so Petri weiter, träfen Giesdorf als ehemaligen Oberstleutnant im Generalstab und Gasper als »immerhin früheren Oberleutnant ganz besonders: Jede Bemerkung gegen den Wehrstand [...] bedeutet also dass diese beiden Herren durch ihr Organ vor der Öffentlichkeit gewissermaßen ihren eigenen Stand, ihr eigenes Nest, sich und ihre Vergangenheit selbst beschimpfen. Das ist unzumutbar.« Und wenn im Rahmen einer »Leserrundfrage« der LZ zum Thema »Hat es nie einen Barras gegeben?« die Post nach Dortmund geschickt werden solle, so habe Kauffmann vorher die

Zustimmung dazu einzuholen. Denn: »Viele Zeitungen benutzen politische Matern. Jede ist sorgfältig bedacht, dies zu verbergen. Wie denn auch jede Zeitung die Artikel, die sie aus Korrespondenzen entnimmt, stets als Berichte eigener Korrespondenten ›frisiert‹.«

Petris Fazit: Giesdorf und Gasper, die schließlich einen Artikel und den Umfrageaufruf aus den Matern hatten herausschneiden lassen, hätten gewissermaßen »in Notwehr« gehandelt. Die Nichteinhaltung der Richtlinien durch Kauffmann sei ein »rechtswidriger Angriff« gewesen.

Der Dortmunder antwortet mit einer Gegenklage und weist alle Vorwürfe zurück. Schon lange vor Gründung der LZ, so der Kauffmann-Anwalt, sei das WT als »unabhängige Zeitung« anerkannt worden. Im Übrigen habe die FDP die Grundlinie, die sie noch 1949 vertreten habe, in der Zwischenzeit vollständig verlassen. Und dann wird noch ein wenig schmutzige Wäsche gewaschen: Die Schwierigkeiten, behauptet Kauffmann, hätten im Mai 1950 mit einem kritischen Kommentar zu den Umtrieben des Mitbegründers der zwischenzeitlich verbotenen »Sozialistischen Reichspartei«, Otto Ernst Remer, begonnen. Giesdorf und Gasper hätten seinerzeit »in einem sehr engen Verhältnis« zu diesem Mann »und anderen Vertretern der extremen Rechten« gestanden. Später sei bei Bösmann sogar das Organ der rechtsextremen Partei, die *Reichszeitung*, gedruckt worden. Dieser Behauptung widerspricht Petri übrigens nicht, obwohl er ansonsten im Detail auf noch einmal neun Seiten auf Kauffmanns Anwürfe antwortet.

Kauffmann bedauert, dass das Schiedsgericht seinerzeit die Generallinie der LZ nicht definiert habe. Bösmann habe sich nur deshalb einer größeren Zeitung angeschlossen, um konkurrenzfähig zu bleiben. »Die LZ sollte nur nicht in sozialistisches oder kommunistisches Fahrwasser geraten.« Das können Giesdorf und Gasper natürlich nicht auf sich sitzen lassen. Sie antworten: »Das Westdeutsche Tageblatt ist nichts anderes als das Kopfblatt der LZ. Die LZ ist Kernblatt des gesamten Unternehmens.«

Beide Seiten einigen sich zunächst, eine gütliche Regelung bezüglich der Umfrage und des umstrittenen Artikels »Die Freiheit ist in Gefahr« zu finden. Als dies nicht gelingt, wird im Juni 1954 für Klage und Gegenklage ein gerichtlicher Vergleich geschlossen. Darin verpflichtet sich die LZ, die Umfrage und den Artikel – letzteren in leicht modifizierter Form – abzudrucken. Die Antworten auf die Umfrage gehen an ein Postfach in Detmold. Und so kommt es dann auch: Text und Umfrage erscheinen am 26. Juni 1954 in der LZ. Erneut hatte sich Kauffmann in den wesentlichen Punkten durchgesetzt.

Als Gasper auf juristischem Wege nicht so recht weiterkommt, überlegt er kurzzeitig, das Mittel der Intrige anzuwenden. Im April 1955 schreibt er an Krekeler unter Anspielung auf ein WIGO-Darlehen für Kauffmann:

> Ich hatte schon daran gedacht, den ganzen Komplex Kauffmann einmal mit dem zuständigen Presseattaché beim amerikanischen Hochkommissar in Mehlem durchzusprechen, da Herr Kauffmann für sein »Westdeutsches Tageblatt« aus amerikanischen Mitteln einen nicht unerheblichen Kredit zum Aufbau seines eigenen Dortmunder Betriebes erhalten hat. Die Amerikaner finanzieren also ein Unternehmen mit, das die von den USA vertretenen politischen Konzeptionen bekämpft.[18]

Diese Streitigkeiten sollten noch mehr als zehn Jahre andauern. Erst in einem Brief vom April 1965 schreibt Gasper, dass es »nach einer mehr als zwölfjährigen Prozessiererei nunmehr endgültig gelungen« sei, sich »von unserem Dortmunder Mitherausgeber zu trennen«. Dies geschieht durch Übernahme der Anteile gegen eine lebenslange Rente. Das offizielle Ausscheiden Kauffmanns wird wohl zum 22. Mai 1965 vollzogen, wie Gasper, fortan Geschäftsführer des Zeitungsverlages, in einem Brief bemerkt. Kauffmann ist dann später wegen falscher Angaben zu Auflagenzahlen gegenüber Kunden zu einer Geldstrafe verurteilt worden. Er stirbt 1973 kurz vor Vollendung des 63. Lebensjahres in Dortmund an einem Herzschlag.

---

[18] IfZ München, Nachlass Krekeler, ED 135/85, S. 167.

Die LZ ist im Übrigen nicht das einzige Blatt, das intensive Auseinandersetzungen mit Kauffmann führt. Noch 1957, als Kauffmanns Stern bereits deutlich im Sinken begriffen ist, trennt sich die *Buersche Zeitung* (Gelsenkirchen) von ihrem Mantellieferanten *Recklinghäuser Zeitung* und wechselt zum WT. Der bis 1962 geschlossene Vertrag wird bereits ein Jahr später fristlos gekündigt. Der daraus entstehende Rechtsstreit erlangt in Fachkreisen einen hohen Aufmerksamkeitsgrad.[19] Die Gelsenkirchener sind, wie übrigens auch die Detmolder, der Auffassung, dass die Linie des WT mit den Auffassungen ihrer Abonnenten völlig unvereinbar war. Die Kritik entzündet sich vor allem an Beiträgen des Münsteraner Publizistik-Professors Walter Hagemann, der rege Kontakte in die DDR pflegt und dem Kauffmann eine journalistische Plattform bietet. Hagemann, zu dessen Umfeld zeitweilig auch die spätere Terroristin Ulrike Meinhof zählt, wird 1959 dann seines Amtes enthoben und wechselt 1961 in die DDR. Erst 1962 entscheidet der Bundesgerichtshof zu Gunsten der Kläger von der *Buerschen Zeitung*. Ein paar Monate später verkauft Kauffmann das WT, das zuletzt noch in Münster, Dortmund und Hagen vertrieben wird, an den Verlag der *Westdeutschen Allgemeinen Zeitung* (WAZ). Für zweieinhalb weitere Jahre muss er allerdings noch der LZ den Mantel liefern, dessen Chefredakteur er offiziell bleibt.

Neben den nervenaufreibenden Auseinandersetzungen mit Mitbewerbern und Zeitungsverlag-Mitgesellschaftern beschäftigt die Bösmann-Nachfolger eine weitere Frage ganz besonders. Wo würde man die LZ künftig drucken, nachdem der AOA in Celle seine Entscheidung gefällt haben wird? Da sich schon relativ früh abzeichnet, wie diese aussehen wird, bereitet die Geschäftsleitung bereits im Herbst 1952 eine Alternativlösung vor, die vor allem die Suche nach einem neuen Grundstück und die Frage der Finanzierung einer neuen bzw. gebraucht gekauften Rotationsmaschine für den Zeitungsdruck beinhaltet. Zwar hatte FP-Verleger Emil Groß Ex-LZ-Eigentümer Staercke verschiedentlich zugesichert, die Betriebseinrichtungen auch nach einem für

[19] Schütz (2009).

ihn günstigen AOA-Urteil weiterhin zur Verfügung zu stellen,[20] doch möchte sich in der Druckerei Bösmann offensichtlich niemand darauf verlassen, zumal man ja auch in publizistischer Konkurrenz steht. Zudem ist der Druckerei Bösmann direkt eine entsprechende Zusage vermutlich niemals gemacht worden.

Die Zeit drängt. Nachdem erste Kontakte zur Industriekreditbank AG (IKB)[21] (Düsseldorf) bereits im Herbst 1952 geknüpft werden,[22] wird am 10. April 1953, also einen Tag nach Veröffentlichung des AOA-Beschlusses, ein förmlicher Kreditantrag über die Summe von 350.000 Mark gestellt – und zwar zum Erwerb von Grundstücken und Gebäuden sowie der Ersatzbeschaffung von Maschinen, die in dem bisherigen Pachtbetrieb zurückgelassen werden müssen. Die dem Antrag beigefügten Unterlagen erlauben auch einen Blick in den wirtschaftlichen Zustand der drei Bösmann-Unternehmen, wie er sich aus Sicht der Eigentümer darstellt.

So ist den Papieren unter anderem zu entnehmen, dass in der Druckerei Bösmann, an der neben Dore Bösmann immer noch der in Kleve lebende Fritz Bösmann beteiligt ist, neben der LZ auch *Das Sprachrohr* – das Parteiorgan der niedersächsischen FDP – gedruckt wird. Die monatliche Gesamtauflage des Rotationsdrucks soll sich 1953 laut einem Faltblatt auf etwa 650.000 Exemplare belaufen. *Der Notweg - Die unabhängige Monatszeitschrift der ehemaligen Berufssoldaten* ist ebenso dabei wie das Organ des in Detmold ansässigen Gesamtverbandes der Evakuierten Deutschlands mit dem Titel *Der Evakuierte.* Außerdem werden dort jede Menge Fachzeitschriften wie *Die Mühle, Die Alkohol-Industrie* oder die *Informationen* der Industrie- und Handelskammer

---

20 So bei einem Gespräch zwischen Groß, Staercke und Oberregierungsrat Gnodtke im Düsseldorfer Finanzministerium, LAV NRW OWL, D 27, Nr. 2660, sowie Groß in einem Brief an Staercke vom 16.1.1951, BA Koblenz, Z 36 I/528d.

21 Die IKB, heute (2024) IKB Deutsche Industriebank AG, erlangt 2007 traurige Berühmtheit, weil sie als erstes deutsches Institut in den Strudel der Finanzkrise gerät und ihre Rettung den Steuerzahler rund 10 Milliarden Euro kostet. 2008 wird das Institut an den amerikanischen Finanzinvestor Lone Star verkauft.

22 Die folgenden Absätze beruhen auf Akten aus dem Firmenarchiv des MCG.

Lippe zu Detmold hergestellt. Hinzu kommen selbst verlegte Bücher aus den Bereichen Steuerrecht und Heimatpflege und sogar Unterhaltungsromane für seinerzeit noch existierende kommerzielle Leihbüchereien wie den Anker-Romanvertrieb in Siegburg (»Der Puma will dich hängen, Homer«, »Organisation Freunde der Nacht«). Die Umsätze der Druckerei belaufen sich nach eigenen Angaben auf jeweils rund 1,2 Millionen Mark in den Jahren 1950 bis 1952. Die Zahl der Mitarbeiter bewegt sich im Bereich von 100 (Arbeiter und Angestellte). Der Jahresumsatz des LZZG wird auf 250.000 Mark beziffert.

Die Firma investiert in den Jahren nach der Währungsreform kräftig in ihre Ausstattung. So seien nicht nur mehrere Maschinen, sondern auch eine komplette eigene Handsetzerei mit Schriften sowie Magazine und Matritzensätze angeschafft worden, heißt es weiter. Damit habe man vor allem eine »weitgehende Unabhängigkeit von den Maschinen und Einrichtungsgegenständen des Pachtvermögens« erreichen wollen. Dennoch fehle für die bei einer Verlagerung notwendig werdenden Anschaffungen eine Summe in Höhe von rund 230.000 Mark. Hinzu kämen noch die Kosten für den Kauf eines geeigneten Grundstückes, das man bereits im Auge hat. Es handelt sich dabei um die rund 8.500 Quadratmeter große Betriebsstätte der ehemaligen Eichenmöbelfabrik Fritz Copei in Remmighausen. Bösmann zahlt für das Grundstück Paulinenstraße 14 zu diesem Zeitpunkt 3.500 Mark Pacht im Monat, durch Unterverpachtungen kommen 600 Mark wieder herein.

Interessant ist in diesem Zusammenhang, dass Generalbevollmächtigter Helmut Giesdorf diesen Antrag nicht etwa direkt bei der Industriekreditbank einreicht, sondern diesen mit der Bitte um »befürwortende Weiterreichung« an den einflussreichen Industriellen Dr. Jacob Herle in Essen schickt, damals Aufsichtsratsmitglied der WASAG Chemie AG. Die Grußformel am Ende dieses Begleitschreibens lässt darauf schließen, dass Gasper an vorherigen Kontakten maßgeblich beteiligt war. Viel zu nutzen scheint das nicht, halten die Bankleute die Detmolder doch hin.

In dieser kritischen Situation aktiviert Gasper alte Hamburger Kontakte und wendet sich an Philipp F. Reemtsma persönlich.[23] Wie aus diesem Brief hervorgeht, ist die IKB allenfalls bereit, zwischen 60.000 und 70.000 Mark zum Erwerb der ehemaligen Möbelfabrik zuzuschießen – eine Summe, die Gasper angesichts der Möglichkeit, Möbelmaschinen und auf dem Grundstück stehende Wohnhäuser weiterzuverkaufen, für auskömmlich hält. Zur Neuanschaffung der benötigten Druckmaschinen würden die von der IKB avisierten 40.000 Mark jedoch bei weitem nicht ausreichen. Gasper bittet Reemtsma im Folgenden, dem Verlag 125.000 Mark als Darlehen direkt zur Verfügung zu stellen, und verweist auf die »besondere Zwangslage« des Hauses. Helmut Giesdorf teilt dann am 19. Mai der IKB mit, dass die »Ihnen bekannte Hamburger Firma« bereit ist, eine Ausfallbürgschaft über 125.000 Mark zu übernehmen.

Die Gespräche scheinen dennoch nicht zu einem Ergebnis zu führen. Denn am 25. Juni schreibt der Chef der Finanzabteilung von Reemtsma an den Vorstand der Rheinisch-Westfälischen Bank in Düsseldorf, einem Regionalinstitut der seinerzeit dezentralisierten Deutschen Bank. Er bittet die Banker darum, der Firma Bösmann einen Kredit in Höhe von 200.000 Mark einzuräumen, für den Reemtsma die Bürgschaft übernehmen wolle. Diesen Weg habe man gewählt, um zu »vermeiden, dass wir in den Büchern der genannten Firma als Kreditgeber erscheinen«. Der Kredit solle über sechs Jahre laufen, die Zinshöhe sei eine Sache der Vereinbarung zwischen den unmittelbar Beteiligten. Als Sicherheit lässt sich Reemtsma sämtliche von Bösmann erworbene Maschinen, Schriften und Kraftfahrzeuge übereignen. Ein entsprechender Vertrag wird am 17. Juli abgeschlossen. Im Oktober 1953 und dann noch weitere Male im Januar und im April 1954 sowie im April 1955 werden weitere inzwischen erworbene Maschinen als zusätzliche Sicherheit eingebracht. Zu diesem Zeitpunkt befindet sich die Druckerei – und mit ihr der

[23] Kurzbiographie bei Lindner (2003); ausführlich Lindner (2007).

Großvertrieb – längst an der Lageschen Straße, nachdem sich die Remmighausener Pläne offensichtlich zerschlagen hatten.

Auch am neuen Standort war zuvor ein Möbelbetrieb beheimatet: die Firma Uhe & Niemöller (»Spezialität: zeitgemäße Schlafzimmer«), die erst 1951 von Erich Creutzburg erworben worden war und noch 1952 nach vielen Höhen und Tiefen ihr fünfzigjähriges Bestehen gefeiert hatte. In Abänderung der ursprünglichen Absichten wird die Liegenschaft allerdings lediglich gepachtet. Eigentümer ist zu diesem Zeitpunkt der aus Memel nach Detmold zugewanderte Otto Gellschat, der zu Weihnachten 1953 auf dem Betriebsgelände einen BP-Autohof direkt an der Lageschen Straße eröffnet – »ein neues Schmuckstück, das mitbestimmend ist für das recht vorteilhafte Bild der verkehrsreichsten Detmolder Einfallstraße«, wie die LZ in einem kleinen Kollektiv am 24. Dezember befindet. Erst in den Jahren 1964 und 1968 wird das Grundstück käuflich erworben, nachdem Gellschat, der zwischenzeitlich eine Renault-Vertretung an der Klüter Straße (heute Lemgoer Straße) aufgemacht hatte, offensichtlich in finanzielle Schwierigkeiten geraten war. In einem internen Firmenvermerk findet sich zu diesem Erwerb ein interessanter Satz: »Die dafür notwendigen Gelder wurden über befreundete Personen – aus deren eigenen Mitteln verbürgt – auf dem Kreditwege beschafft.«

Seit dem Umzug an die Lagesche Straße ist die Druckerei Nachbar des Ford-Autohauses von Wilhelm Bergmann. Dieser hatte das Areal 1948 erworben und 1950 dort zunächst eine Tankstelle mit Einrichtungen zur Autopflege eröffnet. Fünf Jahr später verlegt der Unternehmer seinen 1934 gegründeten Betrieb komplett an die Lagesche Straße. Zuvor war dieser in der Leopoldstraße 12 beheimatet, dem ehemaligen Druckerei- und Verlagsgebäude der Meyerschen und der LZ. Bergmann hatte das Objekt seinerzeit von Max Staercke erworben.

Auch die Anschaffung einer eigenen Rotationsmaschine zum Druck der *Lippischen Landes-Zeitung* gestaltet sich schwierig, zumal alle Beteiligten nach der AOA-Entscheidung unter erheblichem Zeitdruck stehen. Zwar verfügt Kauffmanns »Westdeutscher Verlag« seit 1949 über eine 64-seitige MAN-Rotation von 1928 aus dem früheren Besitz des *Bonner General-Anzeigers* und ist auch bereit, davon ein 32-seitiges Aggregat abzugeben. Doch können sich die beteiligten Unternehmen viele Monate lang nicht über die Bedingungen des Einsatzes in Detmold einigen. Nach vielen hektischen Treffen und dem Austausch immer wieder neuer anwaltlicher Schriftsätze kommt es schließlich am 15. September 1953 – rund zehn Monate nach Aufnahme der Gespräche – zum Abschluss eines entsprechenden Pachtvertrages. Dass es so lange dauert, liegt vor allem an Streitigkeiten zwischen den Gesellschaftern des Zeitungsverlages, die immer wieder auch Schiedsgerichte beschäftigen. Grundsätzlich geht es vor allem um die Höhe von Druck- und Maternrechnungen, in diesem Fall aber um die nicht weniger entscheidende Frage, ob der Verlag eine eigene Zeitungsdruckerei betreiben, wie von Kauffmann gewünscht, oder ob das Blatt, wie bisher, von der Firma Bösmann hergestellt werden soll.

Schließlich setzt sich die Bösmann-Giesdorf-Seite in den entscheidenden Punkten durch. Der »Westdeutsche Verlag« verpachtet die »halbe« Rotation – ohne elektrischen Antrieb sowie Farbbehälter – für zunächst zehn Jahre direkt an die Druckerei Bösmann, die dafür einen monatlichen Pachtzins von 600 Mark zahlt. Außerdem erhalten die Detmolder ein Vorkaufsrecht. Allerdings verpflichtet sich Bösmann, die Maschine an den Zeitungsverlag weiterzureichen, falls dieser eine eigene Druckerei errichtet. Dieser schon damals wohl nur theoretisch denkbare Fall ist niemals eingetreten.

Der finanzielle Druck scheint auch auf der Kauffmann-Seite deutlich stärker zu sein als bei seinen Vertragspartnern. Da es nur zur Verpachtung, nicht aber zum ebenfalls im Vorfeld erörterten Verkauf der Maschine kommt, mithin keine größere Summe Geldes fließt, gewährt der Lippische Zeitungsverlag dem Westdeutschen Verlag ein Darlehen in Höhe von 70.000 Mark. Hinzu kommt, dass die Dortmunder die Rotation der »Wirtschaftlichen

Genossenschaft der Presse« (WIGO)[24] zwecks Erhalts eines Darlehns übereignet hatten.

Ein ähnlicher Hickhack spielt sich ab, als Kauffmann den Pachtvertrag zum 30. November 1964 kündigt. Schon zur Beauftragung eines Gutachters, der den Wert der Maschine ermitteln soll, sind unzählige Schriftwechsel erforderlich. Selbst nach Einigung über die Auftragserteilung gibt es noch erhebliche Differenzen, die die Angelegenheit weiter verzögern. Schließlich lehnt Giesdorf auf Anraten von Gasper den von der IHK Düsseldorf vorgeschlagenen Gutachter ab, weil er Kauffmann von einer zehn Jahre zurückliegenden Begegnung her bekannt war. Das entsprechende Schreiben ist gespickt mit heftigen Vorwürfen gegen Kauffmann, weil er diese Kontakte in den zurückliegenden Monaten trotz mehrmaliger Nachfrage nicht offenbart hatte. Kauffmann droht im Gegenzug, sechs Tage vor Auslaufen des Pachtvertrages, mit sofortiger Rücknahme der Maschine. Giesdorf lenkt daraufhin ein und akzeptiert den ursprünglich vorgesehenen Gutachter dann doch.

Der von diesem ermittelte Wert wird dann aber von beiden Seiten anerkannt. Giesdorf begleicht die zu zahlenden 27.000 Mark wenige Tage später per Verrechnungsscheck. Kauffmann hängt immer noch der Vorstellung an, die Maschine in den Lippischen Zeitungsverlag zu übernehmen und weist auf diese Klausel im ursprünglichen Pachtvertrag noch einmal ausführlich hin. Die Detmolder sehen dies allerdings nicht als akutes Problem an.

Ein Problem wird allerdings schon bald das beträchtliche Alter der Maschine von fast 40 Jahren. In einem gemeinsamen Memo von Druckerei und Verlag, der sich inzwischen von Kauffmann getrennt hatte und eine Kooperation mit der *Westfälischen Zeitung* in Bielefeld eingegangen war, sind sich beide im Oktober 1966 einig, dass die Rotation »den gestiegenen Ansprüchen an die Druckqualität einer Tageszeitung nicht mehr genügt.

---

[24] Mit WIGO-Mitteln, die wiederum aus dem Marshallplan stammten, wird 1967 vom Bundesverband Deutscher Zeitungsverleger die Stiftung »Freiheit der Presse« gegründet, die jährlich den »Wächterpreis der deutschen Presse« vergibt.

Besonders gravierend ist dabei, dass ein Mehrfarben-Druck gar nicht möglich ist.« Um konkurrenzfähig zu bleiben, müsse deshalb schnell gehandelt werden.

Die beiden Unternehmen vereinbaren im weiteren, dass der Zeitungsverlag eine neue Rotation anschafft und diese der Druckerei »für die Dauer der Herstellung der Lippischen Landes-Zeitung« zur Verfügung stellt. Die Druckerei, so der Grundsatz, solle durch diese Regelung weder Vor- noch Nachteile gegenüber dem früheren Zustand haben. Im Einzelnen kommen beide Seiten überein, dass die ebenfalls benötigte neue Stereotypie-Anlage von der Druckerei angeschafft wird und diese auch die Kosten für den Abbau der alten Anlage trägt. »Eine Entschädigung für die alte Maschine durch den Verlag ist nicht vorgesehen.« Druckt Bösmann auf der Rotation andere Produkte, wird eine Provision fällig.

10. Neue Partner und Konsolidierung

Die konfliktbeladene Zusammenarbeit mit dem Westdeutschen Verlag bzw. dem schon längst nur noch als Mantellieferant für die LZ existierenden *Westdeutschen Tageblatt* endet versöhnlich. Am 28. Dezember 1965 dankt Gasper dem Dortmunder Redakteur Hans Diwell für dessen »stete Hilfsbereitschaft und Kollegialität«. Ohne diese, fährt er fort, »wäre die in der Vergangenheit oftmals nicht ganz leichte Zusammenarbeit noch weiteren Belastungen ausgesetzt gewesen«. Gasper kommuniziert zu diesem Zeitpunkt kaum noch mit Kauffmann, der einige Wochen zuvor vom Dortmunder Landgericht zu einer Geldstrafe in Höhe von 7.000 Mark wegen Verstoßes gegen das Wettbewerbsrecht verurteilt worden war. Der ehemalige *Tageblatt*-Verleger – längst politisch in der von der SED mitfinanzierten Deutschen Friedens-Union (DFU) zuhause, deren Organ *Deutsche Volkszeitung* er druckt – hatte Zeitungsauflagen um bis zu 30 Prozent zu hoch angegeben, um Anzeigen- und Beilagenaufträge zu erhalten.

Der eigentliche Freudentag aber dürfte der 24. Mai gewesen sein. An diesem Tag nämlich lässt Gasper das Impressum für die folgende Ausgabe dahingehend ändern, dass Kauffmann nicht mehr auftaucht, weder als Mitgesellschafter noch als Chefredakteur. Nach gut 15 Jahren ist damit die Trennung vollzogen. Ab 25. Mai, einem Dienstag, fungiert Dore Bösmannn als einzige Herausgeberin, dann, ein paar Wochen später, kommt Helmut Giesdorf hinzu. Gasper bleibt Verlagsleiter, aber faktisch hat er an diesem Tag auch endgültig die Lokalredaktion übernommen.

Unbeeinträchtigt von familienfremden Mitgesellschaftern können sich die drei Firmen jetzt endgültig auf dem Weg zur Konsolidierung machen, Defizite bei Unterbringung und maschineller Ausstattung beheben sowie die Unternehmensgruppe fit für die Zukunft machen. Dieser Prozess, so hat es Verleger Helmut Giesdorf einmal formuliert, sollte erst 1972 beendet sein – mit Errichtung eines Bürotraktes (nebst »legendärer« Weltkugel auf dem Dach) und dem Bau einer neuen Druckhalle samt Papierlager auf dem inzwischen erworbenen Gelände an der Lageschen Straße. 1969 dann verfügen Zeitung und Druckerei auch über eine neue, moderne Clauberg-Rotationsmaschine, außerdem ist eine zentrale »Hauptannahmestelle« in der Paulinenstraße 43 eingerichtet worden. Schließlich hatte die LZ, nicht zuletzt durch Ausscheiden der FP aus dem Wettbewerb in Lippe, ihre Marktposition im Kreisgebiet deutlich ausbauen können. Kaum jemand ahnt wohl zu diesem Zeitpunkt, dass in gar nicht allzu ferner Zukunft schon wieder Raumnot herrschen sollte – ausgelöst durch die erfolgreiche Entwicklung des Zeitungs- und Zeitschriften-Großvertriebs, der 1974 zusätzlich zu seinem angestammten Alleinauslieferungsgebiet in Lippe auch den Bereich Hameln-Bad Pyrmont übernimmt.

1983 schließlich erfolgt der Umzug der inzwischen in Presse-Grosso Giesdorf umgetauften Firma auf die »grüne Wiese« nach Orbke – die Rotation wird zu diesem Zeitpunkt gleich mit ausgelagert. Zuvor waren Versuche gescheitert, das Unternehmen in unmittelbarer Nachbarschaft der angestammten Liegenschaft Lagesche Straße 15-17 (heute »Lemgoer Tor«) zu erweitern. Das Gewerbeaufsichtsamt stellt sich wegen der nachts zu erwartenden Geräuschemissionen quer. So reift der Entschluss, an den Stadtrand zu gehen, wo das Unternehmen in der Orbker Straße 111 (heute Ohmstraße 7) eine rundherum von Ackerland umgebene Fläche von 20.000 Quadratmetern erwirbt und sich ein Vorkaufsrecht für weitere 10.000 Quadratmeter im Einmündungsbereich Lagesche Straße/Orbker Straße verbriefen lässt. Auch hier müssen deutliche Abstände zur bestehenden Wohnbebauung eingehalten werden.

Die »Clauberg«-Rotationsmaschine hat zu diesem Zeitpunkt bereits 14 Jahre auf dem Buckel. War sie zunächst mit zwei sechzehnseitigen Doppeldruckwerken als Ersatz für die alte MAN in Betrieb genommen worden, wird die Maschine schon 1970 mit einem weiteren Doppeldruckwerk und einem Farbwerk ausgestattet, so dass fortan 48 Seiten in einem Arbeitsgang gedruckt werden können. Später kommt dann ein weiteres 16-seitiges Werk hinzu, wobei die Farbdruckmöglichkeiten eingeschränkt bleiben.

Zum Presse-Grosso gehört seinerzeit eine Werbeagentur, die bereits 1948 als »Annoncen-Expedition Giesdorf & Pockrandt« gegründet wird und in der Folgezeit die Anzeigenverwaltung etwa für die *Informationen der Industrie- und Handelskammer Lippe zu Detmold* oder das *Amtliche Schulblatt für den Regierungsbezirk Detmold* übernimmt. Hans-Joachim Pockrandt, wie Helmut Giesdorf Schwiegersohn von Hermann Bösmann, ist über Jahrzehnte auch als Buchdruckermeister und Betriebsleiter im Unternehmensverbund tätig. Der Betrieb besteht lange Zeit als »Werbeagentur Giesdorf« mit geändertem Tätigkeitsbereich fort, wurde dann aber später nach mehreren organisatorischen Veränderungen aufgegeben.

Dass sich die LZ-Verantwortlichen zum 1. Januar 1966 mit der *Westfälischen Zeitung* in Bielefeld als neuem Mantellieferanten zusammentun, ist gleich in mehrerlei Hinsicht logisch und konsequent. Von nicht zu unterschätzender Bedeutung ist dabei, dass beide Blätter – auch wenn das für die LZ, streng genommen, nicht korrekt ist – als »Altverleger«-Zeitungen angesehen werden. Das hat nicht nur etwas mit der Zeitgleichheit des Wiedererscheinens zu tun. Im Gegensatz zur FP und WB, die aufgrund der Lizenzerteilung eindeutig Parteien zuzuordnen sind – auch in den 1960er Jahren noch –, betonen WZ und LZ von Beginn an ihre Unabhängigkeit und Überparteilichkeit. Diese Positionierung und damit Abgrenzung zu den drei Jahre früher gestarteten Blättern ist nicht nur wirtschaftlichen Überlegungen geschuldet. Wesentlich stärker noch als bei den Detmoldern dürfte dies bei der Familie Kaeller auch mit den Erfahrungen im Nationalsozialismus zu tun haben, mit dem man sich sehr schnell arrangiert hatte. So durfte die WZ auch noch bis 1944 als selbstständiges Blatt überleben.

Wie aus einem internen Vermerk des LZ-Prokuristen Kurt Gasper hervorgeht, reichen die Kontakte zu Kaeller bis in die Lizenzzeit zurück. Schon Ende September 1949, also noch vor Wiedererscheinen von *Westfälischer Zeitung* (22.10.) und LZ (19.11.) fragt der Bielefelder an, ob das Bösmannsche Vertriebsunternehmen LZZG den Vertrieb der WZ in Stadt und Kreis Herford übernehmen könne. Gasper antwortet ausweichend, verweist auf die Verpflichtungen gegenüber dem *Welt*-Verlag in Hamburg, dessen Zeitungsverteilung die Lipper organisierten. Dass der LZZG im Jahre 1953 eine »Nebenstelle« in der Herforder Schillerstraße 8 unterhält, deutet darauf hin, dass der Deal letztendlich geklappt hat. Kaeller regt im Übrigen auch den Einstieg der LZ in eine Anzeigenkombination Bielefeld/Minden/Hamm an, zu der es dann aber wegen der Bindungen an Kauffmann nicht gekommen ist.

Diese Verlagspolitik bedeutet allerdings nicht, dass WZ und LZ über allen Dingen schwebten oder keiner politischen Richtung zuzuordnen sind. Beide sehen sich im bürgerlichen Lager verankert, beide lassen starke Sympathien für die FDP, manchmal auch die CDU, erkennen – was in Sachen LZ eindeutig mit der Person Gaspers zusammenhängt. Die noch bis in die 1990er Jahre in Lippe weit verbreitete Ansicht, die LZ schreibe der FDP nach dem Munde, ist durchaus begründet und bei weitem nicht so grundlegend falsch wie die heute oft zu hörende Behauptung, die SPD halte Anteile an der Zeitung.

Hinzu kommt, dass Liebscher – seit 1953 bei der WZ, seit 1957 Chefredakteur – und Gasper sich blendend verstehen. Obwohl altersmäßig ein paar Jahre auseinander, blicken beide ohne Anflug von Bedauern – allenfalls mit einer gehörigen Portion Selbstmitleid – auf die Zeit des Nationalsozialismus zurück, in der Liebscher zeitweilig Presseamtsleiter des NSDAP-Gaus Westfalen-Süd war. Besonders deutlich wird diese Verbundenheit in Zusammenhang mit Liebschers 60. Geburtstag am 31. August 1969. Gasper hält einen Tag später anlässlich eines Empfangs nicht nur die Laudatio,[1] sondern bringt gegenüber Liebscher auch noch die Möglichkeit einer Bundesverdienstkreuzverleihung ins Gespräch. Der Bielefelder lehnt ab, weil »das Ansehen des Ordens so gering« sei und man außerdem nicht ausschließen könne, dass »irgendein lächerlicher Neid- oder Konkurrenzkomplex [...] dann doch noch an meiner NS-Vergangenheit Anstoss nehmen könnte. Wozu solchen Schmutzfinken erst dazu Gelegenheit geben.« Gasper zeigt Verständnis.

Der Wechsel des Mantelanbieters ist der LZ im Übrigen keine Zeile wert. Dieser wird vorab nicht angekündigt, und trotz veränderten Schriftbildes im überregionalen Teil wird der Leser in der ersten Ausgabe des neuen Jahres (3. Januar) über die Hintergründe im Dunklen gelassen. Allenfalls dem Impressum kann er entnehmen, dass Liebscher jetzt »Hauptschriftleiter« ist und andere Leute für die Mantelressorts verantwortlich sind.

So geräuschlos geht das eineinhalb Jahre später nicht über die Bühne, was allerdings nicht unbedingt an den Lippern liegt. Als sich FP und WZ mit Wirkung vom 1. Juli 1967 zur *Neuen Westfälischen* zusammenschließen, rauscht es mächtig im nationalen Blätterwald – und auch vor Ort. Die *Lippische Rundschau* kommt am 30. Juni sogar mit einem »Extrablatt« heraus, das den Titel trägt: »›Freie Presse‹ ab Montag in Lippe eingestellt – SPD-Chefredakteur macht Politik der Lippischen Landeszeitung«. Wörtlich heißt es unter anderem weiter: »Sie [die LZ] glaubt ihre Selbständigkeit dadurch erhalten zu haben, dass sie sich von dem neuen Blatt ›lediglich‹ den sogenannten Mantel liefern lasse.« Die LZ »druckt damit die unter Leitung des sozialdemokratischen Bundestagsabgeordneten Dr. Ulrich Lohmar erstellte Politik des neuen Blattes

[1] Bei dem Geburtstagsempfang im Bielefelder Ratskeller entsteht das einzige bekannte Pressefoto von Kurt Gasper, auf dem er identifizierbar ist. Es zeigt ihn im Gespräch mit den NW-Geschäftsführern Alois Hüser und Hans Reinhard Kaeller. Gasper scheute die Öffentlichkeit ansonsten wie der Teufel das Weihwasser. Sogar bei der Berichterstattung über die Feierstunde zum 200jährigen Bestehen der LZ im Jahre 1967 wird zwar ellenlang aus seinen Ausführungen zitiert, er selber aber noch nicht einmal beim Namen genannt. Auf einem Bild von der Beerdigung »Asko« Kochs ist er von hinten zu sehen, wird aber ebenfalls nicht namentlich erwähnt.

ab«. Einmal abgesehen von der kruden Ausdrucksweise in katastrophalem Deutsch ist dies natürlich eine Halbwahrheit. Auch die LR bzw. das WB muss dann irgendwo im Text einräumen, dass Lohmar neben Liebscher nur einer der beiden Chefredakteure ist, keineswegs also allein die Linie der NW bestimmt.

Überhaupt sollte sich schon bald herausstellen, dass Liebscher der maßgebliche Mann werden sollte, wenn es um die Linie des Blattes geht. Es ist kein Zufall, dass der ehemalige WZ-Mann den ersten, programmatischen Leitartikel der neuen Zeitung schreibt (Überschrift: »Unabhängig und überparteilich«; Kernsatz: »Die Neue Westfälische ist selbstverständlich eine bürgerliche Zeitung«). Die Verpflichtung von Lohmar, der zu diesem Zeitpunkt Bundestagsabgeordneter ist und dies auch bleibt, entwickelt sich ohnehin zu einem einzigen großen Missverständnis. So ist es auch nicht überraschend, dass der SPD-Politiker schon 1969 seinen Job wieder aufgibt, um eine Professur in Paderborn anzunehmen.

Die *Rundschau* jedenfalls behauptet, sie sei »in Zukunft die einzige bürgerliche Tageszeitung in Lippe« mit »klarem, unbeirrtem Kurs und mit kritischer und zugleich fortschrittlicher Meinung«. Und sie stellt dem Leser Scheinfragen wie »Kann die LZ bürgerlich sein – mit SPD-Redakteuren von der Freien Presse?« An anderer Stelle ruft sie offen zum Abonnementswechsel auf, indem sie schreibt: »Die Leser der eingestellten Zeitungen stehen nun vor der Frage, ob sie sich eine von ihnen nicht bestellte Zeitung liefern lassen wollen. Denn rechtlich besteht für niemanden die Verpflichtung ...«

Auch wenn Letzteres auf die LZ nicht zutrifft: Das alles kann Gasper, der beim Wettbewerber »deutliche Merkmale der Panik« ausmacht, nicht auf sich sitzen lassen. Er kontert am Montag, dem 3. Juli, in der LZ:

> Trotz aller zweckbestimmten und durchsichtigen Störversuche können sich alle Leser in Stadt und Land davon überzeugen, daß die »LZ« eine unabhängige und überparteiliche Tageszeitung ist und bleibt. Sie unterscheidet sich allerdings wesentlich von einer gleichfalls noch in Lippe verbreiteten Zeitung dadurch, daß sie über die weitaus höchste Auflage verfügt. Das wiederum findet seinen Niederschlag nicht zuletzt im Anzeigenteil. In den letzten beiden

> Jahrzehnten hat eben die Leistung entschieden, und zwar eindeutig und überzeugend zugunsten des ältesten Familienblattes in Nordrhein-Westfalen.

Und dann noch einmal ein paar Seiten später:

> Selbst Meister der Verfälschung durch Auslassen bzw. Manipulieren von Tatsachen kommen an einer Erkenntnis nicht vorbei: Die Anzahl der Familienanzeigen aus Lippe spiegelt das Ansehen und die Verbreitung der alten lippischen Heimatzeitung wider. Sehen Sie sich heute den LZ-Familienanzeigenteil an und Sie wissen alles! Solche Tatsachen wiegen schwerer als unseriöse Behauptungen in Extra-Ausgaben, deren Inhalt sich selbst richtet.

Immerhin wird diesmal in der LZ die Bielefelder Fusion dem Leser vorab mitgeteilt, wenn auch nur einen Tag vorher. Eine kurze Begrüßung gilt den ehemaligen gut 10.000 FP-Abonnenten, die fortan mit der LZ beliefert werden. Einige von ihnen, darunter der IG-Metall-Funktionär Karl Reichel, finden das nicht so toll. Er schreibt an den SPD-Bundesvorstand:

> Das Vertrauen zur SPD ist erschüttert, und unsere Mitglieder haben kein Verständnis, dass verantwortliche Bundestagsabgeordnete dieser Zeitung diesem Schritt mit einer Gleichgültigkeit gegenüberstehen. [...] Wir werden nicht den Empfehlungen der Landeszeitung folgen, dass durch die Einstellung der Freien Presse die Landeszeitung bezogen werden sollte, die immer wieder deutlich zum Ausdruck bringt, dass sie arbeitnehmerfeindlich eingestellt ist.[2]

---

[2] Die Kopie dieses Briefes befindet sich im Nachlass des seinerzeitigen SPD-Bundestagsabgeordneten August Berlin im LAV NRW OWL, D 72 Berlin. Berlin saß viele Jahre als Vertreter seiner Partei in der Gesellschafterversammlung der Firma »Presse-Druck«. Die Protokolle aus dieser Zeit geben Aufschluss über die wirtschaftliche Entwicklung der *Freien Presse* und den Versuch von Gesellschaftern, immer wieder Einfluss auf das Blatt zu nehmen. So beklagt Berlin selbst im Jahre 1956, dass die SPD-

Die *Lippische Rundschau* wird trotz ihrer bis dahin zufrieden stellenden Entwicklung in Lippe – bis auf wenige Ausnahmen wie Lemgo - immer mehr zu einem Nischenblatt. Gleichzeitig verschwindet mit der FP die letzte »echte Parteizeitung«, die das WB trotz seines extrem konservativen Kurses schon längst nicht mehr ist. Die Lizenzierungspolitik der Briten ist nach 20 Jahren von der wirtschaftlichen Realität eingeholt worden.[3] Der damaligen Fusion dürfte es auch zu verdanken sein, dass es bis heute einen Zeitungswettbewerb in Ostwestfalen gibt.

Noch einige Monate zuvor kann die LZ ihr 200-jähriges Bestehen feiern. Ihren Titel zieren zu diesem Ehrentag (7. Februar 1967) ein Porträtfoto und ein Grußwort von Bundespräsident Heinrich Lübke, dazu gibt es eine umfangreiche, mehr als 100 Seiten umfassende Sonderbeilage, auf die im Lokalteil kurz hingewiesen wird. Bei der Lektüre wird deutlich, wie stark sich Lippe in den ersten zwei Jahrzehnten bereits entwickelt hat. So entstehen in den 1960er Jahren die Neubauten der Kreiskrankenhäuser Detmold und Lemgo, der Komplex der Bezirksregierung an der Leopoldstraße sowie das markante Gebäude des Landesarchivs an der Willi-Hofmann-Straße. Auch in den Schulbau wird kräftig investiert, als Beispiele gelten hier das Marianne-Weber-Gymnasium in der alten Hansestadt und das Stadtgymnasium in der Residenz.

Unterbezirksvorstände Lemgo und Detmold vor der Entscheidung, den Zeitungsdruck von Detmold nach Bielefeld zu verlegen, nicht konsultiert worden seien. Schon 1951 hatte er kritisiert, dass der Verlag einen Redakteur und einen Vertriebler in Lemgo ohne Absprache mit der Partei eingestellt habe: »Das könnte die gemeinsame sozialistische Arbeit hemmen.« Wie aus den Unterlagen hervorgeht, war die *Westfälische Zeitung* für die FP-Verantwortlichen auch nicht erste Wahl. Noch im Mai 1967 hatte man die Absicht, eine gemeinsame Zentralredaktion mit der *Neuen Ruhr-Zeitung/Neuen Rhein-Zeitung* (NRZ) in Essen beziehungsweise der *Westfälischen Rundschau* in Dortmund (beide ehemalige SPD-Lizenzzeitungen) zu bilden. Zugleich beschlossen die Gesellschafter harte Einschnitte: 37 Kündigungen, Abschaffung der übertariflichen Urlaubszahlung bzw. der bezahlten Arbeitspause, Rückführung der Löhne auf den Tarif, Anhebung der Kantinenpreise und Stopp der kostenlosen Verteilung von Theaterkarten.

3 Für Meier (1999) geht damit die »Nachkriegszeit der ostwestfälischen Presse definitiv zu Ende«. Näheres zum »Bielefelder Modell« auf den Seiten 189ff. Zu den Hintergründen siehe Dahl (1977), S. 78ff.

In anderen Bereichen, etwa der Kanalisation, liegen dagegen viele Landstriche noch hinter dem Standard zurück.

Bei der LZ, auch das belegt die Beilage, hat ein Generationswechsel in der Redaktion begonnen. Neben Texten von Albert Hey, August Koch, Erich Meinhard und August Prüßner sind auch solche vom gerade frisch eingestellten Heinz Faupel und vor allem Walter Mücke enthalten. Beide sollten in den folgenden Jahrzehnten als Lokal- bzw. Sportchef maßgeblichen Anteil an der Weiterentwicklung der *Landes-Zeitung* haben. Daneben greifen jede Menge Honoratioren, natürlich auch Heinrich Drake, zur Feder und schreiben über ihre Aufgabenbereiche. Grußworte kommen unter anderem von Bundeskanzler Kurt Georg Kiesinger (CDU) und NRW-Ministerpräsident Heinz Kühn (SPD).

Bezeichnend ist allerdings auch, dass einer nichts Grundlegendes schreibt, der ansonsten seine Meinung, wenn auch bis zuletzt anonym, gerne kundtut: Verlags- und Redaktionsleiter Kurt Gasper, der es bei einem kurzen, mit »LZ« gekennzeichneten Geleitwort belässt. Auch die Verlegerseite ist nicht mit einem eigenen Beitrag vertreten. Am folgenden Tag werden von der Festveranstaltung in Bad Meinberg zwar zwei komplette Bilderseiten veröffentlicht, aber auch hier fehlen LZ-Angehörige – bis auf ein Foto mit Albert Hey – nahezu komplett. Kein Bild von Angehörigen der Verlegerfamilie, immerhin die Gastgeber, keins von Gasper, der selbst im Bericht nicht namentlich genannt wird, keins von anderen LZ-Redakteuren, obwohl doch zum Jubiläum August Koch mit großem Brimborium in den Ruhestand verabschiedet wird. Dafür gibt es, mit Ausnahme der CDU-Bundestagsabgeordneten Christa Schroeder, jede Menge Männer fortgeschrittenen Alters in dunklen Anzügen zu bewundern – von NRW-Innenminister Willi Weyer (FDP, damals 49) bis zum ehemaligen Landespräsidenten Heinrich Drake (86).

Der Wechsel des Mantellieferanten bedeutet allerdings nicht, dass die Reibereien über den Inhalt der überregionalen Seiten beendet sind. Trotz seines vertrauensvollen Verhältnisses zu Liebscher schreibt Gasper auch in der Folgezeit zahlreiche Beschwerdebriefe. Das verstärkt sich dann noch, als Liebscher Ende 1970 entmachtet und auf die Position eines Beraters abgeschoben wird, aber Ansprechpartner für Fragen der Kooperation bleibt. In der NW-Redaktion übernehmen die geschäftsführenden Redakteure Wilhelm F. Hanke (ehemals FP)[4] und Dr. Heinz Epping (ehemals WZ)[5] das Kommando. Erst im Juni 1982, also 15 Jahre nach der Fusion, endet mit der Berufung von Tim Arnold die paritätische Doppelbesetzung in der Redaktionsspitze.

Gleich zu Beginn der Kooperation müssen Geschäfts- und Verlagsleitung in Detmold eine hausinterne Niederlage einstecken. Es gelingt Gasper nämlich nicht, den Druckauftrag für die *Deutschen Nachrichten*, das damalige, wöchentlich erscheinende Zentralorgan der NPD, zu akquirieren. Dieses war zuvor im WZ-Druckereibetrieb J. D. Küster Nachf. hergestellt worden. Die Rückgabe dieses Auftrages zum Jahresende 1968 ist eine Konzession, die Verleger Hans Reinhard Kaeller im Vorfeld der Fusion eingehen muss. Die Auflage liegt seinerzeit bei rund 45.000 Exemplaren, geht in der Folgezeit aber deutlich zurück.

Gasper, bis Mitte der 1960er Jahre auch Abonnent der reaktionären *Deutschen National-Zeitung*, scheitert am Veto der Bösmann-Mitarbeiter.[6] Der Betriebsrat spricht sich entschieden gegen den Druck des rechten Blattes aus, nachdem eine Befragung der Mitarbeiter ergeben hatte, dass die Hälfte dieses Vorhaben missbilligt. Ein Abteilungsleiter droht mit Kündigung, alle Mitarbeiter in Schlüsselstellungen wie Rotationsdrucker und Stereotypeure sind komplett dagegen. Gaspers Fazit: »Wir haben ehrlich mit uns gerungen und sind dann unter dem Druck unserer Mitarbeiterschaft zu dem Ergebnis gekommen, dass wir die Existenz unseres Hauses nicht durch Übernahme des

---

4 Hanke war bei der *Freien Presse* unter anderem Chef vom Dienst und Betriebsratsvorsitzender. Er gehört zu den Mitbegründern der Journalistengewerkschaft »dju«, die seinerzeit eng mit der IG Druck und Papier verbunden war. Außerdem mischte er in der Löhner Lokalpolitik mit, übte zeitweise dort das Amt eines Vorsitzenden der SPD-Fraktion aus.

5 Epping leitet bis zu seinem Ausscheiden außerdem das Wirtschaftsressort bei der NW. Auch er war bis zu seinem Aufstieg in die Chefredaktion Betriebsratsmitglied.

6 Die nachfolgenden Informationen fußen auf einem persönlichen Schreiben von Gasper an Liebscher aus dem Oktober 1968.

NPD-Druckauftrages gefährden dürften.« Und er fährt fort: »Für mich und Herrn Giesdorf ist das alles entsetzlich enttäuschend. [...] Soweit sind wir also heute: Die Gewerkschaft diktiert und wir müssen kuschen! Ich bin sehr traurig über diese Entwicklung.« Erstaunlich – wir schreiben immerhin das Jahr 1968 – ist, dass die LZ-Verantwortlichen offensichtlich eine rein wirtschaftliche Betrachtungsweise an den Tag legen. Dass ein solcher Auftrag zu einem enormen Imageschaden hätte führen können, kommt offensichtlich niemandem in den Sinn.

In regelmäßigen Briefwechseln mit der Bielefelder Chefredaktion geht es neben der Darstellung von Abstimmungsproblemen bei der Anlieferung des Materials und vielen technischen Fragen sowie Problemen der Ausweitung des Umfangs auch immer wieder um einzelne Personen, deren Linie Gasper nicht passt. So erwirkt er 1970 nach eigener Aussage einen Beschluss der Gesellschafterversammlung, wonach im Mantel der LZ keine Beiträge von Jürgen Kellermeier[7] mehr erscheinen dürfen. Liebscher zeigt zwar Verständnis – unterstützt sogar eine Trennung von diesem Mitarbeiter, da Lohmar ja als SPD-naher Kolumnist weiter zur Verfügung steht –, warnt aber gleichzeitig davor, dieses Thema »auf dem offenen Markt zu diskutieren«. Dann wird Liebscher allerdings auch kerzengerade, wenn er schreibt:

> Das Verlangen, keine Artikel von Herrn Kellermeier mehr zu bringen bzw. solche, die von der Chefredaktion zur Not für Lippe tragbar befunden werden, zuerst in Lippe vorzulegen, ist beim derzeitigen Stand der Diskussion um die sogenannte innere Pressefreiheit rundweg indiskutabel. Wenn das in der Zentralredaktion bekannt wird, gibt es einen Aufstand. Juristisch entspricht Ihre Forderung

---

[7] Der in Bielefeld geborene und bei der FP als Redakteur ausgebildete Kellermeier ist zu diesem Zeitpunkt Hörfunkkorrespondent des NDR in Bonn. 1988 wird er sogar Hörfunk-Programmdirektor. Seinen größten Scoop landet er im Mai 1974, als er als erster den Rücktritt von Bundeskanzler Willy Brandt infolge der Guillaume-Affäre meldet. Der inkriminierte Kommentar beschäftigt sich kritisch mit den Grundsätzen der Oppositionspolitik von CDU/CSU im Bundestag.

> haargenau dem in allen Gremien heftig besprochenen, von den Verlegern geforderten Recht zur Einzelanweisung. Dem kann formal kein Chefredakteur mit auch nur einem Rest von Charakter zustimmen.

Zwar beharren die Lipper auf ihrem Standpunkt, dass die Kellermeier-Texte den im Titel der Zeitung formulierten Anspruch der Überparteilichkeit nicht erfüllen, doch kommen sie letztendlich nicht zum Ziel. Der Korrespondent ist auch weiterhin regelmäßig im Blatt vertreten.

Nur wenige Wochen später stellt Gasper gleich die gesamte Kooperation auf den Prüfstand. Die Gründe sind scheinbar nichtige, erklären sich allenfalls mit dem berühmten Tropfen, der das Fass zum Überlaufen bringt. Weil Leserbriefe über Bielefelder Angelegenheiten im Bundessport mitlaufen und montags von der NW jetzt immer eine Feuilleton-Seite extra angeliefert wird (mit Roman), schreibt Gasper: »Ich habe es längst aufgegeben, bei Ihrer Sportredaktion auf Verständnis zu hoffen. Ich kann immer nur warnen: Ihre Redaktion hat die Verantwortung dafür, wenn diese Kooperation in die Brüche geht.« Diesmal antwortet Verleger Kaeller persönlich – mit einer Mischung aus Beschwichtigung und Gegenvorwürfen, die Gasper wiederum prompt kommentiert. Natürlich bleiben Retourkutschen nicht aus, etwa wenn die LZ ein überregional interessantes Thema für sich behält, das WB darüber aber im Mantel berichtet. Und so geht es beinahe endlos weiter. Überaus intensiv tauscht man sich beispielsweise über mehrere Seiten über die Druckzeiten auf der Clauberg-Rotation und die davon abhängige Anlieferung der Mantelseiten aus Bielefeld aus.

Der zuweilen aggressive Ton zwischen allen Beteiligten ändert sich auch nicht, als Liebscher zum 1. Januar 1971 in die Beraterfunktion wechselt bzw. gewechselt wird. Fortan ist er für die NW-Verlagsleitung in denjenigen Bereichen unterwegs, »die die Zusammenarbeit zwischen den kooperierenden Verlagen [...] fördern, insbesondere auf redaktionellem Gebiet«. Zudem soll er die Kostenentwicklung der Redaktion im Auge behalten und darf »zweimal wöchentlich« »Namensbeiträge« – also im Wesentlichen Leitartikel – schreiben.

Obwohl auch das *Haller Kreisblatt* unter diese Regelung fällt, steckt dahinter offensichtlich der Versuch, die anhaltenden Beschwerden der LZ zu filtern und die Redaktion von der Beantwortung zu entlasten. Es ist ja in Bielefeld bekannt, dass Liebscher und Gasper – trotz aller zwischen beiden Häusern ausgetragenen Konflikte – gut miteinander können. Und in der Tat geht es kontinuierlich mit schriftlichen Beschwerden aus Detmold weiter – meistens über Inaktualität, Dubletten, verspätete Maternanlieferungen oder persönliches Fehlverhalten von Redakteuren beider Häuser.

Das ganze Hickhack, das sich zwangsläufig auf die Kommunikation zwischen beiden Redaktionen negativ auswirkt, hat auch katastrophale Auswirkungen auf die Berichterstattung. So wird auf ausdrücklichen Wunsch von Gasper nur kurz textlich – und auch das nur im Bielefelder (!) Lokalteil – über die Aktion »Blumen für Stukenbrock« berichtet. Bilder von uniformierten Bundeswehrsoldaten, die unter roten DKP-Fahnen stehen, veröffentlicht am Montag auf der Titelseite nur das WB (bzw. die LR). In der LZ steht über den ganzen Vorfall – obwohl über Augustdorf direkt betroffen – gar nichts. Selbstredend wird im WB auch mit Bild über die Lippischen Heimattage überregional berichtet; die NW, von der LZ nicht beliefert, zieht das dann am Dienstag nach. Der Unterschied zwischen beiden Häusern ist allerdings: Während Liebscher, auch ins eigene Haus hinein, immer wieder für die Detmolder Position wirbt und Brücken zu bauen versucht – ja sogar interne vertrauliche Informationen an die LZ-Verlagsleitung weitergibt – setzt Gasper nahezu ausschließlich auf Konfrontation, obwohl er von sich selbst das Gegenteil behauptet. Ein typischer Satz lautet dann: »Ganz offensichtlich ist die LZ der NW lästig geworden. Bisher habe ich immer auszugleichen versucht; aber jetzt ist bei mir auch das Maß voll.«

Wie verhärtet die Fronten viereinhalb Jahre nach Beginn der Kooperation sind, zeigt ein interner Vermerk Gaspers für Helmut Giesdorf vom Jahresende 1971. Seiner Auffassung nach, so heißt es darin, arbeite die Bielefelder Redaktion »unverkennbar auf das große ihr gesteckte Ziel zu: auch aus der LZ eine der SPD nahe stehende Zeitung zu machen«. Das scheint seine tiefe Überzeugung zu sein, der einzelne ehemalige FP-Redakteure in

Einzelfällen auch Vorschub leisten. Allerdings droht Gasper zu keinem Zeitpunkt mit der Aufkündigung des Kooperationsvertrages, weiß er doch auch, dass es, zumal unter den damaligen technischen Gegebenheiten, keine Alternative gibt. Und mit der eigenen Überparteilichkeit ist es im Übrigen auch nicht so weit her.

In verschiedenen Schriftverkehren – allerdings niemals öffentlich – macht Gasper nämlich keinen Hehl daraus, dass er die LZ als Sprachrohr der FDP sieht. Mehrere Briefe in den »Privatakten« belegen nicht nur Gaspers persönliche Nähe zur liberalen Partei, sondern auch Versuche, durch diese Kontakte und das Anbieten wohlwollender Berichterstattung Geschäft für die Druckerei Bösmann oder den Zeitungsverlag zu generieren. So findet sich in den Unterlagen etwa ein Brief an den damaligen FDP-Bundesgeschäftsführer Dr. Hans Friderichs (später unter anderem Bundesminister für Wirtschaft und Dresdner-Bank-Vorstand) vom Oktober 1968, in dem dieser gebeten wird, Bösmann »bei der Vergabe von Druckaufträgen gebührend zu berücksichtigen«, da »die Lippische Landes-Zeitung die FDP in allen Wahlkämpfen nach Kräften unterstützt« habe.

Schon 1957 hatte Gasper in einem Brief an Kauffmann eindeutig festgestellt: »Die ›Lippische Landes-Zeitung‹ ist eine der FDP nahestehende Zeitung.« Und weiter: »Wir würden es bedauern und für die Weiterentwicklung der LZ-Auflage bedenklich bewerten, wenn Sie entgegen unserer Auffassung weiter fortfahren würden, die SPD in der LZ besonders herauszustellen oder gar zu unterstützen.«

Im Juni 1966 beklagt sich Gasper bei FDP-Kreisverbandsvorsitzendem Alfred David über ausbleibende Wahlanzeigen, versichert aber gleichzeitig: »Im Textteil werden wir [für die FDP, d. Verf.] alles tun, was in unseren Kräften seht.« Brav bedankt sich der Angeschriebene nach der Landtagswahl für die »wertvolle Unterstützung«. In einem Flugblattentwurf für besagte Landtagswahl scheut sich Gasper darüber hinaus nicht, in trüben Gewässern zu fischen und die liberale Partei NPD-Stammwählern als Alternative anzudienen. Die »nationalen Kräfte«, heißt es darin unter anderem, sollten »realistisch denken und handeln und der FDP ihre Stimme geben«. Offensichtlich mischen auch damals schon FDP-Kommunalpolitiker wie Christian Weyert im redaktionellen Umfeld mit. Das sollte bis Ende der 1980er Jahre vorkommen, als der lippische FDP-Spitzenpolitiker Jürgen Ermeling in der Redaktion ein- und ausgeht. Briefwechsel mit Spitzenkräften wie Erich Mende, Walter Scheel, Hans-Dietrich Genscher und Wolfgang Mischnick unterstreichen den Stellenwert Gaspers innerhalb der FDP.

Außerdem fungiert Gasper als fleißiger Spendensammler für die Liberalen. Er hat offensichtlich hervorragende Kontakte zu Rudolf Schlenker, in den 1970er Jahren Spitzenmanager bei Reemtsma. Dieser spendet unter anderem an die FDP. Die Schriftstücke Gaspers dazu sind sehr konspirativ gehalten. Stets ist nur von der »Angelegenheit Hamburg« die Rede. Erhellend ist in diesem Zusammenhang ein Brief vom 5. März 1970 an Friderichs-Nachfolger Volrad Deneke. Darin heißt es unter anderem, dass »unsere Hamburger Freunde [...] es nach dem Vorbild des letzten Jahres wieder in Form von Gutachten erledigt wissen« wollten. Dass dies nicht immer so einfach ist, offenbart ein Schreiben von Friderichs, in dem es unter anderem heißt: »Die Abwicklung der [...] in Hamburg getroffenen Vereinbarung hat sich als schwieriger erwiesen als es ursprünglich vorauszusehen war. Wir hatten einige Mühe, geeignete Themen auszumachen und Gutachten von der erforderlichen Qualität erstellen zu lassen.« Gasper legt auch in allen diesbezüglichen Briefen Wert auf die Feststellung, dass der Landesverband Niedersachsen und der Bezirksverband Ostwestfalen-Lippe »absprachegemäß« mit Mitteln bedacht werden. Das ist offensichtlich der Preis, den die Bundes-FDP für Gaspers Vermittlungstätigkeit bezahlt. Im Übrigen lässt sich der LZ-Verlagsleiter seine »Auslagen« von der FDP-Bundesorganisation begleichen.

Wie aus einem anderen Schreiben Schlenkers hervorgeht, bedient man sich bei der Parteienfinanzierung des Öfteren der »Wirtschafts- und Sozialpolitischen Vereinigung e. V.« (WSV) in Bonn, eines Verbandes, der auf dem »grauen Spendenmarkt« (*Der Spiegel*) ausschließlich für die FDP tätig ist. Schlenker hat offensichtlich direkten Einfluss auf die Verwendung der Spenden.

Er bittet nämlich darum, monatlich 2.000 Mark an den Bezirksverband Ostwestfalen-Lippe zu überweisen.[8]

Woher der Kontakt zu Schlenker stammt – und auf welchem Wege Gasper seine politische Nähe zur FDP gefunden hat –, ist aus den Akten nicht ersichtlich. Der Schlüssel zu diesen Erkenntnissen liegt vermutlich im Niedersächsischen oder Hamburgischen. Dafür spricht auch – anders kann man es nicht nennen – Gaspers Antichambrieren bei Reemtsma, beim Springer-Verlag und sogar beim *Spiegel*, wo er unter anderem seinen ehemals beim Schmitt-Verlag in Detmold tätigen Freund Dr. Horst Hohensee unterzubringen versucht.[9] Immerhin kann mit Fug und Recht behauptet werden, dass Gasper seinen (wenn auch kleinen) Teil zum Parteispenden-Skandal beigetragen hat, in dessen Verlauf ja auch spätere Reemtsma-Manager vor Gericht standen – und mehrere FDP-Politiker ebenfalls, so auch Friderichs.[10] Die Bereitschaft des Konzerns, für Parteien zu spenden, schwindet im Übrigen mit fortschreitenden Tabaksteuererhöhungen und Werbeeinschränkungen.

Vor diesem Hintergrund wirkt es schon reichlich dreist, wenn Gasper 1966 einem Abbesteller aus Bad Salzuflen schreibt, die LZ sei eine Tageszeitung, die »im Gegensatz zu anderen [...] keinerlei Verbindungen und Verpflichtungen hintergründiger oder vordergründiger Art zu irgendwelchen parteipolitischen [...] Interessengruppen« habe. Gegen die Annahme, die LZ vertrete einseitig den

---

8 Das Modell, nach dem die Reemtsma-Vorstände die »staatstragenden Parteien« CDU, FDP und SPD finanzieren, läuft wie folgt: In Absprache mit den jeweiligen Schatzmeistern werden Firmenspenden zunächst an gemeinnützige Organisationen geleitet und dann steuerlich abgesetzt – als Betriebsausgaben, obwohl es in Wahrheit nicht abzugsfähige Parteispenden sind, die nur über den Umweg einer gemeinnützigen Organisation in die Parteikassen kamen. Die Finanzverwaltungen spielen dabei mit. Nach Angaben des *Spiegel* hat die WSV 15 Jahre lang illegal Spenden für die FDP gesammelt, siehe *Der Spiegel* (1986) Nr. 7, S. 34ff.

9 Eine entsprechende Intervention versucht Gasper im Oktober 1966 auch beim Minister für gesamtdeutsche Fragen, Dr. Erich Mende (FDP). Offensichtlich will er Hohensee ebenfalls bei Liebscher als möglichen Bonn-Korrespondenten der NW unterbringen.

10 Friderichs wird im Zuge der Aufarbeitung der Flick-Spenden-Affäre 1987 vom Bonner Landgericht wegen Steuerhinterziehung zu einer Geldstrafe in Höhe von 61.500 Mark verurteilt.

politischen Standpunkt der FDP spreche schon die Tatsache, dass sie regelmäßig Hinweise auf die Veranstaltungen aller Parteien bringe. Man bemühe sich um eine »saubere, unabhängige Meinungsgestaltung«.

Der Bezug eines neuen Verlagshauses an der Lageschen Straße 15-17,[11] zunächst noch mit vorgelagerter Tankstelle, markiert 1972 einen vorläufigen Schlusspunkt in der räumlichen Entwicklung der Giesdorf-Firmen, die damit erstmals nach knapp 20 Jahren wieder an einem Standort vereint sind. Die »Chefetage« zieht in das oberste Stockwerk, die Redaktion befindet sich darunter in der 2. Etage. Darunter wiederum sitzt die Druckereiverwaltung. Schnell wird sich dieses innenstadtnahe Gelände allerdings wiederum als zu klein erweisen und ist damit aus heutiger Sicht nur eine weitere Zwischenstation auf dem Weg zum endgültigen Standort in Orbke.

Eine große Einweihungsfeier gibt es nicht an diesem Freitag, 30. Juni. »Kein Sekt. Ohne große Sprüche. Wir fangen einfach an«, heißt es betont nüchtern in einer Eigenanzeige, die am Vortag erscheint. Immerhin wird eine 14-seitige Beilage mit vierfarbigem Titelfoto und einem einleitenden Text aus der Feder des Verlagsleiters veröffentlicht mit der reichlich gestelzten Überschrift »Der Lippische Zeitungsverlag – ein Kaleidoskop vieler Aktivitäten, quicklebendiger Dynamik und gezielter Ausstrahlungen«. In dem Text wirft Gasper dabei »einen flüchtigen Blick in ein dunkles Kapitel lippischer

---

11 Diese neue Adresse, vorher Lagesche Straße 81-83, gilt seit Oktober 1970. Nach der kommunalen Neuordnung hatte die Stadt Detmold die Lagesche Straße, die ursprünglich am heutigen Hasselter Platz (damals »Lemgoer Tor«) begann und dann am alten Landkrankenhaus vorbeiführte, gewissermaßen ›verkürzt‹. Die übrigen Streckenabschnitte wurden in Röntgenstraße (seit Errichtung des Krankenhausneubaus eine Sackgasse) und Behringstraße umbenannt. Auch die Hausnummern anderer Gebäude haben sich im Laufe der Zeit verändert. Die Stadtgeschäftsstelle der LZ trug früher die Hausnummer 25b (zuletzt 43), das Nachfolgeinstitut der Kreissparkasse ist nicht mehr in der Paulinenstraße 14 zu Hause, sondern hat heutzutage die Nummer 34. Diese Veränderungen haben mit der ›Verlängerung‹ der Paulinenstraße von der Freiligrathstraße bis zum heutigen Willy-Brandt-Platz (vormals Weinbergstraße) zu tun. Wie aus einem Bericht der LZ vom 26. September 1970 hervorgeht, mussten nach der kommunalen Neuordnung rund 10.000 Häuser neu nummeriert werden – die Herstellungskosten übernahm damals die Stadt –, außerdem wurden 314 von 762 Straßen umbenannt.

Nachkriegs-Zeitungsgeschichte«, eine Formulierung, die sich auf das AOA-Verfahren in Celle bezieht. Er beklagt nicht ohne Bitterkeit und reichlich verkürzt, dass der LZ »nach dem Zusammenbruch das ihr einstmals gehörende Grundstück [...] einschließlich eines ansehnlichen Maschinenparks genommen« worden sei. »Unter normalen Verhältnissen müsste das neue LZ-Verlagsgebäude in der Paulinenstraße 14 stehen, wo sich zwischenzeitlich die Kreissparkasse häuslich eingerichtet hat«, fährt er fort. Weitsichtig allerdings ist Gaspers anschließende Erkenntnis, dass der Schlüssel zum Erfolg des Blattes in der Lokalberichterstattung liegt und sie diesbezüglich dem Hörfunk und dem Fernsehen deutlich überlegen ist.

Im redaktionellen Teil der Beilage findet sich das Übliche, darunter Texte von Heinz Faupel über die Bedeutung der Lokalredaktion, von Albert Hey über den Sport und von Walter Mücke über die Pressefotografie. Ludwig Meier steuert ein paar Zeilen über die Anzeigenabteilung bei, und Vertriebschef Helmut Maiwald schreibt über die verdienstvolle Arbeit der Zeitungsboten. Ausführlich wird natürlich auch der technische Betrieb mit seiner 48-seitigen Rotationsmaschine behandelt, wobei die Überschrift noch kurzfristig von »Bösmann druckt für die Elite« in »Bösmann druckt für alle« umgeändert wird.

In diesem Zusammenhang bietet Gasper ein bezeichnendes Bild von den Sitten, die damals bei der Anzeigenakquise gelten und über die man heute schmunzeln mag. Als die Firma Pohlschröder aus Dortmund, die wesentliche Teile des Mobiliars geliefert hat, sich (zunächst) weigert, eine Anzeige für die Beilage aufzugeben, schreibt der Verlagsleiter dem potentiellen Kunden unter anderem das Folgende:

> Tatsache ist, daß wir den Großauftrag an Ihr Haus unter der Voraussetzung von großzügigen Anzeigenaufträgen erteilt haben. Ohne diese conditio sine qua non hätte Ihr Haus überhaupt keine Chance gehabt, unseren Auftrag zu erhalten. Unter diesem Aspekt mutet uns Ihr Schreiben wie ein hohnvoller Witz an. So mögen sie mit anderen Häusern verkehren können – mit uns nicht.

In einem anderen Fall, der nichts mit der Beilage zu tun hat, werden gern auch einmal Orientteppiche als Bezahlung für Beilagenaufträge angenommen.

Während sich die Firmengruppe schon bald wieder aufmacht »zu neuen Ufern« in Orbke, hat die Stadtgeschäftsstelle zu diesem Zeitpunkt längst ihren Platz am Kaiser-Wilhelm-Platz gefunden. Ursprünglich in der Paulinenstraße 14 beheimatet, werden noch vor Aufgabe dieses Standortes parallel dazu Räumlichkeiten am Marktplatz in unmittelbarer Nachbarschaft zur Erlöserkirche angemietet. Als besondere Attraktion werden dort in der »LZ-Ecke am Markt« an jedem Sonntag die neuesten Sportergebnisse ausgehängt. Manchmal, bei größeren Sportereignissen, läuft sogar ein Fernseher. Dieser Standort muss Ende September 1965 nach Kündigung durch den Vermieter wieder aufgegeben werden. Die LZ verlegt ihre Innenstadtpräsenz zum März des darauffolgenden Jahres in das Gebäude Lange Straße 36 (bis 1972). Weitere Geschäftsstellen unterhält die Zeitung zu Anfang der 1970er Jahre in Lemgo (Mittelstraße 63), Bad Salzuflen (Im Ort 2) und Lage (Friedrichstraße 1a).

11. Jahre der Expansion

Mit der Zusammenfassung aller Unternehmensteile auf dem Grundstück an der Lageschen Straße einher geht eine Phase in der Firmengeschichte, die zu den wirtschaftlich erfolgreichsten überhaupt in der 250-jährigen Geschichte des Blattes zählt. Die Zeitungsumfänge nehmen in den folgenden Jahren deutlich zu, was vor allem auf den Anzeigenteil zurückzuführen ist. Gleichzeitig bleibt die redaktionelle Besetzung für ein Blatt dieser Größenordnung bescheiden.

Noch Ende der 1970er Jahre, als sich die technische Revolution der Folgejahre mit Einführung der rechnergesteuerten Textsysteme bereits abzeichnet und die Ansprüche der Leser deutlich wachsen, begnügt man sich bei der LZ mit einem aus heutiger Sicht geradezu lächerlich kleinen Team. In Detmold beackern vier feste Vollzeit-Redakteure – darunter ein für ganz Lippe zuständiger Sportmann und ein Feuilletonist – sowie maximal ein Volontär nahezu den gesamten Altkreis Detmold einschließlich des lippischen Südostens (die Redaktion in Blomberg wurde dann am 1. Oktober 1979 eröffnet). An den übrigen Standorten Bad Salzuflen, Lemgo und Lage sind praktisch Alleinredakteure am Werk. Das sollte sich dann allerdings schnell unter dem Druck des Mitbewerbers ändern, der seinen Lokalteil mit verschiedenen Kopfblättern schnell ausbaut und die LZ zur Reaktion zwingt – sowohl in Bezug auf die Umfangsausweitung als auch bezüglich der Aufstockung der personellen Ressourcen.

Während die Auflage der LZ weiter steigt, expandieren auch die Schwesterfirmen. Die Druckerei Bösmann erweitert ihre Möglichkeiten durch Anschaffung einer modernen, großformatigen Offset-Maschine, und die Firma LZZG übernimmt 1974 das Vertriebsgebiet Hameln-Pyrmont als Alleinauslieferungs-Grossist. Bemühungen, das Betriebsgelände zu erweitern, scheitern allesamt, so dass es schließlich zum Neubau an der Bundesstraße 239 in Orbke kommt, wo die Firmeneigentümer sich ein Vorkaufsrecht für weitere 10.000 Quadratmeter verbriefen lassen, das dann in den 1990er Jahren auch wahrgenommen wird. Doch das ist noch Zukunftsmusik, als im Oktober 1983 das inzwischen in »Presse-Grosso Giesdorf« umbenannte Vertriebsunternehmen und die Rotationsmitarbeiter der LZ ihre neuen Arbeitsplätze am westlichen Stadtrand beziehen. Am alten Standort der Rotation in der Lageschen Straße wird eine zweite Offset-Maschine aufgestellt.

Unterdessen geht der verbissene Kampf der ostwestfälisch-lippischen Verlage um Marktanteile und Anzeigenaufträge weiter. Dabei streitet man sich nicht nur um den Einsatz von Werberkolonnen oder vermeintliche bzw. tatsächliche Verstöße gegen die Zugabeverordnung, sondern auch um Grundsätzliches. Im Juni 1972, fünf Jahre nach der Fusion von FP und WZ, erstreiten NW, LZ und HK ein wichtiges Urteil vor dem Bundesgerichtshof in Karlsruhe[1]. Das WB und seine Kopfblätter dürfen sich fortan weder als »einzige bürgerliche Tageszeitung« in dem jeweiligen Verbreitungsgebiet noch als »größte unabhängige Tageszeitung in Ostwestfalen-Lippe« bezeichnen. Das höchste deutsche Gericht bestätigt damit entsprechende Urteile des Landgerichts Bielefeld (1968) und des Oberlandesgerichts Hamm (1970).

Die Richter der verschiedenen Instanzen kommen übereinstimmend zu dem Schluss, dass die Behauptungen »irreführend« und damit wettbewerbswidrig seien. Das OLG Hamm, das 1967 in einem vorangegangenen Einstweilige-Verfügung-Verfahren bezüglich der Unabhängigkeit der NW noch anders entschieden hatte, räumt gerade dieser Frage in seiner Begründung

1 Az.: I ZR 122/70 (Bundesgerichtshof), 4 U 179/68 (OLG Hamm), 10 O 44/68 (LG Bielefeld).

breiten Raum ein. Drei Jahre nach der Fusion, so heißt es unter anderem, »kann – insbesondere bei Berücksichtigung der inhaltlichen Gestaltung der Zeitung - die Feststellung getroffen werden, daß die Neue Westfälische eine unabhängige Tageszeitung ist; sie stellt sich in ihrem Gesamtbild so dar, wie es die Zeitungen der Klägerin« – also des WB – »tun, die von sich behaupten, sie seien unabhängig«. Zwar bestünden noch »gewisse Bindungen« an die SPD, seien aber »in den Hintergrund getreten« und wirkten sich im Gesamtbild nicht dahingehend aus, dass die NW dem Leser als »einseitige, von der SPD abhängige Zeitung« erscheine. Besonders betonen die Richter dabei, dass der ehemalige WZ-Mann Liebscher nach dem Ausscheiden von Lohmar inzwischen alleiniger Chefredakteur sei (dies allerdings nicht lange bleiben sollte).

Ausführlich bemühen sich die Richter sogar um eine inhaltliche Analyse des Blattes, »wie sie sich aus den eingereichten Exemplaren ergibt«. Sie kommen dann zu Schlüssen wie diesen: »Die Tendenz der Zeitung kann als sozial-liberal im Sinne der jetzigen Regierungskoalition bezeichnet werden. Auch auf kommunaler Ebene finden vor allem SPD-Politiker in der Neuen Westfälischen eine gute Presse. Über SPD-interne Angelegenheiten wird ebenfalls in größerem Umfang berichtet. Gleichwohl kann die Neue Westfälische – anders als die frühere Freie Presse – nicht als SPD-Blatt angesehen werden.« Sie sei eine »nach allen demokratischen Richtungen hin aufgeschlossene Tageszeitung, die dem Leser einen umfassenden Überblick über das Tagesgeschehen und die verschiedenen hierzu vertretenen Meinungen« gewähre.

Eine »irreführende Alleinstellungswerbung« ist es nach Ansicht der Richter auch, wenn sich das WB als »einzige bürgerliche Tageszeitung« bezeichnet, heißt es in der Urteilsbegründung des OLG weiterhin. Sie glauben zwar zu wissen, dass der »frühere Gegensatz zwischen ›Bürgertum‹ und Arbeiterschaft auch heute noch fortwirkt«, meinen aber auch, dass »die Auffassung, die SPD sei keine bürgerliche Partei, von weiten Kreisen nicht mehr geteilt« wird. Fazit: »Der Arbeiter ist nicht mehr nur Proletarier, sondern auch Bürger. Die großen politischen Parteien sind nicht mehr Klassenparteien, sondern Volksparteien. Die SPD ist immer mehr ›verbürgerlicht‹.«

Ende Januar 1973 kommt es dann zu einem weiteren Versuch, die Vertriebswerbung sämtlicher Verlage in vertretbare Bahnen zu lenken und, wie es im Protokoll heißt, »das Zugabeunwesen durch Werber strikt zu unterbinden«. Bei einem Spitzentreffen im Bielefelder Restaurant »Quellental«, an dem Verleger (NW: Kaeller, HK: Bratvogel, *Die Glocke*: Holterdorf) und Verlagsleiter (WB, LZ, MT) teilnehmen, wird eine Übereinkunft erzielt, die in der Folgezeit immer wieder für Gesprächsstoff sorgen und in Frage gestellt werden sollte. In diesen »Quellentaler Vereinbarungen« kommen alle Beteiligten unter anderem überein, Werber bei Verstößen zu entlassen, Kolonnenwerbung zu unterlassen und bei Werbeprämien eine Obergrenze von 60 Mark einzuhalten. Die Boten sollen fortan einheitlich 20 Mark pro Abo bekommen.

Bei einem Nachfolgetreffen am 4. Juni im Bad Salzufler »Maritim«-Hotel, an dem dann unter anderem auch Carl Wilhelm Busse und Helmut Giesdorf teilnehmen, wird der Vorschlag der »NW-Kooperationsgruppe« ergebnisoffen erörtert, »nur noch Werber im Angestelltenverhältnis zu beschäftigen«. Außerdem einigt man sich auf eine gemeinsame Bezugspreiserhöhung zum 1. Oktober 1973. Offensichtlich erweisen sich diese – gewissermaßen zwischen Zeitungsgruppen geschlossenen – Festlegungen als wenig praktikabel. Bereits 1974 wird eine Clearingstelle installiert. Später schließen WB und LZ bilaterale Vereinbarungen über verschiedene Punkte ab, was wiederum für Verstimmungen bei der NW sorgt.

Schnell gibt es neuen Stress, als die LR Anfang 1976 ihren Schlänger Lesern den Lokalteil des *Paderborner Volksblattes* beilegt und die LZ-Abonnenten mit entsprechenden Probelieferungen eindeckt. Während Gasper dies als wettbewerbswidrige Handlung und unerlaubte Zugabe ansieht, geht das WB von einer »Produktverbesserung« aus. Die LZ scheitert im April vor dem Landgericht Detmold mit dem Antrag, der LR diese Praxis per Einstweiliger Verfügung untersagen zu lassen. Die Handelsrichter bewerten die erweiterte Lieferung nicht als »Zugabe«, sondern als »Leistungssteigerung«. Daraufhin gehen die Anwälte der LZ in die Berufung und erheben Unterlassungsklage zur Hauptsache, scheitern damit allerdings erneut. Auch dieses Verfahren geht dann in Hamm beim OLG weiter. Der Hintergrund für die Prozessiererei ist klar: Die Detmolder befürchten nicht zu Unrecht, dass dieses Beispiel Schule macht und etwa den Bad Salzufler Lesern der Herforder oder Oerlinghauser Blätter der Bielefelder Lokalstoff zugänglich gemacht werden könnte. Die LR hatte durch ihre Aktion, unterstützt durch massiven Werbereinsatz, auch 112 neue Abonnenten gewinnen können, die Mehrzahl davon ehemalige LZ-Leser. Allerdings ist die LZ zu diesem Zeitpunkt noch deutlicher Marktführer in Schlangen (764 : 341 Exemplare).

Doch es nützt alles nichts, die Einstweilige Verfügung scheitert beim OLG ebenso wie das Verfahren in der Hauptsache. Giesdorf und Gasper wollen zunächst auf eine Revision verzichten – zumal die juristischen Scharmützel schon jetzt eine Menge Geld gekostet haben (allein 6.000 Mark an Anwaltsgebühren für die Gegenseite). Aber schließlich geht es doch wiederum nach Karlsruhe, wo die Anträge der LZ-Anwälte im Dezember 1978 erneut abgeschmettert werden. Der Bundesgerichtshof kann – wie schon die Vorinstanzen – weder einen Verstoß gegen die Zugabeverordnung erkennen (»Wird eine verbesserte Ware zum alten Preis angeboten, so handelt es sich nicht um eine Zugabe«) noch gegen das Rabattgesetz. Ebenso komme unlauterer Wettbewerb nicht in Betracht. Kurz zuvor noch war ein von der LZ angebotener Vergleich – Verzicht auf die BGH-Verhandlung und Teilung der Anwaltskosten – am Widerstand des WB gescheitert. Diesen Schritt waren die Detmolder unter Hinweis auf die inzwischen erfolgte Gründung der *Schlänger Zeitung* gegangen.

Überhaupt Schlangen: Bereits Mitte der 1970er Jahre konzentriert sich die *Lippische Rundschau* darauf, die LZ in der Sennerandgemeinde anzugreifen – ein Zustand, der bis auf den heutigen Tag anhält. So etwa wird die Fußballmannschaft des VfL Schlangen, damals unter Spielertrainer Detlef Kemena in der Landesliga kickend, mit Trikots ausgestattet – den Abstieg im darauf folgenden Jahr kann dieses Sponsoring allerdings nicht verhindern. Schlangen sorgt aber auch zwischen den Kooperationspartnern immer wieder für Ärger – etwa als es im Herbst 1974 um die Berichterstattung über den Zuschnitt des Kreises Paderborn im Rahmen der Kommunalreform geht. Damals ist unter anderem darüber diskutiert worden, die Sennerandgemeinde, wie auch Geseke und Marsberg, diesem Kreis zuzuschlagen. Gasper macht, wie so oft, aus diesen Meinungsverschiedenheiten erneut eine Grundsatzfrage der Kooperation.

Im Frühsommer 1978 schlägt dann die Geburtsstunde der *Schlänger Zeitung* (SZ), heutzutage einziges Überbleibsel der Zeitungspräsenz des *Westfalen-Blattes* im Lipperland. Das, was Verleger Helmut Giesdorf in einem Schreiben an Busse beklagt, gilt bis heute: »Diese Schaffung einer alimentierten ›selbständigen‹ Gemeindezeitung läßt nur den Schluß zu, daß hier um jeden Preis Auflage gemacht werden soll.« Auch redaktionell geht Giesdorf mit der SZ hart ins Gericht, wenn er feststellt, es handele sich bei dem Inhalt »um eine willkürliche Mischung von Nachrichten aus zwei in sich geschlossenen und pressemäßig saturierten Erscheinungsgebieten in Form einer angeblich selbständigen Zeitung für eine Großgemeinde«. Dies sei auch Wasser auf die Mühlen der Gewerkschaften, die sich in ihrer Auffassung bestätigt sehen müssten, »daß Zeitungsverleger zu viel verdienen müssen, wenn sie sich ein Kuriosum wie die ›Schlänger Zeitung‹ leisten könnten«. Doch das WB macht unbeirrt weiter. Wie aus einem Vermerk Gaspers hervorgeht, ist das WB bereits im Herbst 1979 mit eigenen Heimatzeitungen in Kalletal, Oerlinghausen und Bad Salzuflen vertreten. Hinzu kommt das wöchentlich erscheinende Anzeigenblatt *Blickpunkt* in Lage (nicht aber in Detmold, wo der Verlag Topp & Möller als Herausgeber fungiert. Das Detmolder Blatt wird aber – zumindest zeitweilig – bei Busse gedruckt).

Mitte der 1970er Jahre rückt ein weiteres Thema in den Vordergrund: Die dramatischen Umwälzungen in der Zeitungstechnik und damit auch in der redaktionellen Arbeit, seinerzeit »elektronische Datenerfassung und -verarbeitung« genannt. Vorrangiges Ziel ist zunächst der Abbau von Personalkosten durch das Vermeiden von Doppelerfassung von Texten bei einmaliger Datenaufnahme durch Mitarbeiter der Redaktion beziehungsweise der Anzeigenabteilung. Im Vorfeld der geplanten Umstellungen geht die Geschäftsleitung der »J. D. Küster Nachf. + Presse-Druck GmbH« (k+p) davon aus, dass dadurch Reduzierungen der Personalkosten im Bereich der

Textverarbeitung von bis zu 35 Prozent möglich sind. Allerdings weiß man auch: »Eine Gewöhnung von Redakteuren und Anzeigenbearbeitern an das Medium ›Bildschirm-Terminal‹ ist nur in mehreren Schritten zu erreichen.« In dieser Angelegenheit gibt es sogar Annäherungen an das WB hinsichtlich einer Zusammenarbeit bei der Satzherstellung. Gegenüber den Kooperationspartnern bringen die Bielefelder die Schaffung eines gemeinsamen Satzzentrums ins Spiel, das »eine eigene Setzerei entbehrlich macht«. Die LZ lehnt unter Hinweis auf einen entsprechenden Gesellschafterbeschluss im Juli 1977 ab. Die NW ist verschnupft, verweist darauf, dass WB und beide Münsteraner Zeitungen Interesse an diesem Projekt bekundet hätten.

Mitten in diese ersten Überlegungen finden 1976 massive Tarifauseinandersetzungen zwischen Verlegerverband und der IG Druck und Papier statt, in denen es – vorerst – »nur« um massive Lohnerhöhungen geht. Kurzzeitig greifen die Arbeitgeber sogar zum Mittel der Aussperrung, so dass zeitweilig auch die LZ nicht erscheint. Die Umstände dieses Arbeitskampfes, den die NW durch Abschluss eines Haustarifvertrages beendet, sorgen auch für neuen Stress zwischen LZ und NW. Gasper und Giesdorf werfen in einem Schreiben an Kaeller den Bielefeldern »Alleingänge« vor. Außerdem monieren sie, dass die NW-Geschäftsleitung nichts gegen den von den Gewerkschaften vermittelten Eindruck getan habe, dass die LZ eine Bezirksausgabe der NW sei. So habe man sich selbst beim Westdeutschen Rundfunk gegen eine entsprechende Falschmeldung wehren müssen.

Als entscheidenden Punkt machen die Detmolder die Tatsache aus, dass im LZ-Kopf der Name »Neue Westfälische« auftaucht. Nach den »trüben Erfahrungen«, so Giesdorf und Gasper weiter, wolle man – wie in den letzten Streiktagen, als die LZ im Gegensatz zur NW als Notausgabe erschienen war – künftig auf diesen Hinweis verzichten. Erfolgreich ist dieser Vorstoß nicht. Schon nach wenigen Monaten machen die Lipper einen Rückzieher, nachdem das WB eine Gesamtauflagen-Werbung der NW, in der die LZ inbegriffen war, beanstandet hatte.

In den folgenden Jahren sollte gerade im gewerblichen Bereich die Schärfe der Tarifauseinandersetzungen deutlich zunehmen. Zwei große

Themenblöcke stehen dabei im Vordergrund: die soziale Absicherung vor allem der Maschinensetzer nach der Einführung so genannter »rechnergesteuerter Textsysteme« (RTS-Tarifvertrag) und der Einstieg in die 35-Stunden-Woche für alle Beschäftigten. Von den damit verbundenen Arbeitskampfmaßnahmen ist auch die Druckerei Bösmann betroffen – und damit die LZ. Nachdem die Schlichtung über RTS im November 1977 gescheitert ist, gibt es in den folgenden Monaten jede Menge Warnstreiks. Die Arbeitgeber – auch in Detmold – reagieren mit bundesweiter Aussperrung (14. bis 16. März 1978), nachdem die IG Druck nach Urabstimmungen in vereinzelten Betrieben Streiks ausgerufen hatte. Kurz darauf einigt man sich dann – nach mehr als 50.000 Streiktagen (ohne Warnstreiks) und – je nach Lesart – zwischen 188.000 und 245.000 Aussperrungstagen.

1984 wird dann alles noch ein Stück heftiger. Zwischen dem 12. April und dem 5. Juli 1984 erschüttert eine 13 Wochen andauernde Streikwelle die Branche, an deren Ende – ähnlich wie fast zeitgleich bei den Metallern – mit der Einführung der 38,5-Stunden-Woche ein eher mageres Ergebnis steht, zumal es auch eine Flexibilisierung der Arbeitszeiten gibt. Es sollte dann bis 1995 dauern, ehe die 35-Stunden-Woche bei Druck und Metall durchgesetzt werden kann. Formal gilt sie bis heute. Bei Bösmann ist 1984 nach einer internen Statistik an insgesamt 13 Tagen die Arbeit niedergelegt worden. Die Beteiligung liegt bei rund 80 Prozent, was in etwa dem Anteil der organisierten Arbeitnehmer (118 von 148 im technischen Betrieb) entspricht.

Zu Blockaden der Druckerei kommt es dann noch einmal 1989, als die Begrenzung von Überstunden und die Frage von Samstagarbeit im Mittelpunkt stehen. Bösmann-Mitarbeiter und aus dem Gewerkschaftsbildungszentrum in Hörste herbeigeeilte Unterstützer versuchen an einem Abend im März, den Zugang zum Betriebsgelände zu sperren und dadurch die Auslieferung der Zeitung zu be- bzw. verhindern. Die Druckerei erwirkt später – nachdem der Tarifkonflikt längst beigelegt ist – eine Unterlassungserklärung, in der ein Gewerkschaftsfunktionär zusichert, künftig keine Blockademaßnahmen vor dem Bösmann-Werkstor zu organisieren.

Die Einführung neuer Technik und zunächst ungeklärte Fragen der Auslegung von Tarifbestimmungen führen auch im Verlag zu erheblichen Verwerfungen – insbesondere zwischen der Mehrheit der Redaktion und der Verlags- bzw. Geschäftsleitung. Der von der Unternehmensspitze mit der Wahrnehmung ihrer Interessen beauftragte Gütersloher Arbeitsrechtsspezialist Dr. Ulrich Tschöpe schreibt im Mai 1986 nach einem Gespräch mit dem Betriebsrat in einem Vermerk: »Das Klima im Verhältnis zur Geschäftsführung muß als schlecht bezeichnet werden.« Er macht dafür »offenbar erhebliche Ressentiments« auf Seiten der Arbeitnehmervertreter verantwortlich. Der im Hause noch vorhandene Schriftverkehr belegt allerdings, dass für die Konfrontationen in diesen Jahren neben dem langjährigen Verlagsleiter Kurt Gasper auch dessen Nachfolger als Ansprechpartner des Betriebsrates, der als Assistent der Geschäftsleitung fungierende Michael Kriesten, in erheblichem Umfang mitverantwortlich ist.

Die erneute Gründung eines Betriebsrates bei der LZ im Jahre 1985 ist im Wesentlichen eine Reaktion auf die Weigerung von Verlagsleiter Gasper, mit der Redaktion über drängende Angelegenheiten wie die Abgeltung von Überstunden oder die Erfassung von Texten nach Einführung von RTS zu sprechen. Nachdem zwei Anschreiben von Redakteuren – das erste sogar mitunterzeichnet von Redaktionsleiter Heinz Faupel, der später fälschlicherweise behauptet, blanko unterschrieben zu haben – unbeantwortet bleiben, leitet die IG Druck und Papier im Januar das Wahlverfahren ein. Überschattet wird dieses von Anfang an durch die Kündigung eines Redakteurs, weil sich die Geschäftsleitung »zu Einsparungen im Redaktionsbereich gezwungen« sieht und für den Betroffenen wegen Aufgabe der Bildschirmtext-Planungen kein Aufgabenbereich mehr vorhanden sei.

Da der betreffende Mitarbeiter sowohl zu den Mitunterzeichnern der Briefe an Gasper zählt und auch zu diesem Zeitpunkt schon jeder im Verlag davon ausgeht, dass er für den Betriebsrat kandidieren wird, trägt diese Personalmaßnahme nicht zur Deeskalation bei. Die sich anschließenden Kündigungsschutzprozesse, in deren Verlauf von der Geschäftsleitung sogar das Bundesarbeitsgericht angerufen wird, enden sämtlich zugunsten des

Arbeitnehmers, dessen Kündigung für unwirksam erklärt wird. Folgeverfahren etwa über den Wortlaut eines Arbeitszeugnisses oder die Höhe der Gehaltsnachzahlungen ziehen sich bis in den Januar 1990 hin.

Aber dies ist nur der Auftakt für eine regelrechte Prozesslawine, die nach der Wahl des Betriebsrates am 25. April einsetzt und von der die Arbeitnehmervertretung insgesamt, aber auch einzelne Mitglieder betroffen sind. In den verschiedenen Verfahren geht es unter anderem um die Anfechtung der Betriebsratswahl, weil der gekündigte Redakteur mitgestimmt und kandidiert hat. Diese Klage wird allerdings kurz darauf zurückgezogen, »um die Voraussetzung für eine vertrauensvolle Zusammenarbeit zu schaffen«. Das gelingt aber nicht. Der Betriebsratsvorsitzende erhält in der Folgezeit – schwerpunktmäßig hinsichtlich seiner Arbeit als Redakteur in Bad Salzuflen – insgesamt vier Abmahnungen, die vor Gerichten nur zum Teil Bestand haben. Drei Abmahnungen gegen einen anderen Redakteur, der ebenfalls für den Betriebsrat kandidiert hatte, zieht der Verlag noch vor dem Arbeitsgerichtsverfahren zurück.

Vor dem Landesarbeitsgericht in Hamm scheitert Ende November 1986 der Versuch, den Betriebsrat wegen Verletzung der Friedenspflicht zu belangen. Dieser hatte zuvor zwei drastisch formulierte Rundschreiben versandt, nachdem der Verlag eine Anweisung zur Erfassung von Texten durch die Redaktion ohne Information oder gar Beteiligung der Arbeitnehmervertretung in Kraft gesetzt hatte. Besonders pikant: Ein zwischenzeitlich auf Empfehlung des Landgerichts Detmold geschlossener Vergleich in dieser Sache war gegen das Anraten Tschöpes von der Geschäftsleitung widerrufen worden. Zum Zeitpunkt der Hammer Entscheidung hatten sich beide Seiten übrigens schon längst auf einen gemeinsamen Text geeinigt.

Nach der zweiten Betriebsratswahl im März 1987 kommt es allmählich zu einer Versachlichung der Arbeit. 1988 werden die traditionelle Weihnachtsfeier des Verlages und das vom Betriebsrat ins Leben gerufene Mitarbeiterfest zu einem Betriebsfest zusammengeführt. Im selben Jahr legt der Betriebsratsvorsitzende Karl Dittmar sein Amt nieder und verlässt aus persönlichen Gründen die LZ. Neuer Vorsitzender wird der Verantwortliche für den Redaktionsbereich Lemgo/Blomberg, Michael Dahl, der dann seinerseits nach der Betriebsratswahl 1990 auf sein Mandat verzichtet, nachdem er in die Detmolder Redaktionsleitung berufen worden war.

Auch auf der Führungsebene des Hauses gibt es in diesem Zeitraum wichtige personelle Weichenstellungen. Helmut Schmermund nimmt im Mai 1989 seine Arbeit als neuer Verlagsleiter auf, nachdem Kurt Gasper zum 30. Juni 1986 (aus Altersgründen) und nach ihm Michael Kriesten zum 30. April 1987 (aus beruflichen Gründen nach nur zweieinhalbjähriger Verlagszugehörigkeit) das Haus verlassen hatten. Die redaktionelle Gesamtverantwortung, seit Mai 1988 von George Clegg wahrgenommen, geht im September 1991 auf Michael Dahl und Thomas Trappmann über. Clegg will die seinerzeit eingeführte neue Redaktionsstruktur nicht mittragen und wechselt zum Deutschen Sparkassenverlag nach Stuttgart. Der ehemalige Lokalchef Heinz Faupel scheidet zum 31. Oktober 1991 aus und arbeitet danach für das konkurrierende Anzeigenblatt *Lippe aktuell*, obwohl er ursprünglich in freie Mitarbeit für die LZ eingewilligt hatte.

Die beginnende digitale Revolution, die Auflösung des Ostblocks, die Ermöglichung privaten Rundfunks und die wachsenden Ansprüche von Lesern und Anzeigenkunden bringen für alle Beteiligten nachhaltige Veränderungen mit sich. Nachdem Faupel gegangen war – und vor ihm bereits Ingeborg Schrader, Konrad Simon Zorn und der Feuilletonist Dr. Heinz Wissig –, bleibt der Sportredakteur Walter Mücke als Einziger aus der »alten Garde« übrig, bis ihn 1996 – viel zu früh – der Tod ereilt. Die Redaktion wird personell aufgestockt, umstrukturiert und inhaltlich neu ausgerichtet – nicht zuletzt wegen der enormen Anstrengungen, die vom kleineren Mitbewerber *Lippische Rundschau* mit seinen zahlreichen Kopfblättern unternommen werden. Die Seitenabfolge im Blatt wird geändert, eine klare Buchstruktur eingeführt.

Auch andere Abteilungen des Verlages – ganz zu schweigen von den Mitarbeitern der Druckerei Bösmann – müssen sich auf die neuen Gegebenheiten einstellen. Bereits Ende 1987 scheidet Vertriebsleiter Helmut Maiwald nach fast 40-jähriger Betriebszugehörigkeit aus, Ende 1992 dann

»Hauptbuchhalter« Helmut Tewes, der seine berufliche Laufbahn noch im April 1944 als kaufmännischer Lehrling bei der *Lippischen Staatszeitung* begonnen hatte und dann am 8. Mai 1945 in die Firma Hermann Bösmann eingetreten war, um seine Ausbildung fortzusetzen. Im Januar 1993 geht Horst-Peter Günther, der in der zweiten Hälfte der 1980er Jahre – wie auch Kriesten – vorübergehend mit Handlungsvollmacht ausgestattet worden war und dann bis zu seinem Ausscheiden für die Verlagswerbung zuständig ist. Neuer »starker Mann« im Hause ist Helmut Schmermund, der von der inzwischen ebenfalls angetretenen neuen Verlegergeneration Rainer und Rolf Giesdorf mit umfangreichen Vollmachten ausgestattet wird.

Daneben beschäftigen die immer stärker auf den Markt drängenden Anzeigenblätter die Geschäfts- und Verlagsleitungen.[2] Mitte 1976 gibt es, forciert vom WB, Überlegungen, allein oder auch gemeinsam mit der NW ein Anzeigenblatt als »Abwehrmaßnahme« herauszugeben. Tönsgöke-Nachfolger Helmut Preusche findet diese Idee gar nicht gut, befürchtet eine Kannibalisierung des Marktes und negative Folgen für das Hauptprodukt. In einem Schreiben an das WB beziffert er die seinerzeitige Auflage im gemeinsamen Verbreitungsgebiet (außer Lippe) auf »mindestens 310.000 Exemplare«.

Trotz dieser Zahl sieht Preusche »keine Veranlassung zur Abwehr«, außerdem, so meint er, sei es »unverantwortlich«, ein solches Risiko einzugehen. Allerdings lässt der NW-Mann sich ein Hintertürchen offen, lehnt die Idee des *Westfalen-Blattes* ausdrücklich nur zum Zeitpunkt des Briefwechsels ab. Gleichzeitig bittet er seinen Widerpart, keine Alleingänge zu unternehmen.

---

2 Über die Geschichte der Anzeigenblätter gibt es außerhalb von Fach- und Verbandsmedien relativ wenig Literatur, erst recht auf regionaler Ebene. Es gibt auch keine Institution in Lippe, die diese Blätter systematisch sammelt. Eine griffige Zustandsbeschreibung aus dem Jahre 1982, in der auch auf den *Westfalen-Blatt*-Ableger »Panorama Verlags- und Werbegesellschaft mbH« eingegangen wird, findet sich online in dem Blog »kailo.de« von Lothar Kaiser (Remscheid) unter http://kailo.de/1982/01/01/mit-harten-bandagen-der-kampf-auf-dem-markt-deranzeigenblaetter/ (letzter Aufruf 12.8.2024).

Wie wir heute wissen, steigt das WB rund drei Jahre später mit dem Panorama-Verlag massiv in das Anzeigenblatt-Geschäft ein und führt es bis in die Gegenwart fort. Einzelne Versuche der NW, in diesem Bereich Fuß zu fassen, werden allesamt schnell beendet.

Auch die Verantwortlichen im Lippischen Zeitungsverlag versuchen sich zunächst mit wenig Fortune in diesem Segment. Ein von eigenen Redakteuren gefertigtes Sonntagsblatt (*Lippischer Sonntag*) geht ebenso schnell wieder ein wie später ein gemeinsames Projekt mit der NW; ebenso schlägt der Versuch fehl, mit Übernahme des seinerzeit bereits heruntergewirtschafteten *Blickpunktes* eine Konkurrenz zu *Lippe aktuell* aufzubauen. Erst mit Übernahme des *Blomberger Anzeigers* und dem Relaunch der *Lippischen Neuesten Nachrichten* gelingt es wenigstens einigermaßen, in dem Markt Fuß zu fassen. Die Folgen der Fehleinschätzungen aus den 1980er Jahren machen dem Verlag schwer zu schaffen, auch wenn es zwischenzeitlich eine Kooperation mit *Lippe aktuell* auf dem Vertriebs- und Redaktionssektor gab. Statt, wie 1982/83, gegen *Sonntag-in-Lippe*-Herausgeber Herbert Frickemeier wegen »Preislistenuntreue« zu prozessieren und mit dem von LZ-Redakteuren zusammengestrickten *Lippischen Sonntag* nur halbherzig zu reagieren, wäre, wie wir heute wissen, die Entwicklung einer gut durchdachten Anzeigenblatt-Strategie mit entsprechenden Investitionen in einen eigenen Apparat die bessere Lösung gewesen.

Allerdings war Lippe lange Zeit traditionell stark mit Anzeigenblättern belegt. Neben dem zeitweiligen Platzhirsch *Lippe aktuell* gab es vor allem in Westlippe eine Vielzahl an kleinen und kleinsten Blättern. Bereits im »Stamm« von 1979 sind der *Postillon* in Lage (seit 1950), der *Blickpunkt Detmold* (seit 1967) und die *Lippischen Neuesten Nachrichten* (seit 1952) aus Bad Salzuflen verzeichnet. Ebenfalls in diesem Zeitraum kommen *Lippe aktuell*, der *Nordlippische Anzeiger* in Bösingfeld, der *Begatal-Kurier* (1975) in Barntrup und der *Stadtanzeiger* (1973) in Horn-Bad Meinberg hinzu.

Mitten in die Umstellung auf elektronische Texterfassung und -verarbeitung bei der NW verschlechtert sich das Verhältnis zum Kooperationspartner – und vor allem zwischen den beiden Verlagsleitern –

deutlich. Offenbar genervt von ständigen Beschwerden Gaspers über verspätete Anlieferung von Druckunterlagen in der Nacht, wirft Preusche dem Detmolder vor, nicht das geringste Verständnis für die Probleme der NW zu haben – und das, »obwohl auch wir in Redaktion und Technik alles daran setzen, mit den Umstellungsschwierigkeiten fertig zu werden«. Gasper keilt zurück – ein typischer Satz sei hier zitiert, um die Tonlage zu verdeutlichen: »Wenn Sie allen Ernstes zu behaupten wagen, bisher jedes Verständnis meinerseits [...] vermißt zu haben, dann empfehle ich Ihnen ein gründliches Studium der tatsächlichen Verhältnisse, unter denen wir mit Ihnen zu kooperieren gezwungen sind.« Wie das in der Regel so ist, kriegen sich beide Seiten aber schnell wieder ein und kommunizieren kurz darauf schon wieder in manierlichem Ton über die Idee, Lokalnachrichten auf der Titelseite anzureißen. In diesem Zusammenhang schreibt Preusche auch von einer »guten Auflagenentwicklung bei der LZ«. Doch das gegenseitige Misstrauen bleibt. Aufgeregte Briefe über tatsächliche oder auch nur vermeintliche Fehlleistungen bleiben in den folgenden Monaten die Regel. Dabei wird mitunter gelogen, dass sich die Balken biegen – von wem, ist heute leider nicht mehr feststellbar.

Auch mit dem WB kommt es zum Knall, als Busse großflächig seine kostenlosen Anzeigenblätter mit dem Namen *Top Shop* in Ostwestfalen-Lippe verteilt. Für Kaeller hat er sich damit »als Kollege abqualifiziert«. Ein Verleger, der sich so verhalte, dürfe sich nicht wundern, »wenn auch die letzten Brücken zu seinen Kollegen abgebrochen werden«. Busse rechtfertigt dies als Abwehrmaßnahmen gegen den damals in der Leinenstadt verteilten *Bielefelder Anzeiger*, unter dessen Aktivitäten er als Zweitzeitung besonders leide. Dieses Argument passt natürlich nicht zur Situation in Paderborn. Das ist wohl auch Busse klar, er stellt dort den *Top Shop* nach sechs Ausgaben zunächst einmal wieder ein.

Allen Widrigkeiten zum Trotz gedeihen die Unternehmen der Giesdorf-Gruppe so gut, dass Mitte der 1990er Jahre die nächste – und vorerst letzte – Erweiterung ansteht, wiederum verbunden mit einem Standortwechsel. Nachdem das Presse-Grosso und die Redaktion bereits 1983 an die Orbker Straße gezogen waren, reifen nunmehr Pläne, auch die restlichen Bestandteile des Unternehmens auf die »grüne Wiese« zu verlegen. Hinzu kommt, dass die seinerzeit jüngste Medienbeteiligung des Unternehmens, der 1991 gestartete Lokalsender »Radio Lippe«, in unzureichenden – und inzwischen abgerissenen – Räumlichkeiten an der Ernst-Hilker-Straße untergebracht war. Im Oktober 1995 wird der Grundstein für ein modernes Betriebsgebäude gelegt, in dem LZ, Bösmann und Presse-Grosso zum Jahreswechsel 1996/97 eine gemeinsame Heimat finden. Fortan firmiert die Firmengruppe unter »Medien Centrum Giesdorf« (MCG). Einige Zeit später zieht Radio Lippe in das ehemalige Verlagshaus an der Lageschen Straße. An Stelle der dahinter liegenden alten Gebäude entsteht eine neue, stadtnahe Seniorenwohnanlage.

Bei Konzipierung bzw. Bezug des neuen Gebäudekomplexes, also vor gerade einmal 20 Jahren, geht die Geschäftsführung noch von erheblichem Raumbedarf aus. So belegt allein die in der Zwischenzeit geschlossene Druckvorstufe 1.130 von insgesamt rund 7.500 Quadratmetern Nutzfläche (ohne Altbau). Dies zeigt unter anderem, welche radikalen – und zum Teil unvorhergesehenen – Auswirkungen die Digitalisierung auf die Druck- und Zeitungswelt in den letzten Jahren entfaltet hat.

Fazit

1. Die Geschichte der *Lippischen Landes-Zeitung* und ihrer Vorgängerblätter ist eine Geschichte der Diskontinuitäten und Umbrüche. Über die 250 Jahre hinweg wurde der Titel mehrfach geändert. Es gab insgesamt sieben Eigentümer(familien), den Erwerb durch die NS-*Staatszeitung* nicht mitgerechnet. Allein in Detmold war der Zeitungsverlag an sechs verschiedenen Orten beheimatet (2 x Leopoldstraße, 2 x Paulinenstraße, Lagesche Straße, Ohmstraße). Dennoch konnte das Blatt stets seine Unabhängigkeit behaupten und wurde im Betrachtungszeitraum durchgängig in einer eigenen Druckerei hergestellt.
2. Die *Lippische Landes-Zeitung* ist bis weit in die 1980er Jahre hinein ein der FDP bzw. ihren Vorgängerparteien nahestehendes Blatt. Die große Bandbreite der liberalen Strömungen spiegelt sich über viele Jahrzehnte in ihr wider. Stand sie im Kaiserreich den fortschrittlich-linksliberalen Kräften nahe, landete sie zum Ende der Weimarer Republik und vor allem nach dem Krieg im national-rechtsliberalen Lager. Diese Präferenzen wurden allerdings nie nach außen kommuniziert, sie wurden lange Zeit sogar dementiert. In der Öffentlichkeit präsentierte sich das Blatt durchweg als angeblich neutrale Instanz zwischen den politischen Polen.

3. Die *Lippische Landes-Zeitung* konnte bis heute selbständig bleiben, weil sie nach der Emanzipation vom *Regierungs- und Anzeigeblatt* den Lokalteil stark ausbaute, auf Aktivitäten der Konkurrenz immer wieder schnell reagierte und frühzeitig ein funktionierendes Vertriebs- und Anzeigensystem aufbaute. Stabilisierend wirkte sich über mehr als 250 Jahre das Vorhandensein einer eigenen Druckerei aus.
4. Der Wiederaufstieg nach dem Zweiten Weltkrieg gelang, weil sich die *Lippische Landes-Zeitung* erfolgreich als lippische Institution am Markt positionierte – im Gegensatz zu den in Bielefeld verlegten Lizenzblättern. Ausgezahlt hat sich dabei die Entscheidung, das Spitzenpersonal nahezu ausschließlich aus Mitarbeitern der früheren NS-*Staatszeitung* zu rekrutieren. Was heute als moralisch äußerst bedenklich gilt, hat seinerzeit offensichtlich niemanden im Leser- oder Kundenkreis gestört.
5. Die Entscheidung, sich nach dem Kauffmann-Desaster mit der *Westfälischen Zeitung* bzw. der *Neuen Westfälischen* zusammenzutun, hat sich für die *Lippische Landes-Zeitung* ausgezahlt und ihre Zukunft dauerhaft gesichert.

Anhang

Der weite Weg zur Tageszeitung

Bemerkungen zu 250 Jahren Geschichte der Lippischen Landes-Zeitung
von Joachim Eberhardt

Dieser Text ist veröffentlicht in den *Lippischen Mitteilungen* (2022), S. 103-117. Er basiert auf einem Vortrag, den ich zur Einführung in die LZ-Jubiläumsausstellung »Titelblätter« in der Lippischen Landesbibliothek bei der Eröffnung 2017 hielt. Die Textfassung hier unterscheidet sich von der 2022 veröffentlichten Fassung nur in den Fußnoten bei der Formatierung der bibliographischen Nachweise. Alle Links wurden am 8. August 2024 erneut geprüft.

Einleitung

Im Jahr 2017 feierte die *Lippische Landes-Zeitung* (LZ) ihren 250. Geburtstag. Sie ist nicht nur die letzte hierzulande verbliebene Tageszeitung, sie war auch die erste. Die Wikipedia-Liste der ältesten deutschen noch erscheinenden Zeitungen listet sie an neunter Stelle; in Nordrhein-Westfalen ist keine Zeitung älter.[1] Den Stolz auf diese Tradition tut die LZ jeden Erscheinungstag auf ihrer Titelseite mit der Jahrgangszählung kund.[2]

Im Jubiläumsjahr informierten, wie es sich für ein Publikationsorgan gehört, eine ganze Reihe von Artikeln über die Zeit seit der Gründung; insbesondere die von Michael Dahl geschriebene Serie, die dann zu einem Sonderheft der Reihe »Lippische Kulturlandschaften« zusammengefasst wurde.[3] In der Lippischen Landesbibliothek gab es begleitend, konzipiert von Michael Dahl und mir, eine Ausstellung »Titelblätter«, die Beispiele aus dem Vierteljahrtausend LZ- und lippischer Zeitungsgeschichte zeigte.[4]

Die nachfolgenden Bemerkungen basieren auf Beobachtungen, die sich bei der Konzeption der Ausstellung ergaben, und ergänzen Michael Dahls historisch-biographischen Zugang zur LZ-Geschichte um eine eher materialistische Perspektive. Meine Leitfrage ist dabei: Wie kamen die News in die Zeitung? Wann und wie wurde die LZ zur Tageszeitung im heutigen Sinne: ein regelmäßig wochentags erscheinendes Periodikum, das über die lokalen und überregionalen Ereignisse des Vortags informiert?

Äußerlichkeiten: Periodizität und Formate

Bekanntermaßen trägt die LZ nicht seit 1767 ihren Namen und begann auch nicht als Tageszeitung. Die Annahme einer publizistischen Kontinuität von über 250 Jahren gründet sich stattdessen auf die Annahme eines Funktionsübergangs von dem einen Periodikum zum nächsten. Die 1767 erstmals veröffentlichte

---

1 https://de.wikipedia.org/wiki/Liste_deutscher_Zeitungen. Die Tabelle hat verschiedene Sortiermöglichkeiten, darunter auch die nach dem Gründungsdatum. Vgl. auch Trappmann (1993), S. 320.

2 Die Jahrgangszählung erscheint zum ersten Mal in der Ausgabe vom 1.11.1897, die zugleich stolz die neue Rotationsdruckmaschine in Wort und Bild erläutert. Am 15. März 1890 begleitet erstmals ein Vermerk »gegründet als Intelligenzblatt 1767« den Zeitungstitel auf der ersten Seite.

3 Dahl (2017).

4 Als Begleitpublikation erschien: Dahl, Eberhardt (2017).

Zeitschrift hieß *Lippische Intelligenzblätter* und erschien einmal wöchentlich am Samstag, das »erste Stück« am 7. Februar 1767.[5]

Warum die Zeitschrift 1809 den Namen um den Hinweis »Fürstlich« ergänzt und fortan *Fürstlich Lippisches Intelligenzblatt* heißt, lässt sich nicht erkennen. Das Format ist das gleiche, der Inhalt ist der gleiche, das zweispaltige Layout ist das gleiche; eine erläuternde redaktionelle Bemerkung gibt es nicht. – Die Fürstung der Landesherrschaft kann nicht der Anlass gewesen sein, da sie bereits 1789 erfolgt war.[6]

1843 wird aus dem *Fürstlich Lippischen Intelligenzblatt* das *Fürstlich Lippische Regierungs- und Anzeigeblatt*. Äußerlicher Anlass ist die Verlagerung des Druckorts nach Detmold, mit dem auch die Redaktion nach Detmold gelangte.[7] Format, Vertriebsweg, Preis, Periodizität sollten gleich bleiben; nur die Veröffentlichung von Gesetzen und Verordnungen würde künftig in einem besonderen Gesetzblatt geschehen.

Der Titel bleibt bis 1877; 1878 erhält das Periodikum seinen heutigen Namen *Lippische Landes-Zeitung*. Andere Veränderungen greifen früher. Ab 1864 erscheint das Blatt zweimal wöchentlich, nämlich mittwochs und samstags, ab 1869 dreimal, nämlich dienstags, donnerstags und samstags. Die

---

5 Vgl. zum »Intelligenzwesen« und zur Gattung der Intelligenzblätter allgemein Lindemann (1969), S. 249-255. Seit 2009 stehen die *Intelligenzblätter* im Portal der Lippischen Landesbibliothek vollständig online; vgl. Hellfaier (2009). Seitdem hat die Landesbibliothek eine ganze Reihe weiterer lippischer Periodika digitalisiert und online verfügbar gemacht. Zur Geschichte der LZ allgemein vgl. neben den oben genannten Veröffentlichungen auch Schröder (1932).

6 Warum vom Singular »Blatt« zum Plural »Blätter« gewechselt wird: Die erste Ausgabe heißt 1767 »Der Lippischen Intelligenzblätter vom Jahre 1767 1tes Stück«, und diese Bezeichnungssyntax bleibt bis zum letzten Stück des Jahres 1808 erhalten. 1809 heißt die erste Ausgabe »Fürstlich Lippisches Intelligenzblatt Nr. 1«. Die einzelne Ausgabe ist demnach ein »Blatt«; sie entsprach im Umfang (meist) einem Druckbogen. Der ganze Jahrgang zusammen sind »Blätter«, entsprechend lautet die Titelbezeichnung auf dem Jahrgangsinhaltsverzeichnis für 1809 weiter »Fürstlich Lippische Intelligenzblätter vom Jahr 1809«.

7 Moritz Leopold Petri: Die Expedition des Regierungs- und Anzeigeblattes betreffend. In: *Fürstlich Lippisches Intelligenzblatt* (1842) 53, S. 524; Bekanntmachung, das Intelligenzblatt betreffend. In: *Fürstlich Lippisches Intelligenzblatt* (1842) 52, S. 503.

Frequenzerhöhung erfolgt bei gleichem Abonnementpreis, lediglich die Versandgebühren sind gestiegen.[8]

Ab Juli 1872 erscheinen dann sechs Ausgaben pro Woche; zudem ändert sich der Inhalt: Das Blatt soll jetzt

> außer den amtlichen Bekanntmachungen der Behörden etc. in einem nichtamtlichen Theile politische u.a. Nachrichten aus Deutschland und dem Auslande, sowie Local-Nachrichten und Besprechungen über Landesangelegenheiten enthalten [...] Die Herausgabe und der Vertrieb des Blattes ist dem Hofbuchhändler und Hofbuchdruckereibesitzer Klingenberg zu Detmold übertragen.[9]

Tabelle: Erscheinungsfrequenz der LZ-Vorläufer

Titel	**Verlauf**	**Ausg. pro Woche**	**Ausg. im Jahr**
Lippische Intelligenzblätter	1767-1808	1	52
Fürstlich Lippisches Intelligenzblatt	1809-1842	1	
Fürstlich Lippisches Regierungs- und Anzeigeblatt	1843-1863	1	
	1864-1868	2	105
	1869-1871	3	155
	1872-Juni 1878	6	305*
Lippische Landes-Zeitung	Juli 1878-		

* Da die Periodizität 1872 mitten im Jahr wechselt, erscheinen in diesem Jahr 233 Ausgaben.

In den ersten 250 Jahren der LZ-Geschichte erscheinen rund 46.200 Ausgaben.

Seit Juli 1872 wächst auch das Papierformat. 104 Jahre lang war das Blatt im Oktav-Format erschienen. Für das neue inhaltliche Profil ist das zu

---

8 Bekanntmachung, die Ausgabe des Regierungs- und Anzeige-Blattes betreffend. In: *Fürstlich-Lippisches Regierungs- und Anzeige-Blatt* (1869) 1, S. 15.

9 Bekanntmachung. In: *Fürstlich-Lippisches Regierungs- und Anzeige-Blatt* (1872) 78, S. 842.

wenig. Die folgende Grafik veranschaulicht das Wachstum in den Folgejahren. Das größte Zeitungsblattformat erscheint zwischen 1912 und 1936.[10]

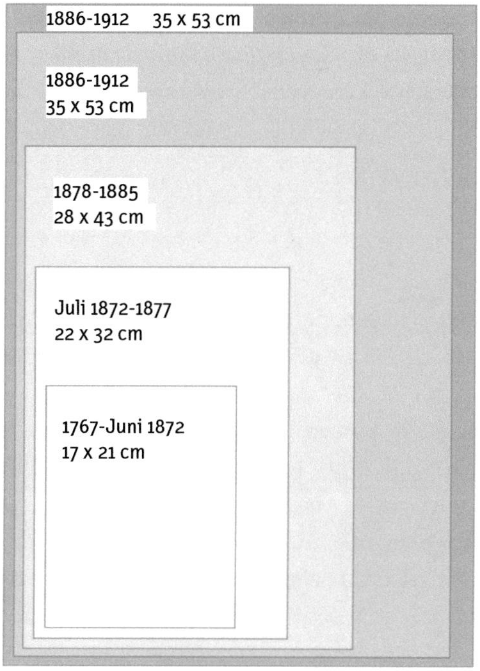

Abbildung: Entwicklung der Papiergrößen im Verhältnis

Mit der Neuausgabe ab 1949 kehrt die LLZ zum »Rheinischen Format« (35 x 53 cm) zurück; seit dem 31. Mai 2021 erscheint sie im kleineren »Berliner Format« (31,5 x 47 cm).

Mit dem Seitenformat ändert sich auch die Seitenzahl. Das Blatt hat bis Juni 1872 in der Regel acht oder zwölf Seiten. Mit der täglichen Erscheinung und dem größeren Format sind es für die nächsten Jahrzehnte regelmäßig vier

[10] Trappmann (1993, S. 325) gibt an, das habe Besitzer und Herausgeber Max Staercke verfügt, um unwidersprochen mit der »größten« lippischen Zeitung renommieren zu können.

Seiten; erst mit dem Wiedererscheinen 1949 werden es mehr: durchschnittlich sechs bis zehn Seiten.[11]

Hinter diesen äußerlichen Anpassungen, der steigenden Erscheinungsfrequenz und dem größeren Blattformat, steht die Notwendigkeit, mehr Inhalt unterzubringen, also den Leser:innen mehr Informationen zu vermitteln. Was das für Informationen sind, ist dabei ebenso interessant wie die Frage, wie überhaupt die Informationszunahme im Blatt unterzubringen war.

Technische Voraussetzungen

Oben habe ich festgestellt, dass sich die Erscheinungsfrequenz innerhalb von neun Jahren von der wöchentlichen Erscheinungsweise 1863 zur täglichen ab Juli 1872 beschleunigt, während sich die Fläche der bedruckten Seite zwischen 1872 und 1912 fast versiebenfacht. In der Mitte des 19. Jahrhunderts schaffen dafür zwei technische Entwicklungen die Voraussetzungen. Erstens macht die Drucktechnik ungeheure Fortschritte.[12] Um 1820 wird die sogenannte »Schnellpresse« erfunden,[13] um 1870 bietet die Erfindung des »Rotationsdrucks« die nächste Beschleunigung. In konkreten Zahlen heißt das: Um 1800 druckt man pro Stunde 63 Hefte mit 8 Seiten Umfang. 1895 druckt man in der gleichen Zeit 48.000 Hefte mit 8 Seiten. Das ist 760 mal so schnell![14] Hätte sich das Reisen im gleichen Maße beschleunigt, dann hieße Jules Vernes bekannter Roman *Reise um die Welt in 80 Tagen* stattdessen »... in anderthalb

---

[11] Die Landesbibliothek konnte früher die Ausgaben eines Jahres in zwei festen Bänden zusammenfassen. Ab dem Jahrgang 1949 werden drei Bände gebraucht. Ab 1959 ist die LLZ in sechs Bänden pro Jahr gebunden und ab 1971 in zwölf, also ein Band pro Monat. Die Seitenzahl der Alltagsausgaben steigt bis auf 32 Seiten.

[12] Vgl. den Überblick bei Stöber (2005), S. 119-122.

[13] Laut Trappmann (1993, S. 323) wurde das *Intelligenzblatt* seit 1826 mit »eine[r] halbautomatische[n], von der Braunschweigischen Eisenhütte in Lizenz gebaute[n] Columbia-Presse« gedruckt. Vgl. zur Columbia-Presse die Erläuterungen in: TECHNOSEUM – Landesmuseum für Technik und Arbeit Mannheim, Columbia-Presse; https://bawue.museum-digital.de/object/850.

[14] Siehe Stöber (2005), S. 121.

Stunden«. Zweitens stand mit der Erfindung des holzschliffhaltigen Papiers in den 1840er Jahren sehr viel mehr bedruckbares Material zur Verfügung;[15] vereinfacht: vorher hatte man Papier aus Lumpen hergestellt, nun konnte man es aus Bäumen machen.

Diese Veränderungen treffen mit Fortschritten im Nachrichtenwesen zusammen. Telegraf und Telefon beschleunigen die Geschwindigkeit, in der Informationen übertragen werden. Zwischen 1866 und 1913 wächst das Telegrafennetz in Deutschland von 700 Stationen und 57.000 km Leitung zu 38.500 Stationen mit 1,86 Mio. km Leitung.[16] Für die schneller fließenden Informationen gibt es auch eine steigende Nachfrage. Beispielsweise sorgen Nachrichten über schlechtes Wetter in Übersee für die Prognose einer schlechteren Tabakernte, welche die Preise an den europäischen Handelsbörsen sofort beeinflusst, und damit auch die Produktionsbedingungen für die Zigarrenfabriken im Fürstentum Lippe, die mehr Geld für ihren Rohstoff ausgeben müssen.

Auch in Lippe gibt es also eine steigende Nachfrage für solche Nachrichten. Die Zeitung reagiert darauf, indem sie mehr Informationen bietet. Runtergebrochen auf die puren Zahlen lässt sich das so beschreiben: Während die Titelseite der *Intelligenzblätter* 1768 rund 180 Buchstaben Sachinhalt auf 340 Quadratzentimetern Papierfläche enthält, bietet die Titelseite der LLZ von 1884 rund 9.100 Buchstaben Sachinhalt auf ca. 1.200 Quadratzentimetern. Die Informationsdichte hat sich demnach um den Faktor 15 erhöht. Nimmt man das größere Seitenformat hinzu, hat sich die Informationsmenge der Titelseite gar um den Faktor 50 vergrößert. Zwar wird das Verhältnis deutlich kleiner, wenn man nicht die Titelseite betrachtet, aber dafür lässt sich kaum in Zahlen ausdrücken, wie sich die Sprache der Zeitung konzentriert – von der aufklärerischen Umständlichkeit und hypotaktischen Syntax des 18. Jahrhunderts hin zur Mitteilungsprosa am Ende des 19. Jahrhunderts.

---

15 Ebd., S. 128-129.

16 Ebd., S. 130, nach Postler (1991), S. 54.

Zum Inhalt oder: Wie kommen die News in die Zeitung?

Der erste Redakteur, Johann Albert Hermann Heldmann, Stadtsekretär in Lemgo, legt über das inhaltliche Profil der Zeitschrift in der ersten Nummer Rechenschaft ab. Ziel sei es, über »1. Staatssachen, 2. gerichtliche Sachen, 3. vermischte Sachen, 4. gelehrte Sachen« zu informieren.[17] »Staatssachen« sind landesherrliche Edikte und Verordnungen. Die wurden vorher durch Pfarrer von der Kanzel und durch öffentliche Anschläge verkündet, und mit ihrer Aktualität ist es nicht weit her. So erscheint in der zweiten Nummer im Februar das »Landesherrliche Verbot wegen Verkaufung der Feldfrüchte auf dem Halm und des Grases in den Wiesen«, welches rund vier Monate vorher erlassen worden war, nämlich am 14. Oktober 1766.

»Gerichtliche Sachen« sind Nachrichten über »Entweichung von Gefangenen, öffentliche Feierlichkeiten, Auktionen und Subhastationen« (Zwangsversteigerungen). Diese Nachrichten sind aktuell; beispielsweise erscheint die Mitteilung von der Flucht eines Salzufler Gefängnisinsassen vom 18. Februar 1767 bereits drei Tage später, in der Ausgabe vom 21. Februar. Allerdings ist dies nicht aus Sensationslust für das allgemeine Publikum mitgeteilt, sondern damit die anderen Landesbehörden, vor allem die Vertreter der Exekutive, davon erfahren und wachsam sein können.

Die »Vermischten Sachen« sind, neben Informationen über behördliche Preisbeobachtungen wie z.B. die sogenannte Brottaxe, vor allem private Anzeigen über Angebote, Gesuche und Stellenanzeigen:

> In hiesiger Lederfabrik sind folgende Sorten in gehöriger Güte und um beigesezte Preise zu haben: Gegerbet Rindleder das Pf zu 9 mgr.,

[17] Johann Albert Hermann Heldmann, [Einleitung]. – In: *Lippische Intelligenzblätter* 1 (1767) 1, Sp. 1-16, hier ab Sp. 5. Vgl. sechs Jahre später die »Nachricht an die Leser der Lippischen Intelligenzblätter« von dem neuen Redakteur Johann Lorenz Benzler, in: *Lippische Intelligenzblätter* 7 (1773) 1, Sp. 9-16. Vgl. Schröder (1932), S. 30f. und Dahl (2017), S. 3.

> Zugerichtetes Rindleder zu 11, 11½ bis 12 mgr. Sohl-Leder 8½ bis 9 mgr. Schwarze Kalbfelle 13-14 mgr.[18]

heißt es in der Ausgabe von 21. Februar 1767. Auch diese Anzeigen sind aktuell: das Blatt erscheint am Samstag; Redaktionsschluss für die Anzeigen ist der Donnerstag davor.

Die »Gelehrten Sachen« sind Abhandlungen unterschiedlichen Inhalts.[19] Redakteur Heldmann wünscht sich dafür Einsendungen der Leser, die praktischen Charakter haben, und will auch Lektürefunde weitergeben. Die gelehrten Sachen sollen außerdem »dem gemeinen Haufen [...] ein guter Geschmak, eine Kentnis der nüzlichsten Wahrheiten, ein Trieb zu neuen Entdeckungen und Untersuchungen« eingeben.[20] Dafür liest man – das sind Beispiele aus dem ersten Jahr:

> – im 8. Stück »Von dem Vorteile, den das Küchensalz in der Haushaltung leistet«. Salz macht haltbar und ist gesund für Mensch und Tier, hilft u.a. gegen die Hornviehseuche.
>
> – im 18. Stück »Von den langen Predigten«. Predigten, die länger als 45 Minuten dauern, sind eine Zumutung!
>
> – im 25. Stück: »Ueber die Frage: was bewegt wol die Menschen, neue Moden zu erfinden«? Antwort: Neue Moden erfinden Menschen unter anderem, a) weil sie unvollkommen sind und sich darin täuschen, dass etwas neues besser ist als das alte, b) weil die Kaufleute davon einen Vorteil haben.

---

18 *Lippische Intelligenzblätter* 1 (1767) 3, Sp. 38-39.

19 Für eine Analyse der inhaltlichen Entwicklung dieser Rubrik unter den drei Redakteuren Heldmann, Benzler und Mensching vgl. Huneke (1989), S. 88-92.

20 Heldmann (wie Anm. 17).

– im 38. Stück: »Ein Mittel die Pferde vor den Fliegen zu bewahren«. Eine Übernahme aus den Leipziger Intelligenzblättern: die Pferde sollen täglich mit Nußlaub eingerieben werden.

Von den acht Seiten eines Hefts der *Intelligenzblätter* entfallen am Anfang rund fünf auf die »Gelehrten Sachen«. Für manche Interessenten scheinen sie der eigentliche Kaufgrund zu sein, so dass der Verlag um 1780 für eine kurze Zeit deren separates Abonnement anbietet. Aber zum Ende des 18. Jahrhunderts nimmt die Mitteilung der »Gelehrten Sachen« ab und die »Vermischten Sachen«, also die privaten Anzeigen, beanspruchen immer mehr Platz. So gibt es erste Familienanzeigen. Am 9. Oktober 1790 erscheint die erste Todesanzeige (30 Tage nach dem Tod), am 9. Juli 1796 die erste Verlobungsanzeige (sechs Tage nach der Verlobung), am 17. Mai 1800 die erste Geburtsanzeige (sieben Tage nach dem Ereignis). Bis zur Namensänderung 1842 verschwinden die »Gelehrten Sachen« praktisch völlig; ihr Platz ist von den Anzeigen eingenommen. Das bedeutet mehr Einnahmen. Das Blatt wird als unternehmerische Leistung wirtschaftlich, die Auflage steigt und der Umsatz auch.[21]

Die größte Annäherung an das, was man heute »News« nennen würde, ist übrigens im Jahr 1791 vom 9. April bis zum 26. November das wöchentliche Bulletin über den Gesundheitszustand des Landesherrn Fürst Leopold I. Aus heutiger Perspektive liest sich das deprimierend, weil keine grundlegende Veränderung eintritt. So heißt es beispielsweise:

---

[21] Die Entwicklung der Abonnementzahlen ist nachzulesen bei Huneke (1989), S. 156-161 bzw. Tabelle 4, S. 194. Dabei steigen diese Zahlen – von 85 verkauften Exemplaren 1785 auf 317 Exemplare 1806 und 656 Exemplare 1842 – sicher nicht nur wegen der inhaltlichen Entwicklung, sondern auch, wie Huneke betont, weil mehr Institutionen und Funktionsträger zum Abonnement verpflichtet sind.

> Seine Hochfürstliche Durchlaucht sind verschiedene Tage minder heiter gewesen und haben weniger gesprochen als vorher. Detmold, den 28. Juli 1791. Aus Fürstl. Lippischem Collegio Medico.[22]

Diese aktuelle Berichterstattung wird im November aufgegeben, vermutlich, weil keine dauerhafte Besserung zu berichten ist.

Vom »Regierungs- und Anzeigeblatt« zur Zeitung

Indem die »Vermischten Sachen« die »Gelehrten Sachen« zurückdrängen, bzw. Anzeigen die Aufsätze und Artikel, entsteht eine publizistische Lücke. Zwar erscheint seit 1791 der *Fürstlich-Lippische Kalender* (ebenfalls in der Meyerschen in Lemgo), der solche Artikel bietet. Im Rückblick Petris ist er darum neben dem

> Intelligenzblatt in unserm Lande das einzige Organ [...], durch welches die periodische Presse auf die Bildung des Volkes und überhaupt auf die Entwickelung der gemeinsamen Lebensverhältnisse einzuwirken suchte.[23]

Aber natürlich erscheint nur ein Heft pro Jahr. Erst 1835 tritt das *Lippische Magazin für vaterländische Cultur und Gemeinwohl* auf den Plan, eine Zeitschrift, die sich wöchentlich ausschließlich dem Segment der »Gelehrten Sachen« widmet und gar gleich ab der ersten Ausgabe seinen Lesern »Räthsel« stellt, deren Auflösung in der folgenden Nummer erfolgt. Das Rätsel ist als Textgattung der Inbegriff der Leser:inneninteraktion und -unterhaltung. Auch bei den Themen, die heute Feuilleton[24] heißen und die das *Intelligenzblatt* ignoriert, nimmt das *Lippische Magazin* in Lippe eine Vorreiterrolle ein. Beispielsweise wird in der Nummer 4 vom 29. April 1835 Ferdinand Freiligrath

---

[22] *Lippische Intelligenzblätter* (1791) 31, S. 241.

[23] Petri (1843), S. 1ff.

[24] Zur Entwicklung des Feuilletons im 19. Jahrhundert vgl. Stöber (2005), S. 202-210.

der Leserschaft als Dichter Detmolder Herkunft und einer von mehreren aufstrebenden Literaten vorgestellt.[25] In der gleichen Ausgabe findet sich erstmals die Rubrik »Chronik des Tages«, welche tatsächlich sowas wie Lokalnachrichten bietet:[26] In Salzuflen wurde der Feuerlöschmannschaft eine Prämie ausgezahlt, und in Knetterheide sind zwei mit Stroh gedeckte Häuser abgebrannt.

Verlegt ist das *Magazin* ebenfalls in der Meyerschen in Lemgo, und die Redaktion besorgen der Salzufler Rudolf Brandes sowie die beiden Detmolder Moritz Leopold Petri und Heinrich Schierenberg.

1843 entsteht das *Regierungs- und Anzeigeblatt* als Nachfolger des *Intelligenzblatts*. Der äußerliche Anlass ist der Tod des Redakteurs, des Lemgoer Geistlichen Moritz Casimir Pothmann. Mit dem Umzug der Meyerschen nach Detmold wird auch die Aufgabe der Redaktion nach Detmold geholt und von Moritz Leopold Petri übernommen, der zugleich nun allein verantwortlich zeichnet für die *Vaterländischen Blätter*, wie das *Lippische Magazin* inzwischen heißt. Daher wundert es nicht, wenn die skizzierte inhaltliche Trennung weiter erhalten bleibt; schließlich kümmert sich derselbe Redakteur um beide Blätter.

Als am 8. März 1848 in Lippe die Pressefreiheit erklärt wird und es bis 1852 zu einer kurzen Blüte des Zeitungswesens kommt – während der nun »nicht nur Berichte, sondern auch regelmäßig Leitartikel und Kommentare« publiziert werden[27] – ist das *Regierungs- und Anzeigeblatt* davon gänzlich unbetroffen. Blättert man die Jahrgänge durch, fällt dort stattdessen der Fortschritt der Werbung ins Auge. Immer öfter stehen überregionale Anzeigen im Blatt. Immer mehr sind sie typographisch herausgeputzt und inhaltlich werblich formuliert. Die Klingenberg'sche Buchhandlung (Detmold und Lemgo)

---

[25] Ueber einige neuere deutsche Dichter, welche im Musenalmanach für das Jahr 1835 auftreten. (Fortsetzung), in: *Lippisches Magazin für vaterländische Cultur und Gemeinwohl* (1835) 4, Sp. 49-55.

[26] Chronik des Tages, in: *Lippisches Magazin für vaterländische Cultur und Gemeinwohl* (1835) 4, Sp. 63-64.

[27] Dahl (2017), S. 7.

wirbt beispielsweise für den Bezug der *Gartenlaube* mit einer ganzseitigen Anzeige.[28]

Demgegenüber vermisst man im Anzeigeblatt weiterhin so etwas wie News, also aktuelle Nachrichten. Erst 1870/71 ändert sich das mit dem deutsch-französischen Krieg, der es zwar nicht ins reguläre Blatt schafft, für den aber Sonderblätter gedruckt werden. Erstmals erscheint eines am 6. August 1870 mit einem Telegramm »vom Kriegsschauplatze«.[29] Das klingt dann so:

> Varennes, den 30. August 3 Uhr 30 Min. Nachm. Wir hatten gestern ein siegreiches Gefecht durch das 4.1.2. (sämmtliche) und 1. Bayerische Corps. Mac Mahon geschlagen und von Beaumont bis über die Maas bei Mouzon zurückgedrängt. 12 Geschütze, einige Tausend Gefangene und sehr viele Materialien in unseren Händen. Verluste mäßig. Ich kehre soeben auf das Schlachtfeld zurück, um die Früchte des Sieges zu verfolgen. Möge Gott uns ferner gnädig helfen! Wilhelm.[30]

Die Meldung gibt also vor, vom obersten Kommandanten selbst verfasst zu sein! Als Quelle ist angegeben die »Telegraphie des Norddeutschen Bundes«. Das ist eine Art Nachrichtenagentur, die dafür sorgt, dass die Kriegsnachrichten einheitlich und schnell verbreitet werden. Dieses Telegramm ist am Nachmittag aufgegeben und am nächsten Tag gedruckt in Lippe zu lesen. Während des deutsch-österreichischen Krieges (Mai-Juli 1866) hatte es solche Nachrichten noch nicht gegeben, obwohl Lippe auf Seiten Preußens beteiligt war. Der Krieg ist bekanntlich, wie der Vorsokratiker Heraklit einst schrieb, der Vater aller

---

28 *Fürstlich Lippisches Regierungs- und Anzeige-Blatt* (1870) 3 (vom 6.8.1870), S. 27.

29 Vgl. dazu die »Bekanntmachung« in der regulären Ausgabe vom 6. August 1870: »Nach Mittheilung des Bundes-Kanzleramtes sollen die vom Kriegsschauplatze einlaufenden zuverlässigen Nachrichten durch den Telegraphen möglichst schnell zur Kenntniß des Publicums in Norddeutschland gebracht werden...«. – In: *Fürstlich Lippisches Regierungs- und Anzeige-Blatt* (1870) 94 (vom 6.8.1870), S. 929.

30 *Fürstlich Lippisches Regierungs- und Anzeige-Blatt* (1870), Extra-Blatt zu Nr. 105, 1.9.1870.

Dinge; im *Anzeige-Blatt* ist er der Vater des Nachrichtenwesens. Nur zwei weitere Beispiele von Berichten über aktuelles Geschehen sind mir im Jahr 1871 aufgefallen. Sie sind sich ähnlich, daher gehe ich nur auf eines ein:

Ein halbes Jahr vor der Umstellung auf die tägliche Erscheinungsweise, in einem schier endlosen Bericht – sieben Druckseiten! –, informiert die Beilage der Ausgabe Nr. 57 vom 13. Mai 1871 über eine Sitzung des Reichstags in Berlin.[31] In der Sitzung geht es darum, ob der Reichstag den Weiterbau des Hermannsdenkmals mit 10.000 Talern unterstützt. Das Thema verrät die Überschrift sofort. Um zu erfahren, wie entschieden wurde, muss man jedoch bis zur letzten Seite blättern, da es sich um einen »stenographischen Bericht« handelt, also um ein wörtliches Verlaufsprotokoll. Dieses aktuelle überregionale Geschehen, das mit Lippe zu tun hat, ist also höchst newsuntypisch präsentiert.

Die Umstellung auf die tägliche Erscheinung und der Wechsel zum größeren Format hat ab dem 1. Juli 1872 auch eine klarere inhaltliche Gliederung zur Folge. An erster Stelle stehen die »Bekanntmachungen«. Das sind am 1. Juli 1872 unter anderem:

> – die diesjährige Musterung und Aushebung der Militairpflichtigen durch die Departements-Ersatz-Commission betr.
>
> – Oerlinghausen. der auf den 8. k[ommenden] M[onats] fallende hiesige Jahrmarkt beschränkt sich auf einen Krammarkt.
>
> – Detmold: Zum öffentlichen meistbietenden Verkaufe der vom Tischlermeister W. Klocke hinterlassenen Grundgüter [...] ist ein zweiter Termin angesetzt [...][32]

---

31 *Fürstlich Lippisches Regierungs- und Anzeige-Blatt* (1871) 57, Beilage, S. 1-7.

32 *Fürstlich Lippisches Regierungs- und Anzeigeblatt* (1872) 79 (vom 1.7.1872), S. 1 und 2. Mit dem Formatwechsel verschwindet auch der Bindestrich im Titel (»Anzeige-Blatt«/»Anzeigeblatt«).

Danach aber folgen, zum ersten Mal in diesem Blatt und in kleinerer Schrift gesetzt, einige »Korrespondenznachrichten«, beispielsweise die folgende Mitteilung:

> Berlin, 30. Juni. Das wichtigste Thema, das in diesen Tagen die politischen Kreise hier beschäftigt hat, ist natürlich die Angelegenheit des Bischofs von Ermeland. Betreffs derselben ist vorgestern das Königliche Staatsministerium zu einer Gesammtsitzung zusammengetreten, welcher zunächst das Schreiben zu Grunde gelegt wurde, mit welchem der genannte Prälat die verschiedenen Aufforderungen des Cultus-Ministers Dr. Falk beantwortet und zweitens das, welches derselbe direct an des Königs Majestät gerichtet hat. Beide Briefe, die Antwort an den Minister wie die Immediat-Vorstellung an den Monarchen, sind vom 15. Juni datirt, [...][33]

Diese ausführlich mitgeteilte Berliner Nachricht enthält eine Fülle von Fakten, z.B. wer an wen wann geschrieben hat. Was nicht dort steht, ist, worum es in den genannten Briefen geht. Außerdem knüpft die Nachricht an das Vorwissen der Leserinnen und Leser an; darauf deutet die Formulierung »das wichtigste Thema [...] ist *natürlich* [meine Hervorhebung] [...]«

Da das *Regierungs- und Anzeigeblatt* bisher seine Leserinnen und Leser über den besprochenen Sachverhalt überhaupt nicht informiert hatte, kann man darüber spekulieren, woher deren angespieltes Vorwissen denn kommen sollte. Vielleicht rechnete die Redaktion damit, dass in Lippe auch andere Zeitungen gelesen wurden. Die Lemgoer *Sonntagspost* kommt dafür jedoch nicht in Frage. Zwar erschien sie seit 1855 wöchentlich und mit einer durchaus regen Redaktion; sie bekümmerte sich jedoch kaum um überregionale Themen. Die *Westfälische Zeitung* aus Dortmund, eine Tageszeitung, zu deren Abonnement immer wieder Anzeigen einladen, rühmt sich immerhin

[33] Ebd., S. 3.

> täglich telegraphische Depeschen, gehaltreiche Leitartikel, parlament. Verhandlungen nach stenogr. Aufzeichnung, viele OriginalCorresponenzen, die neuesten politischen Nachrichten, Markt- und Handelsberichte, gut unterhaltenden Feuilletons u.s.w.

zu bieten.[34]

Wahrscheinlicher scheint mir, dass sich das *Anzeigeblatt* schlicht nicht darum scherte, ob seine Leserinnen und Leser inhaltlich anknüpfen konnten. Vielmehr nahm es einfach einen eingekauften Korrespondentenbericht einer Nachrichtenagentur wörtlich ins Blatt, und zwar des Wolffschen Telegraphischen Büros.[35] Das ist die erste große Nachrichtenagentur in Deutschland, stark unterstützt (und gelenkt) von der preußischen Regierung, die Einfluss hatte auf die politischen Meldungen, die dort weitergegeben wurden. Die Meldung wurde dann unredigiert ins Blatt gesetzt. Die überregionalen »News« kommen also in Lippe in die Zeitung als unredigierte telegraphische Agenturmeldung, genau wie vorher im deutsch-französischen Krieg.

Man muss nur wenig weiter blättern, um tatsächlich auch die erste lokale Nachrichtenmeldung zu finden. Sie erscheint am 3. Juli:

> Von der Emmer. Am 23. Juni brauste das Dampfroß durch das liebliche Emmerthal zum erstenmal in die Nähe von Schieder in das Lipperland herein. Das Nähere haben bereist die Westf. Ztg. und der Hann. Cour. Beschrieben. Nächsten Sonntag, so Gott will, gehts per Dampf von Steinheim nach Lügde resp. Pyrmont. Mit den größten Anstrengungen ist in den wenigen Tagen der Oberbau vom Noltehof bei Schieder bis ins Lügder Gebiet fertig geschafft. Täglich läßt sich die Locomotive von Steinheim kommend, um Baumaterialien

34 Zitiert aus der Anzeige in: *Die Sonntagspost* (1872) 26 (vom 30.6.1872), S. 104.

35 Zum Wolffschen Telegraphischen Büro vgl. Stöber (2005), S. 132.

> fortzuschaffen, mit ihren grellen Tönen hören und verkündet, daß bald bald [sic] ein neues reges Leben hier erwachen wird.[36]

Grelle Töne, die »neues reges Leben« verkünden – da hört man die Ambivalenz des Berichterstatters gegenüber diesem (für Lippe) neuen Phänomen ganz gut heraus.

An diesem Tag der ersten Lokalmeldung, dem 3. Juli 1872, kennzeichnet das Anzeigeblatt auch erstmals seine Rubriken, markiert den »amtlichen« Teil mit den Bekanntmachungen, und einen »nichtamtlichen Teil« mit den Nachrichten. Nach dem Vorbild anderer Blätter wird zudem Unterhaltendes geboten, der Fortsetzungsroman »Ein unglückseliges Flötenspiel« der westfälischen Autorin Elise Polko. Und dahinter folgen dann die Umsatzbringer, die Anzeigen. Da es sich immer noch in erster Linie um ein amtliches Verlautbarungsblatt handelt, ist es wohl nötig, den nichtamtlichen Teil ausdrücklich als »unter alleiniger Verantwortung der Redaction stehend« zu kennzeichnen.[37] Daran wird sichtbar, dass amtliche Funktion und Zeitungsfunktion Mitte der 1870er Jahre immer stärker auseinanderdriften. Es ist nur konsequent, dass diese beiden Bereiche schließlich vollständig getrennt werden. Die Funktion des Verlautbarungsblattes übernimmt das *Amtsblatt für das Fürstentum Lippe*, das seit 1878 mittwochs und samstags erscheint. Die Zeitungsfunktion übernimmt die *Lippische Landes-Zeitung*. Eine »Probenummer« erscheint am Dienstag den 1. Januar 1878, die »No 1« dann am folgenden Tag.

Die Anfänge unterm heutigen Namen

Die erste Titelseite macht mit einem Kommentar auf, der als Teil »II« tatsächlich die Probenummer fortsetzt. »Unterm Strich«[38] unterhält in

---

[36] *Fürstlich Lippisches Regierungs- und Anzeigeblatt* (1872) 81 (vom 3.7.1872), S. 3.

[37] Erstmals: *Fürstlich Lippisches Regierungs- und Anzeigeblatt* (1876) 34 (vom 10.2.1876), S. 2.

[38] Aus der Erläuterung des »Deutschen Wörterbuchs« der Brüder Grimm zum Lexem »Strich«, Abschnitt A. 1) f) Y): »in der journalistik begegnet die formel ›unter dem strich‹

Fortsetzungen die Novelle »Mit der Sturmfluth« eines Max von Schlaegel. Dann folgen tagespolitische Meldungen, gegliedert in »Deutsches Reich«, »Ausland« und »Aus dem Fürstenthum Lippe und Umgegend«. Da ist man aber schon auf Seite zwei von vier.

Dann gibt es eine Rubrik »Vermischtes«, in der Meldungen und Mitteilungen stehen, die wir heute »Panorama« oder »Aus aller Welt« nennen würden, eine Mischung aus Kuriosem und Sensationellem. Berichtet wird beispielsweise von der Versteigerung eines teuren Weins in Bordeaux, der Verhaftung eines Juwelendiebs in Berlin oder einer neuartigen Erfindung.

Und über das Wetter: »Meteorologische Beobachtungen in Detmold« heißt die Rubrik. Am 2. Januar um 1 Uhr mittags wehte ein mäßiger Wind aus Südwest und das Thermometer zeigte 3,2 Grad Reaumur, was etwa 3,4 Grad Celsius entspricht. Der Himmel war bedeckt und es regnete etwas.[39]

Diese erste Nummer unter dem Namen *Landes-Zeitung* ähnelt so langsam dem, wie eine Tageszeitung heute aussieht. Es werden zwar noch keine (aktuellen) Bilder gedruckt, dazu fehlen die technischen Möglichkeiten. Ausnahmen fallen darum besonders auf, wie beispielsweise am 26. Oktober 1905, als die Titelseite »Unser Fürstenpaar« im Porträt zeigt und darunter ein »höchster Erlaß« die Entscheidung im lippischen Erbfolgestreit mitteilt. Auch die übrigen Konventionen entstehen erst nach und nach.

Das Überfliegen der frühen Ausgaben bleibt aber mühsam, weil Überschriften fehlen. Einzelne Meldungen werden mit nicht mehr als Ort und Datum eingeleitet. Es dauert ein paar Jahre, bis die Meldungen immerhin eine

---

für ›feuilleton‹ (vgl.: ›die anfänge des feuilletons kann man in dem gelehrten artikel erblicken. das wort stammt aus Frankreich, wo der kritiker abbé Geoffroy 1800 dem Pariser journal des débats allerlei notizen aus literatur und kunst in einem besonderen blättchen [feuille] beifügte. später wurde der inhalt dieses blättchens in die zeitung selbst übernommen und durch einen querstrich von dem übrigen teil getrennt. daher rührt die bezeichnung *unter dem strich*‹ [....]«. – »Strich«, in: Deutsches Wörterbuch, Bd. 19 (1957), Sp. 1514-1550. Online https://woerterbuchnetz.de/?sigle=DWB&lemid=S52161.

39 *Lippische Landes-Zeitung* (1878) 1 (vom 2. Januar 1878), S. 3.

einleitende Themenangabe bekommen. Typografisch bleiben sie aber weiterhin unauffällig.

Diese Feststellung gilt nicht für den Anzeigenteil. Dort wird erkennbar mit gestalterischen Mitteln um die Aufmerksamkeit von Betrachterin und Betrachter gebuhlt. Die Veränderung des Anzeigenwesens und der Werbung in über 250 Jahren Zeitungsgeschichte ist eine andere Geschichte, die ein anderes Mal erzählt werden soll.

Die lippische Presse während der Weimarer Republik und des Nationalsozialismus – Ein Überblick

von Jürgen Hartmann

Landesweite Zeitungen

Titel	Kürzel	Ort	Verlauf	Leiter
Lippische Landes-Zeitung	LLZ	Detmold	1878-1936	Max Staercke
Lippische Tageszeitung	LTZ	Detmold	1896-1938	Alwin Herzfelde 1901-1920 Preuß 1921-1938 Bruder
Volksblatt	VB	Detmold	1920-4.3.1933	
Lippischer Kurier	LK	Lage	1929-1933	Ernst Münnich
Lippische Staatszeitung	LSZ	Detmold	1.10.1933-1945	Eduard Preißler (seit Dez. 1933)
Lippischer Landbote	LLB	Schötmar	1929-1931	Kurt Dröge

Lokal bzw. regional begrenzte Zeitungen

Titel	Kürzel	Ort	Verlauf	Leiter
Lippische Post	LP	Lemgo	1877-1939	Carl Wagener
Lippischer Allgemeiner Anzeiger	LLA	Salzuflen	1911-1941	Uekermann
Lippische Allgemeine Nachrichten	LAN	–		
Lippische Volkszeitung	LVZ	Lage	1897-1939	Welchert
Lippische Rundschau	LR	Detmold	1909-1931	
Blomberger Anzeiger	BA	Blomberg		
Oerlinghauser Anzeiger	OA	Salzuflen		

Die Redakteure (Schriftleiter)

Siehe auch die Personenartikel in LippeLex. Dort sind ggfs. Porträts sowie Texte der nachfolgend genannten Personen nachgewiesen, die vor und nach 1945 verfasst wurden, sowie jene biographischen Würdigungen, die ihnen nach 1945 z.B. aufgrund von Jubiläen oder als Nachrufe gewidmet wurden.

Bergemann, Wolfgang (* Oberdreis 27.2.1901, † München 12.1.1969). – Wohnort: Lage.
Bergemann war bereits 1926 Mitglied der NSDAP, erneut im September 1929 eingetreten. 1931/32 Bezirkspropaganda-leiter der NSDAP und zeitweise Hauptschriftleiter des *Lippischen Kuriers* (1.9.1931-?).
Quelle: BA, BDC-Unterlagen Bergemann.

Bruder, Willy (* Frankfurt 1874, † Dortmund 19.6.1960). – Wohnort: Detmold, Hornsche Straße 30 (1931/32).
Hofrat Willy Bruder war bis 1920 (?) Besitzer und Chefredakteur der *Lippischen Tageszeitung*. Nach Verkauf fungierte er weiterhin als Hauptschriftleiter.

Fechenbach, Felix (* Bad Mergentheim 29.1.1884, † Scherfede 7.8.1933). Kürzel: F., Fix. Wohnort: Detmold, Oesterhausstraße 6 (1931/32).
Fechenbach war seit Oktober 1929 Hauptschriftleiter des SPD-Organs *Volksblatt*. Am 11. März 1933 wurde er in »Schutzhaft« genommen. Bei der Überführung ins KZ Dachau wurde er am 7. August 1933 erschossen.

Humboldt, Hans (* 15.7.1888, † ?). – Wohnort: Blomberg.

Hauptschriftleiter des *Blomberger Anzeigers* bzw. der *Lippischen Bergwarte.* Auch Druckereibesitzer und Zeitungsverleger.

Jahnke, Hermann (* 1905, † ?). – Wohnort: Oerlinghausen.
Jahnke war Redakteur des *Oerlinghauser Anzeigers*, trat zum 1.11.1931 in die NSDAP ein. Er wechselte in das Wahlkampfteam der NSDAP zur Landtagswahl, war dann beim Staatsminister als Presseverantwortlicher, schrieb für den *Lippischen Kurier.* Im Frühjahr 1933 übernahm er die Pressestelle der Landesregierung. Mit dem 1.10.1933 wurde er Verlagsleiter der *Lippischen Staatszeitung.*
Quelle: BA, BDC-Unterlagen Jahnke; LTZ vom 9.5.1933; LSZ vom 1.10.1933 (mit Foto).

Koch, August (»Asko«) (* Horn 15.12.1898, † Detmold 26.10.1970). Kürzel: Ko. Wohnort: Alter Postweg 24 (1931/32).
Koch war Redakteur der *Lippischen Tageszeitung*, wechselte nach deren Auflösung Mitte 1938 zur *Lippischen Staatszeitung.* Er war zum 1.5.1937 in die NSDAP eingetreten. Irgendwann nach 1940 verzog er nach Aschaffenburg (*Neu-Isenburger Anzeiger*?), dann offenbar nach Bielefeld. In der Mitgliedskartei befindet sich ein Vermerk, der auf einen Austritt im August 1944 schließen lässt.
Quelle: BA, BDC-Unterlagen Koch.

Lindner, Wilhelm (* Iserlohn 11.10.1884, † Herford 10.9.1956). – Wohnort: –
Lindner (DNVP) war von Mitte 1920 bis 30. Juni 1921 Chefredakteur der *Lippischen Tageszeitung.* Zuvor war der Geschäftsführer der DNVP in Bielefeld. Er zog 1924 als Abgeordneter in den Reichstag ein, zugleich war er von 1924-1932 MdL Preußen. 1930 trat er zum Christlich-Sozialen Volksdienst über. 1931-1932 Chefredakteur der *Täglichen Rundschau* (Berlin). Nach 1945 wurde er Mitglied der CDU und war Abgeordneter des ersten NRW-Landtags.

Meinhard, Erich (* Aurich 12.10.1892, † Drensteinfurt 27.2.1979). – Wohnort: Detmold, Leopoldstraße 12 (1931/32).
Meinhard war seit 1922 Redakteur der *Lippischen Landes-Zeitung*, dann der *Lippischen Staatszeitung* (besonders für das Feuilleton). Nach 194_ arbeitete er wieder für die *Lippische Landes-Zeitung.*

Muth, Hugo (* ?, † ?). - Kürzel: – Wohnort: ?
Hugo Muth war Redakteur der *Lippischen Staatszeitung.*

Niestrath, Theobald (* Lage 2.8.1896, † ?). – Wohnort: ?
Hauptschriftleiter der *Lippischen Volkszeitung.*

Pommerenke, Helmuth (* 1903, † ?). – Wohnort: Hohenhausen; Lage.
Pommerenke war seit 1.4.1930 Mitglied der NSDAP und Ortsgruppenleiter von Hohenhausen. Redakteur des *Lippischen Kuriers.* 1936 wurde er aus der Partei ausgeschlossen. Wiederaufnahme 1938?
Quelle: BA, BDC-Unterlagen Pommerenke.

Popken, Georg (* bei Jever 2.5.1880, † ?). – Wohnort: Detmold, Thusneldastraße 11 (1931/32).
Popken war seit Beginn des sozialdemokratischen *Volksblatts* 1920 dessen Chefredakteur. Im Januar 1928 zog er für die SPD in die Stadtverordnetenversammlung ein. Im Oktober 1929 wurde er von Fechenbach in dieser Funktion abgelöst und übernahm den Vertrieb. Er schrieb mitunter noch Beiträge. Im Juli/August 1933 diente er sich der NSDAP an. Popken war früher Werftarbeiter und schwerbehindert (ein Bein war amputiert worden). Am 8.12.1937 verzog er nach Wilhelmshaven.
Quelle: LK vom 3.8.1933; LLZ vom 4.8.1933.

Prüßner, August (* Salzuflen 3.11.1895, † Bad Salzuflen 29.7.1970). – Wohnort: Bad Salzuflen.
Prüßner war Hauptschriftleiter des *Lippischen Kuriers* und später der *Lippischen Staatszeitung.* Er war Parteigenosse seit dem 1.4.1931. Seit Januar 1932 Stadtverordneter und Stadtrat in Bad Salzuflen. Leiter des NSDAP-Kreises Lemgo seit dem 1.9.1932. Ab 1939 Pressebeauftragter für die Kreisleitung Lippe, ab 1942 Gaupresseamtsleiter.
Quelle: BA, BDC-Unterlagen August Prüßner.

Prüßner, Erich (* 24.10.1907, † ?). – Wohnort: ?
Prüßner war Redakteur der *Lippischen Tageszeitung.* Im Juli 1935 wurde er, der seit 193_ Mitglied der NSDAP war, in Detmold auf offener Straße von zwei SS-Leuten als »Judenbengel« beschimpft und zusammengeschlagen. Prüßner berichtete darüber in der nachfolgenden Ausgabe, wurde daraufhin für vier Wochen in »Schutzhaft« genommen und von der Pressekonferenz der Landesregierung ausgeschlossen. Im September 1935 wurde er erneut in »Schutzhaft« genommen.
Quelle: LTZ vom 16.7.1935.

Schaefer, Hermann Ludwig (* Schieder 5.11.1890, † Detmold 5.5.1976). Kürzel: HLS. Wohnort: ?
Der Amtmann Schaefer schrieb – offenbar als regelmäßiger freier Mitarbeiter – für die *Lippische Staatszeitung*, nach 194_ für die *Lippische Landes-Zeitung.*

Schmiedeskamp, Wilhelm (* ?, † ?). - Kürzel: – Wohnort: Detmold, Paulinenstraße 14 (1931/32).

Schmiedeskamp war Redakteur der *Lippischen Landes-Zeitung.* 1935 promovierte er mit einer Arbeit über den Thronfolgestreit und die lippische Presse.

Schröder, Arno (* Duderstadt 17.11.1906, † ?). – Wohnort: Bad Salzuflen.
Schröder verfasste 1931 seine Dissertation über das »Zeitungswesen in Lippe«. Sie wurde mit dem 1. April 1931 abgeschlossen. Dieses ist auch der Zeitpunkt seines Eintritts in die NSDAP. Die Dissertation wurde Ende 1932 in Max Staerckes Verlag veröffentlicht; Auszüge erschienen in 10 Teilen vom 27.11. bis 17.12.1932 in der *Lippischen Landes-Zeitung.* Schröder übernahm während des Landtagswahlkampfes 1932/33 die Hauptschriftleitung des Lippischen Kuriers. Von 1933-40 war er Gaupresseamtsleiter.
Quelle: BA, BDC-Unterlagen Schröder

Staercke, Max (* Berlin 5.9.1880, † Detmold 10.7.1959). – Wohnort: Detmold, Paulinenstraße 14 (1931/32).
Hofrat Staercke war Herausgeber und Chefredakteur der *Lippischen Landes-Zeitung.*

Tischer, Georg (* Stettin 5.4.1902, † ?). Kürzel: Ti. – Wohnort: Detmold, Bandelstraße 20 (1931/32).
Tischer kam 1931/32 als Volontär oder »redaktioneller Mitarbeiter« zum sozialdemokratischen *Volksblatt.* 1936 ist er als Hauptschriftleiter der *Lippischen Tageszeitung* aufgeführt. Lebte 1959 noch in Detmold.

Uekermann, Heinrich (* um 1862, † Bad Salzuflen 27.3.1932). – Wohnort: Bad Salzuflen.
Hauptschriftleiter des *Lippischen Allgemeinen Anzeigers.*

Wagener, Carl (* Lemgo 11.8.1885, † Lemgo 5.5.1959). Kürzel: – Wohnort: Lemgo.
Druckereibesitzer; Verleger und Hauptschriftleiter der *Lippischen Post.*

Wierhake, Helmut (* ?, † ?). – Wohnort: ?
Schriftleiter der *Lippischen Landes-Zeitung.* Seine »Übernahme« zur *Lippischen Staatszeitung* wurde von August Prüßner mit dem Hinweis auf ein von ihm mit Fechenbach während einer Landtagssitzung »in freundlicher Weise« geführtes Gespräch abgelehnt.
Quelle: LAV NRW OWL, L 113 Nr. 222.

Auflagen

Jahr	LLZ	LTZ	VB	LK/LSZ	LP
1917	16.000-17.000	10.000-12.000	-	-	3.000
1921	k.A.	10.000	4.500	-	k.A.
1922	k.A.	9.000	5.200	-	k.A.
1923	k.A.	9.000	5.500	-	k.A.
1924	k.A.	8.800	6.200	-	k.A.
1925	k.A.	8.500	6.500	-	k.A.
1926	k.A.	8.000	7.200	-	k.A.
1927	k.A.	k.A.	7.500	-	k.A.
1928	k.A.	k.A.	8.200	-	k.A.
1929	k.A.	k.A.	8.500	k.A.	k.A.
1930	17.000	k.A.	8.800	k.A.	3.600
1931	k.A.	k.A.	9.000*	k.A.	k.A.
1932	k.A.	k.A.	k.A.	max. 3.000**	k.A.
1933	k.A.	k.A.	k.A.	k.A.	k.A.
1936	-	2.142	-	18.400	2.743

Quelle: Schröder (1932), S. 102, 112; außerdem: * Verein Arbeiterpresse (Hg.): Handbuch. 1931, S. 45-75 (zitiert nach: Danker, Oddey (2003), S. 88; ** Schröder (1938), S. 14.

Auflagen im November 1936

Zeitung	Erscheinungsort	Hauptschriftleiter	Auflage
LStZ	Detmold	August Prüßner	18.400
LP	Lemgo	Carl Wagener	2.743
LVZ	Lage	Theobald Niestrath	1.012
LTZ	Detmold	Georg Tischer	2.142
LAA	Bad Salzuflen	Heinrich Uekermann	990
Lippische Bergwarte (LB)	Blomberg	Hans Humboldt	704

Quelle: LAV NRW OWL, L 113 Nr. 1118, Bl. 46-53, zitiert nach Enzensberger (1998), S. 301.

Personenregister

Quellen- und Literaturverzeichnis

Quellenartikel zur Pressegeschichte 1767-1878

Bekanntmachung, die Ausgabe des Regierungs- und Anzeige-Blattes betreffend, in: Fürstlich-Lippisches Regierungs- und Anzeige-Blatt (1869) 1, S. 15; https://digitale-sammlungen.llbdetmold.de/periodical/pageview/2993037.

Bekanntmachung, in: Fürstlich-Lippisches Regierungs- und Anzeige-Blatt (1872) 78, S. 842; https://digitale-sammlungen.llb-detmold.de/periodical/pageview/3236924.

Benzler, Johann Lorenz: Nachricht an die Leser der Lippischen Intelligenzblätter. – In: *Lippische Intelligenzblätter* 7 (1773) 1, Sp. 9-16; https://digitale-sammlungen.llb-detmold.de/periodical/pageview/125961.

Heldmann, Johann Albert Hermann: [Einleitung]. – In: *Lippische Intelligenzblätter* 1 (1767) 1, Sp. 1-16; https://digitale-sammlungen.llb-detmold.de/periodical/pageview/123281.

Petri, Moritz Leopold: Die Expedition des Regierungs- und Anzeigeblattes betreffend. – In: *Fürstlich Lippisches Intelligenzblatt* (1842) 53, S. 524; https://digitale-sammlungen.llb-detmold.de/periodical/pageview/181007.

Petri, Moritz Leopold: Bekanntmachung, das Intelligenzblatt betreffend. – In: *Fürstlich Lippisches Intelligenzblatt* (1842) 52, S. 503; https://digitale-sammlungen.llb-detmold.de/periodical/pageview/180986.

Quellenartikel zur Pressegeschichte 1878-1945

Die Landes-Zeitung in Vergangenheit und Gegenwart. Rückblick und Ausblick. – In: *Lippische Landes-Zeitung* vom 20.7.1930. https://zeitpunkt.nrw/ulbms/periodical/zoom/20121820.

Fünf Jahre im Dienste der Bewegung. Der Werdegang der NS-Presse in Lippe. – In: *Lippische Staatszeitung* vom 21.8.1936. https://zeitpunkt.nrw/ulbms/periodical/zoom/20310291.

Meyer, W.: Zehn Jahre Volksblatt. – In: *Volksblatt* vom 1.2.1930. https://zeitpunkt.nrw/ulbms/periodical/zoom/8776195.

NSDAP-Gauleitung Westfalen-Nord (Hg.): Hitler kämpft und siegt in Lippe 1933. Herausgegeben zum 13. und 14. Januar 1934. – Detmold 1934.

Prüßner, August: Zehn Jahre Parteipresse in Lippe. – In: *Nationalsozialistischer Heimatkalender für Lippe* 8 (1941), S. 53-56.

Schreck, Carl: Vorkampf für das Volksblatt. – In: *Volksblatt* vom 1.2.1930. https://zeitpunkt.nrw/ulbms/periodical/zoom/8776199.

Schröder, Arno: Die Presse der Partei im Gau Westfalen-Nord. Ein skizzenhafter Rückblick auf ihre geschichtliche Entwicklung. In: *Nationalsozialistischer Heimat-Kalender für Lippe* 4 (1937), S. 65-67.

Schröder, Arno: »Hitler geht auf die Dörfer ...« Der Auftakt zur nationalen Revolution. Erlebnisse und Bilder von der entscheidenden Januarwahl 1933 in Lippe. – Detmold 1938.

Wir blättern in alten Zeitungsbänden. Ein presse-politischer Rückblick auf die Geschichte und den Werdegang der Lippischen Landes-Zeitung. – In: Lippische Landes-Zeitung vom 19.11.1949.

Quellenartikel zur Pressegeschichte nach 1945

Fünf Jahre Freie Presse. – In: *Freie Presse* vom 31.3.1951 (Beilage).

20 Jahre Freie Presse. Brücke in unserer Zeit. – In: *Freie Presse* vom 2.4.1966 (Beilage).

Liedtke, Walther: Erinnerungen und Geständnisse eines Journalisten in Lippe. Aus den Anfängen der Lippischen Rundschau nach dem Kriege. – In: *Lippische Rundschau* vom 30.4.1971 (Beilage).

Meinhard (1967) — Erich Meinhard: Vergangenheit und Gegenwart unserer alten Heimatzeitung. – In: *Lippische Landes-Zeitung* vom 7. Februar 1967.

Schaefer (1967) — Hermann L(udwig) Schaefer: Treue Mitarbeiter, Agenturen und Boten halfen der Heimatzeitung beim Aufstieg. – *Lippische Landes-Zeitung* vom 7.2.1967

Literatur

Auf die mit Siglen angegebene Literatur wird im Text verwiesen. Die übrigen genannten Titel waren ebenfalls hilfreich und informativ.

Albrecht, Peter; Böning, Holger (Hg.): Historische Presse und ihre Leser : Studien zu Zeitungen und Zeitschriften, Intelligenzblättern und Kalendern in Norddeutschland. – Bremen : Ed. Lunière, 2005.

Arndt (1992) — Johannes Arndt: Das Fürstentum Lippe im Zeitalter der Französischen Revolution 1770-1820. – Münster/New York : Waxmann, 1992.

Arndt, Johannes; Nitschke, Peter (Hg.): Kontinuität und Umbruch in Lippe : sozialpolitische Verhältnisse zwischen Aufklärung und Restauration 1750-1820. – Detmold : Institut für Lippische Landeskunde, 1994.

Bartelt, Fritz; Brunsiek, Sigrun; Klocke-Daffa, Sabine: Landleben in Lippe : 1850-1950. – Detmold : Institut für Lippische Landeskunde, 1991. – 3 Bde.

Beine (1955) — Reinhard Beine u.a. (Hg.): Lippe, Wirtschaft und Kultur : Land, Menschen, schöpferische Kraft, Leistungen. – Detmold : Bösmann, (1955).

Bender, Wolfgang: Der Bestand D 27 »Ämter für gesperrte Vermögen« im Landesarchiv NRW Abteilung Ostwestfalen-Lippe. – In: Das Landesarchiv Nordrhein-Westfalen 2013/14. Düsseldorf : Landesarchiv NRW, 2015, S. 24-25. *Der Autor hat auch den Einführungstext zum Bestand geschrieben.*

Benz, Wigbert: Hans-Joachim Riecke, NS Staatssekretär : vom Hungerplaner vor, zum »Welternährer« nach 1945. – Berlin : WVB, 2014.

Birkl, Rudolf; Olzog, Günter (Hg.): Erwartungen : kritische Rückblicke der Kriegsgeneration. – München : Olzog, 1980. Darin S. 133-138 (Beitrag Krekeler).

Blöbaum, Bernd: Journalismus während der Besatzungszeit. – In: Publizistik 47 (2002), S. 170-199.

Blome, Astrid (Hg.): Zeitung, Zeitschrift, Intelligenzblatt und Kalender : Beiträge zur historischen Presseforschung. – Bremen : Ed. Lumière, 2000.

Bratvogel, Werner: Das Anzeigenwesen in Westfalen im 18. Jahrhundert. – Halle in Westfalen : Meyer & Beckmann, 1933. – Zugl. Leipzig, Phil. Diss.

Brenker (1996) — Anne-Margarete Brenker: Die Meyersche Hofbuchhandlung in Lemgo in der zweiten Hälfte des 18. Jahrhunderts. – Bielefeld : Westfalen-Verlag, 1996.

Brümmer (1913) — Franz Brümmer: Lexikon der deutschen Dichter und Prosaisten vom Beginn des 19. Jahrhunderts bis zur Gegenwart. – 6. Aufl. – Leipzig : Reclam, 1913 (online einzusehen im Deutschen Textarchiv unter www.deutschestextarchiv.de).

Bulst (1993) — Bulst, Neithard u. a. (Hg.): Die Grafschaft Lippe im 18. Jahrhundert. – Bielefeld : Verlag für Regionalgeschichte, 1993. – (Sonderveröffentlichungen des Naturwissenschaftlichen und Historischen Vereins für das Land Lippe 40).

Bundesverband Deutscher Zeitungsverleger (Hg.): Der Weg zur freien Presse in Deutschland (Ausstellungskatalog). – Bonn, 1987.

Ciolek-Kümper (1976) — Jutta Ciolek-Kümper: Wahlkampf in Lippe : die Wahlkampfpropaganda der NSDAP zur Landtagswahl am 15. Januar 1933. – München : Verlag für Dokumentation, 1976.

Dahl, Michael: Die Geschichte der Lizenzpresse in der britischen Besatzungszone – Die Anfänge der neuen SPD-Presse im Raum Ostwestfalen. – Münster, Univ., Mag.-Arb., 1977.

Dahl (2017) — Michael Dahl: Die Geschichte der Lippischen Landes-Zeitung. – Detmold : Lippischer Heimatbund, 2017. – (Kulturlandschaften 35).

Dahl, Eberhardt (2017) — Michael Dahl, Joachim Eberhardt: Titelblätter 1767-2017 : 250 Jahre Zeitungsgeschichte. – Detmold, 2017.

Danker, Oddey (2003) — Uwe Danker; Markus Oddey u.a.: Am Anfang standen Arbeitergroschen : 140 Jahre Medienunternehmen der SPD. – Bonn : Dietz, 2003.

Doerfert (2016) — Carsten Doerfert: Die Fürst-Leopold-Akademie für Verwaltungswissenschaften : Versuch und Scheitern einer Hochschule. – Bielefeld 2016.

Dussel, Konrad: Deutsche Tagespresse im 19. und 20. Jahrhundert. – 2. erw. Aufl. – Berlin u.a. : LIT, 2011.

Ebert, Arnold: 300 Jahre Meyersche Hofbuchhandlung. – In: Heimatland Lippe 57 (1964) 3, S. 110-111. Online: https://digitale-sammlungen.llb-detmold.de/periodical/pageview/5797276.

Eisenhardt, Georg: Der 4. April 1945 – die »Stunde Null« in Detmold?. In: Stadt Detmold (1994), S. 43-66.

Ernst (1994) — Ulrich Ernst: Der lippische Schulstreit oder der schwierige Weg zu demokratischen Ufern. – In: Stadt Detmold (1994), S. 403-423.

Ester, Carl d': Das Zeitungswesen in Westfalen von den Anfängen bis zum Jahr 1813. – Münster : Schöningh, 1907.

Fischer, Ernst (Hg.): Von Almanach bis Zeitung : ein Handbuch der Medien in Deutschland 1700-1800. – München : Beck, 1999.

Fischer, Heinz-Dietrich: Parteien und Presse in Deutschland seit 1945. – 2. unver. Aufl. – München u.a. : Saur, 1981.

Frei, Schmitz (1999): Norbert Frei; Johannes Schmitz: Journalismus im Dritten Reich. – 3. überarb. Aufl. –München : Beck, 1999.

Gerking, Willy: Die Grafen zur Lippe-Biesterfeld : aus der Geschichte einer Seitenlinie des gräflichen Hauses zur Lippe sowie ein Exkurs zur Entstehung des Hauses zur Lippe-Weißenfeld. – Bad Oeynhausen : Heka, 2001.

Hagemann, Walter (Hg.): Die soziale Lage des deutschen Journalistenstandes : eine Untersuchung des Instituts für Publizistik der Westfälischen Wilhelms-Universität Münster. – Münster, Düsseldorf, 1956.

Hartmann, Simon (2006): Jürgen Hartmann, Dietmar Simon: Artur Schweriner (1882-1941) – Eine Projektskizze. – In Rosenland Nr. 3 (2006), S. 31-38. Online: https://digitale-sammlungen.llb-detmold.de/periodical/pageview/7336217.

Hartmann (2007): Jürgen Hartmann: Gegen die Juden und gegen die Republik! : die antidemokratische Rechte in Detmold 1914-1933. –In: Stadt Detmold (2007), S. 263-297.

Hartmann (2008a) — Jürgen Hartmann: »Diesem Gesindel ganz gehörig entgegentreten«. Der Linksliberale Adolf Neumann-Hofer und der Antisemitismus in Lippe. In: Ingo

Kolboom, Andreas Ruppert (Hrsg.), Zeit-Geschichten aus Deutschland, Frankreich, Europa und der Welt. Lothar Albertin zu Ehren. Lage 2008. S. 269-280.

Hartmann (2008b) — Jürgen Hartmann: Manfred Fuhrmann - Begründer und erster Vorsitzender des Lippischen Heimatbundes. - In: Burkhard Meier, Stefan Wiesekopsieker (Hg.): Lippe 1908-2008 : Beiträge zu Geschichte und Gegenwart der Heimatpflege. - Bielefeld : Verlag für Regionalgeschichte, 2008. - S. 81-94.

Hartmann (2011) — Jürgen Hartmann: »Herr Schnurzel und Herr Putzke« - Felix Fechenbachs frühe Glossenreihe im Volksblatt 1929-1930. - In: Rosenland Nr. 12 (2011), S. 2-34. Online: https://digitale-sammlungen.llb-detmold.de/periodical/pageview/7336697.

Hellfaier (2009) — Detlev Hellfaier: Per Mausklick ins 18. Jahrhundert. - In: Buch und Bibliothek 61 (2009), S. 422-423. - https://nbn-resolving.org/resolver?verb=redirect&identifier=urn:nbn:de:urmel-9215a3fe-0fa8-4355-8494-b1648c3952d98-00310844-15.

Helmert-Corvey, Theodor: Nationalsozialismus - Wahl in Lippe. In: Westfalen im Bild, Reihe: Dokumente zur Zeitgeschichte, Heft 3 (1984), S. 5-15. Online: http://www.westfaelische-geschichte.de/tex64.

Henke, Rüdiger: Die Straßen der Detmolder Kernstadt. - Detmold, 2012.

Hiller von Gaertringen (1998): Julia Hiller von Gaertringen: Die Fürstlich Öffentliche Bibliothek zu Detmold 1848. - In: Pilzer, Tegtmeier-Breit (1998), S. 81-95.

Hüffer, Jürgen Benedikt: Vom Lizenzpressesystem zur Wettbewerbspresse : Lizenzverleger und Altverleger im Rheinland und in Westfalen 1945-1953/54. - München u.a. : Saur, 1995. - (Dortmunder Beiträge zur Zeitungsforschung 54).

Hüls, Hans: Wähler und Wahlverhalten im Land Lippe während der Weimarer Republik. Detmold : Naturwissenschaftlicher und Historischer Verein für das Land Lippe, 1974. - (Sonderveröffentlichungen des Naturwissenschaftlichen und Historischen Vereins für das Land Lippe 22).

Huneke (1989) — Friedrich Huneke: Die »Lippischen Intelligenzblätter« (Lemgo 1767-1799) : Lektüre und gesellschaftliche Erfahrung. - Bielefeld : Verlag für Regionalgeschichte, 1989.

Huneke (1993) — Friedrich Huneke: Die »Lippischen Intelligenzblätter« im 18. Jahrhundert. - In: Bulst (1993), S. 415-486.

Keil (2013) — Hans-Joachim Keil: »Mit Sinalco uns der Sieg / wie im Frieden, so im Krieg« : die Einflüsse der politischen, ökonomischen und gesellschaftlichen Brüche des Ersten

Weltkrieges auf die Sinalco AG in Detmold. – In: Lippische Mitteilungen aus Geschichte und Landeskunde 82 (2013), S. 69-115. Online: https://digitale-sammlungen.llb-detmold.de/periodical/pageview/9480814.

Kittel (1978): Kittel, Erich: Heimatchronik des Kreises Lippe. – 2. verb. Aufl. – Köln : Archiv für Deutsche Heimatpflege, 1978. – (Sonderveröffentlichungen des Naturwissenschaftlichen und Historischen Vereins für das Land Lippe 28). Online: https://nbn-resolving.org/urn:nbn:de:hbz:51:1-25803.

Kleine, Joseph: Das Haus Lippe : von den Ursprüngen bis zur Gegenwart. – Werl : Börde, 2012.

Kleinmanns (2015): Joachim Kleinmanns: Erdbeben in Heiligenkirchen. – In: Heimatland Lippe 108 (2015), 3, S. 40-41. Online: https://digitale-sammlungen.llb-detmold.de/periodical/pageview/7451791.

Koszyk, Kurt: Presse unter alliierter Besetzung. – In: Jürgen Wilke (Hg.): Mediengeschichte der Bundesrepublik Deutschland. – Köln u.a. : Böhlau, 1999. – S. 31-58.

Kreis Lippe (Hg.): Was die Lipper im Schilde führen: Wappen des Kreises Lippe und seiner Städte und Gemeinden. – Detmold, 1999.

Kreissparkasse Detmold : Einweihung des Sparkassen-Neubaus am 19. Juli 1963. – Detmold, 1963.

Kutsch, Arnulf; Weber, Johannes (Hg.): 350 Jahre Tageszeitung : Forschungen und Dokumente. – 2. durchges. Aufl. – Bremen : Ed. Lumière, 2010.

Lensing (1997) — Lensing, Helmut: Robert Neumann-Hofer (Kapitän, Zeitungsherausgeber, Bürgermeister). – In: Emsländische Geschichte 6 (1997), S. 262-266.

Lindemann (1969) — Margot Lindemann: Deutsche Presse bis 1815. – Berlin : Colloquium, 1969. – (Abhandlungen und Materialien zur Publizistik 5).

Lindner (2003) — Erik Lindner: Reemtsma, Philipp Fürchtegott. - In: Neue Deutsche Biographie Bd. 21 (2003), S. 254-255. Online: http://www.deutsche-biographie.de/pnd132264005.html.

Lindner (2007) — Erik Lindner: Die Reemtsmas : Geschichte einer deutschen Unternehmerfamilie. – Hamburg : Hoffmann und Campe, 2007.

Linnemann (2004) — Uwe Linnemann: Die Bibliothek des Bildungsvereins zu Detmold. – In: Stadt Detmold (Hg.): Detmold um 1900 – Dokumentation eines stadtgeschichtlichen Projekts. – Detmold : Aisthesis, 2004. – S. 363-376. Online: https://digitale-sammlungen.llb-detmold.de/content/pageview/10047213.

Lueke (2016) — Florian Lueke: Lippische Sportler im »Jahrhundert der Lager«. – In: Rosenland Nr. 18 (2016), S. 11-19. Online: https://digitale-sammlungen.llb-detmold.de/periodical/pageview/7337193.

Meier (1999) — Meier, Gerd: Zwischen Milieu und Markt : Tageszeitungen in Ostwestfalen 1920-1970. – Paderborn : Schöningh, 1999. – (Forschungen zur Regionalgeschichte 27).

Meier, Gerd; Küster, Thomas: Politik, Presselandschaft und Öffentlichkeit. –In: Karl Ditt u. a.: Westfalen in der Moderne 1815-2015 : Geschichte einer Region. – Münster : Aschendorff, 2015. – S. 139-162.

Meinhard (1967) — Erich Meinhard: Vergangenheit und Gegenwart unserer alten Heimatzeitung. – In: Lippische Landes-Zeitung vom 7. Februar 1967.

Mellies (2006) — Dirk Mellies: »Vorbereitung eines hochverräterischen Unternehmens?« : Kommunistische Presse in Ostwestfalen-Lippe 1946-1956. In: Rosenland Nr. 4 (2006), S. 18-25. Online: https://digitale-sammlungen.llb-detmold.de/periodical/pageview/7336254.

Müller, Wolfgang: Nie ganz vergessen. Die Erinnerung an Felix Fechenbach in Lippe. – In: Ders.: Juden in Detmold : gesammelte Beiträge zur jüdischen Geschichte in Detmold und ihrer Aufarbeitung in Archiv und Schule. Hrsg. von Micheline Prüter-Müller. – Lage : Lippe-Verlag, 2008. – (Panu derech 26). – S. 89-114.

Müsse, Walter: Die Reichspresseschule – Journalisten für die Diktatur?. – München u.a. : Saur, 1995. – Zugl.: Münster (Westfalen), Univ., Diss. – (Dortmunder Beiträge zur Zeitungsforschung 53).

N.N.: 50 Jahre Uhe & Niemöller : Geschichte der Detmolder Möbelfabrik von 1902 bis 1952 ; herausgegeben aus Anlaß des 50-jährigen Geschäftsjubiläums am 1. März 1952. – [Detmold]: [Uhe & Niemöller], [1952].

N.N., Neue Westfälische – eine Erfolgsgeschichte. Ausdruck einer Internet-Darstellung der Zeitungsgeschichte zum 200-jährigen Bestehen im Jahre 2011.

N. N. (1934) — Vier Jahrhunderte Meyersche Hofbuchdruckerei. – Detmold : Meyersche, 1934.

Nentwig (2013) — Teresa Nentwig: Hinrich Wilhelm Kopf (1893-1961), ein konservativer Sozialdemokrat. – Hannover : Hahn, 2013. – Zugl. Göttingen, Univ., Diss., 2012.

Neumann (1990) — Klaus Neumann: Politischer Regionalismus und staatliche Neugliederung in den Anfangsjahren der Weimarer Republik in Nordwestdeutschland. – 2. Aufl. – Münster : LIT, 1990. – Zugl. Münster (Westfalen), Univ., Diss., 1987.

Niebuhr, Hermann: »Das Landesvermögen verbleibt dem lippischen Gebiet...« : die Gründung des Landesverbandes Lippe ; eine Dokumentation. – Lemgo : Institut für Lippische Landeskunde, 1999. – (Lippische Studien 14). Online: https://nbn-resolving.org/urn:nbn:de:hbz:51:1-24317.

Niebuhr, Hermann: 60 Jahre Lippe in NRW – 60 Jahre Punktationen. – In: Lippische Mitteilungen 77 (2008), S. 247-260. Online: https://digitale-sammlungen.llb-detmold.de/periodical/pageview/7335951.

Petri (1843) — Moritz Leopold Petri: Rückblick auf die Geschichte des Fürstlich Lippischen Intelligenzblattes. - In: Vaterländische Blätter (1843) 1, Sp. 1-7; 2, Sp. 24-28; 5, Sp. 65-72; 6, Sp. 83-89; 7, Sp. 99-103; 8, Sp. 113-117. Online: https://digitale-sammlungen.llb-detmold.de/periodical/pageview/1696643.

Pilzer, Tegtmeier-Breit (1998): Harald Pilzer, Annegret Tegtmeier-Breit (Hg.): Lippe 1848 : von der demokratischen Manier eine Bittschrift zu überreichen. – Detmold : Lippische Landesbibliothek, 1998. – (Auswahl- und Ausstellungskataloge der Lippischen Landesbibliothek Detmold 34). – Online: https://nbn-resolving.org/urn:nbn:de:hbz:51:1-15489.

Pörtner, Michael: Emil Groß und die »Freie Presse« : die Biographie eines sozialdemokratischen Politikers und Zeitungsverlegers (1904-1967). – Bielefeld, Univ., Magisterarbeit, 1992.

Postler (1991) — Frank Postler: Die historische Entwicklung des Post- und Fernmeldewesens in Deutschland vor dem Hintergrund spezifischer Interessenkonstellationen. Eine sozialwissenschaftliche Analyse der gesellschaftlichen Funktionen der Post. – Frankfurt a.M. u.a., 1991.

Pürer, Heinz; Raabe, Johannes: Presse in Deutschland. – 3., völlig überarb. Aufl. – Konstanz : UVK, 2007.

Quentin (1907) — Eberhard Quentin (Hg.): Chronik der Familie Quentin. – Herford : Quentin & Sellwig, 1907.

Rapien, Kathrin: Die Sozialisierungsdiskussion in der nordrhein-westfälischen Presse 1946-1949. – Univ. Münster, Mag., 1989.

Richter (2015) — Karl-Heinz Richter: F. L. Wagener – Die Geschichte eines renommierten Lemgoer Verlages. – In: Rund um die Wälle (2015), S. 6-7.

Röhr, Heinrich: Abschied von der alten Leopoldstraße. – Detmold, 1999.

Röhr, Heinrich: Die Lange Straße als via triumphalis einer kleinen Residenz : geplauderte Geschichte der Langen Straße ; hundert Jahre Paulinenstraße. – Detmold : Bösmann, 1964.

Röhr, Heinrich: Liebes altes Detmold : Erinnerungen an die alte Bruchstraße, die Marktschule und die Lagesche Straße. – Detmold : Bösmann, 1962.

Röhr, Heinrich: Stationen und Gestalten am Wege : Bilderbuch eines lippischen Lehrers. – Detmold : Bösmann, 1965.

Rombeck-Jaschinski (1984) — Ursula Rombeck-Jaschinski: Heinrich Drake und Lippe oder Föderalismus in zwei Republiken. – Düsseldorf, Univ., Diss., 1984.

Ruppert (2007a) — Andreas Ruppert: Heinrich Drake in der lippischen Politik. November 1918 bis Januar 1933. In: Stadt Detmold (2007), S. 459-486.

Ruppert (2007b) — Andreas Ruppert: Um jeden Preis gegen die Republik : lippische DNVP und NSDAP von den Kommunalwahlen im Januar 1932 bis zur Landtagswahl im Januar 1933. In: Stadt Detmold (2007), S. 487-508.

Ruppert (2011) — Andreas Ruppert: Max Staercke (1880-1959) – Publizist und Politiker in Lippe. In: Rosenland Nr. 12 (2011), S. 35-52. Online: https://digitale-sammlungen.llb-detmold.de/periodical/pageview/7336731.

Ruppert, Andreas: Einleitung zum Bestand »Schriftgut von NSDAP und NS-Organisationen in Lippe«, Signatur L 113, LAV NRW OWL. – Detmold, 1990.

Ruppert, Andreas: Vom Fürstentum zum dritten Landesteil in Nordrhein-Westfalen – Lippe 1918-1947. – In: Internet-Portal Westfälische Geschichte. http://www.westfaelische-geschichte.de/web188.

Ruppert, Andreas: Heinrich Drake 1933-1947. – In: Rosenland Nr. 5 (2007), S. 16-28. Online: https://digitale-sammlungen.llb-detmold.de/periodical/pageview/7336310.

Sagebiel, Martin: Lippe, zur. – In: Neue Deutsche Biographie, 1985. Online: https://www.deutsche-biographie.de/sfz51757.html.

Sagebiel, Martin: Heinrich Drake (1881-1970). - In: Westfälische Lebensbilder, Bd. 11, Münster 1975, S. 49-77. – Online: http://www.westfaelische-geschichte.de/bio369 bzw. http://www.westfaelische-geschichte.de/per374

Schaefer (1967) — Hermann L(udwig) Schaefer: Treue Mitarbeiter, Agenturen und Boten halfen der Heimatzeitung beim Aufstieg. – *Lippische Landes-Zeitung* vom 7.2.1967

Scheef, Tappe (1992) — Vera Scheef, Imke Tappe: 125 Jahre Gebr. Klingenberg : von der Zigarrenbanderole zur Fototapete ; Sonderausstellung Lippisches Landesmuseum Detmold vom 31. Oktober bis 6. Dezember 1992. - Detmold : Lippisches Landesmuseum, 1992. Online: https://nbn-resolving.org/urn:nbn:de:hbz:51:1-24859.

Scheffler (2009) — Jürgen Scheffler: Lokale Erinnerung im Schatten der Vergangenheit : die Gedenkfeier für die lippischen Juden in Lemgo 1948. - In: Rosenland Nr. 9 (2009), S. 39-44. Online: https://digitale-sammlungen.llb-detmold.de/periodical/pageview/7336553.

Scheffler (2013) — Jürgen Scheffler: Völkische Bewegung, Heimatkunst und NS-Propaganda : der Künstler Walter Steinecke (1888-1975). - In: Axel Halle u. a. (Hg.): Das historische Erbe der Region - Festschrift für Detlev Hellfaier. - Bielefeld : Aisthesis, 2013.

Schmidt, Christoph: Nationalsozialistische Kulturpolitik im Gau Westfalen-Nord - Regionale Strukturen und lokale Milieus (1933-1945). - Paderborn : Schöningh, 2006. - (Forschungen zur Regionalgeschichte 54).

Schmiedeskamp (1935) — Wilhelm Schmiedeskamp: Der Lippische Thronstreit und die Presse. - Detmold, 1935. - Berlin, Univ., Diss., 1935.

Schröder (1932) — Arno Schröder: Geschichte des Zeitungswesens in Lippe. - Detmold : Meyer, 1932. - Leipzig, Univ., Diss., 1932. - Online: http://nbn-resolving.de/urn:nbn:de:hbz:51:1-13921.

Schröder (1938) Arno Schröder: »Hitler geht auf die Dörfer ...« : der Auftakt zur nationalen Revolution ; Erlebnisse und Bilder von der entscheidenden Januarwahl 1933 in Lippe. - Detmold : Lippische Staatszeitung 1938.

Schröder (1985), Karsten: Die FDP in der britischen Besatzungszone 1946-1948 : ein Beitrag zur Organisationsstruktur der Liberalen im Nachkriegsdeutschland. - Düsseldorf : Droste, 1985. - Zugl. Bonn., Univ., Diss., 1982. - (Beiträge zur Geschichte des Parlamentarismus und der politischen Parteien 77).

Schütz, Walter J.: Entwicklung der Tagespresse. In: Jürgen Wilke (Hg.): Mediengeschichte der Bundesrepublik Deutschland. - Köln u.a. : Böhlau, 1999, S. 109-134.

Schütz, Walter J.: Bibliographie der für liberale Parteien lizenzierten Zeitungen 1945-2008. - In: Jahrbuch für Kommunikationsgeschichte 11 (2009), S. 130-136. - https://www.jstor.org/stable/20852686.

Schütz, Walter J.: Zeitungsgeschichte und Institutsgeschichten : Publizistik in Münster 1946 bis 1959. – In: Klaus Merten (Hg.): Konstruktion von Kommunikation in der Mediengesellschaft : Festschrift für Joachim Westerbarkey. – Wiesbaden : VS, 2009. – – S. 263-273.

Schumacher (1980) — Claus-Jürgen Schumacher: Die Lizenzierung von Parteizeitungen nach dem Zweiten Weltkrieg. – Münster, Univ., Mag.-Arb., 1980.

Schwengelbeck, Matthias: Die Politik des Zeremoniells : Huldigungsfeiern im langen 19. Jahrhundert. –Frankfurt, New York : Campus, 2007. – Zugl.: Bielefeld, Univ., Diss., 2005.

Schweriner, Artur: Ein verpfuschtes Leben? : Heiteres aus dem Tagebuch eines Unentwegten. – Berlin-Tempelhof : Der Silberne Leuchter, 1925.

Seidel (1949) — Wilhelm Seidel: Lizenzen-Handbuch deutscher Verlage : Zeitungen, Zeitschriften, Buchverlage. – Berlin : de Gruyter, 1949.

Sengotta (1976) — Hans-Jürgen Sengotta: Der Reichsstatthalter in Lippe 1933 bis 1939 : reichsrechtliche Bestimmungen und politische Praxis. – Detmold : Naturwissenschaftlicher und Historischer Verein für das Land Lippe, 1976. – Zugl. Hannover, Techn. Univ., Diss., 1975. – (Sonderveröffentlichungen des Naturwissenschaftlichen und Historischen Vereins für das Land Lippe 26).

Springhorn (1995) — Rainer Springhorn: Historische Erdbeben seit dem Jahre 1612 am Teutoburger Wald. – In: Geologie und Paläontologie in Westfalen, Heft 41. – Münster 1995. – S. 69-81. Online: http://www.lwl.org/wmfn-download/Geologie_und_Palaeontologie_in_Westfalen/GuP_Heft_41_Seite_69-81.pdf.

Stadt Detmold (1994) — Stadt Detmold (Hg.): Detmold in der Nachkriegszeit. – Bielefeld : Aisthesis, 1994. – (Sonderveröffentlichungen des Naturwissenschaftlichen und Historischen Vereins für das Land Lippe 41). Online: https://nbn-resolving.org/urn:nbn:de:hbz:51:1-31818.

Stadt Detmold (2007) — Stadt Detmold /Hg.): Krieg – Revolution – Republik. Detmold 1914-1933 : Dokumentation eines stadtgeschichtlichen Projekts. – Bielefeld : Aisthesis, 2007. – (Sonderveröffentlichungen des Naturwissenschaftlichen und Historischen Vereins für das Land Lippe 78). Online: https://nbn-resolving.org/urn:nbn:de:hbz:51:1-31860.

Staercke (1975) — Monika Staercke: Die Gleichschaltung der Presse im Land Lippe in der ersten Hälfte des Jahres 1933. – In: Lippische Mitteilungen aus Geschichte und

Landeskunde 44 (1975), S. 160-200. Online: https://digitale-sammlungen.llb-detmold.de/periodical/pageview/5710129.

Stelbrink (2003) — Wolfgang Stelbrink: Die Kreisleiter der NSDAP in Westfalen und Lippe : Versuch einer Kollektivbiographie mit biographischem Anhang. – Münster : Nordrhein-Westfälisches Staatsarchiv, 2003. – Online: https://nbn-resolving.org/urn:nbn:de:hbz:51:1-31843.

Stich, Walter: Das Lipperland und seine Geschichte(n). – Rosdorf : Vogtmeier, 2013.

Stöber (2005): Rudolf Stöber: Deutsche Pressegeschichte : von den Anfängen bis zur Gegenwart. – 2. überarb. Aufl. – Konstanz . UVK, 2005.

Stöber (1990) — Rudolf Stöber: Presse und öffentliche Meinung in Lippe im Vormärz. – In: Erhard Wiersing (Hg.): Lippe im Vormärz : von bothmäßigen Unterthanen und unbothmäßigen Demokraten. – Bielefeld : Aisthesis, 1990. – (Sonderveröffentlichungen des Naturwissenschaftlichen und Historischen Vereins für das Land Lippe 35). – S. 56-82.

Süvern, Wilhelm: Acht Jahrhunderte lippischer Landesgeschichte. – In: August Wilhelm Peter: Lippe, eine Heimat- und Landeskunde. – 2. Aufl. – Lemgo : Lippischer Heimatbund, 1982. – S. 379 -403.

Tegtmeier-Breit, Annegret: Politische Vereine und lippische Presse in den Jahren 1848/49. In: Pilzer, Tegtmeier-Breit (1998), S. 152-182.

Trappmann (1993). — Thomas Trappmann: Lippische Landes-Zeitung. – Bernhard Boll u.a. (Hg.): Zeitungsland Nordrhein-Westfalen : Geschichte – Profile – Struktur. Bonn : ZV, 1993. – S. 319-329.

Vries, Nonno de: In Schüttorf änderte sich die Welt : die Anfänge der Schüttorfer SPD 1918/1919. Erweitertes Manuskript eines Vortrages, gehalten auf einer parteiinternen Geburtstagsfeier am 15. Februar 2009 im Hotel Burg Altena. Online: https://nanopdf.com/download/nonno-de-vries-spd-ortsverein-schttorf_pdf.

Wehrmann (1981) — Volker Wehrmann: Heinrich Drake 1881–1970 ; sein Leben in Bildern und Dokumenten. – Detmold : Landesverband Lippe, 1981. Online: http://nbn-resolving.de/urn:nbn:de:hbz:51:1-22936.

Wehrmann (1972): Volker Wehrmann: Die Aufklärung in Lippe : ihre Bedeutung für Politik, Schule und Geistesleben. – Detmold : Landesverband Lippe, 1972. – Zugl. Köln, Univ., Diss., 1971. Online: http://nbn-resolving.de/urn:nbn:de:hbz:51:1-22920.

Welke, Martin; Wilke Jürgen (Hg.): 400 Jahre Zeitung : die Entwicklung der Tagespresse im internationalen Kontext. - Bremen : Ed. Lumière, 2008.

Weißbrodt, Ernst: Die Meyersche Buchhandlung in Lemgo und Detmold und ihre Vorläufer : Festschrift zum 250jährigen Bestehen der Firma am 12. Juni 1914. - Detmold : Meyer, 1914. Online: http://nbn-resolving.de/urn:nbn:de:hbz:466:1-12678.

Wiesekopsieker (2005) — Stefan Wiesekopsieker: Hoffmann's Stärkefabriken in Bad Salzuflen : Unternehmer, Belegschaft und betriebliche Sozialpolitik ; 1850-1914. - Lemgo : Landesverband Lippe, 2005. - (Lippische Studien 21).

Wulfmeyer, Reinhard: Lippe 1933 : die faschistische Machtergreifung in einem deutschen Kleinstaat. - Bielefeld : AJZ-Verlag, 1987.